Methodisches Testen von Programmen

von
Glenford J. Myers

7. Auflage

Oldenbourg Verlag München Wien

Originaltitel: *The Art of Software Testing*

Copyright © 1979 by John Wiley & Sons, Inc. All Rights Reserved
Genehmigte Übersetzung der von John Wiley & Sons, Inc. veröffentlichten englisch-
sprachigen Originalausgabe
Deutsche Übersetzung: Dr. Manfred Pieper

Die Deutsche Bibliothek - CIP-Einheitsaufnahme

Myers, Glenford J.:
Methodisches Testen von Programmen / von Glenford J.
Myers. [Dt. Übers.: Manfred Pieper]. – 7. Aufl. -
München ; Wien : Oldenbourg, 2001
  Einheitssacht. : The art of software testing <dt.>
  ISBN 3-486-25634-3

Unveränderter Nachdruck der 3. Auflage

© 2001 Oldenbourg Wissenschaftsverlag GmbH
Rosenheimer Straße 145, D-81671 München
Telefon: (089) 45051-0
www.oldenbourg-verlag.de

Lektorat: Dr. Georg W. Botz
Herstellung: Rainer Hartl
Umschlagkonzeption: Kraxenberger Kommunikationshaus, München
Gedruckt auf säure- und chlorfreiem Papier
Druck: R. Oldenbourg Graphische Betriebe Druckerei GmbH

Inhalt

Vorwort

Es ist seit längerem bekannt, daß in einem typischen Programmprojekt ungefähr 50% der Gesamtzeit und über 50% der Gesamtkosten zum Testen des Programms oder Systems aufgewendet werden. Aufgrund dessen sollte man erwarten, daß sich das Programmtesten bis heute in eine exakte Wissenschaft entwickelt hat; die aktuelle Situation aber ist weit davon entfernt. Tatsächlich scheint man weniger über das Softwaretesten zu wissen als über alle anderen Aspekte der Softwareentwicklung. Außerdem ist das Testen ein Thema, das nicht „in Mode" ist, d. h. es gibt kaum Literatur über dieses Gebiet.

Das mag als ausreichende Motivation erscheinen, ein Buch mit dem Titel „Methodisches Testen von Programmen" zu schreiben; aber es gab eine weitere Motivation. Zu verschiedenen Zeiten haben mir Professoren und Assistenten erzählt, daß „unsere Studenten ihr Examen machen und in die Industrie gehen, ohne wesentliche Kenntnisse, wie man ein Programm testet. Darüber hinaus gibt es in unseren Einführungskursen kaum einen Hinweis, wie ein Student seine Übungen testen und korrigieren soll".

Der Zweck dieses Buches ist es daher, diese Kenntnislücken bei professionellen Programmierern und Studenten der Computerwissenschaften zu füllen. Wie der Titel zeigt, ist das Buch eine praktische, keine theoretische Darstellung dieses Gegenstands. Obwohl es möglich ist, das Programmtesten in theoretischer Sicht zu diskutieren, soll das Buch als ein praktisches, „mit beiden Beinen auf dem Boden" Handbuch dienen. Viele Gebiete, die mit dem Softwaretesten zusammenhängen, wie die Idee des mathematischen Beweises der Korrektheit eines Programmes, wurden absichtlich ausgeschlossen.

Kapitel 1 ist ein kurzer Test zur Selbsteinschätzung, den jeder Leser durchführen sollte, bevor er mit dem Lesen fortfährt. Es zeigt sich, daß die wichtigste praktische Information, die man für das Programmtesten kennen muß, aus einer Menge von philosophischen und ökonomischen Gesichtspunkten besteht; diese werden in Kapitel 2 diskutiert. Kapitel 3 erklärt das wichtige Konzept der nicht durch den Computer unterstützten Code-Walkthroughs oder Inspektionen. Die Aufmerksamkeit wird nicht so sehr auf prozedurale oder Managementaspekte gerichtet, wie es die meisten Darstellungen tun, sondern es wird von einem technischen Gesichtspunkt aus erklärt, wie man Fehler findet.

Für den Erfahrenen wird es klar, daß die wichtigste Komponente in der Trickkiste eines Programmtesters die Kenntnis ist, wie man effiziente Testfälle entwirft; das ist der Gegenstand von Kapitel 4.

Kapitel 5 und 6 erklären den Test von einzelnen Modulen oder Subroutinen und den Test größerer Einheiten.

Kapitel 7 liefert einige praktische Hinweise für die Korrektur von Programmen.

Kapitel 8 bringt einen Überblick über Testwerkzeuge, Forschungsgebiete und Techniken, die sonst nirgends im Buch angesprochen werden; außerdem enthält es eine ausführliche Biobliographie.

Das Buch hat drei Leserkreise. Obwohl angenommen wird, daß nicht alles im Buch für den professionellen Programmierer neu ist, sollte es doch etliches seinen Kenntnissen der Test-Techniken hinzufügen. Wenn es damit gelingt, nur einen einzigen zusätzlichen Fehler zu entdecken, so hat sich der Preis dieses Buches mehr als bezahlt gemacht. Der zweite Leserkreis sind die Projektmanager, da das Buch neue, praktische Informationen über das Management des Testprozesses enthält. Der dritte Leserkreis sind die Studenten der Programmier- oder Computerwissenschaften; hier ist das Ziel, den Studenten mit Problemen des Programmtests zu konfrontieren und ihn mit einer Menge effizienter Techniken bekannt zu machen. Es wird empfohlen, das Buch als Ergänzung zu Programmierkursen zu verwenden, so daß der Student bereits zu einem frühen Zeitpunkt seiner Erziehung mit dem Problem des Softwaretestens konfrontiert wird.

Glenford J. Myers

Kapitel 1

Ein Test für den Leser

Bevor Sie mit dem Buch beginnen, sollten Sie unbedingt einen kurzen Test durchführen und das folgende Programm überprüfen.

Das Programm liest 3 ganzzahlige Werte von einer Karte. Die 3 Zahlen werden als Längen von Dreiecksseiten interpretiert. Das Programm druckt eine Meldung mit der Feststellung aus, ob das Dreieck ungleichseitig, gleichschenklig oder gleichseitig ist.

Schreiben Sie etliche Testfälle auf (d.h. eine spezielle Menge von Daten), die Ihrem Gefühl nach dieses Programm in angemessener Weise testen.

Als nächstes können Sie die Effektivität Ihrer Testfälle beurteilen. Wie sich zeigt, ist dieses Programm schwerer zu schreiben, als es auf den ersten Blick erscheint. Verschiedene Fassungen dieses Programms wurden untersucht und eine Liste der üblichen Fehler zusammengestellt. Beurteilen Sie Ihre Testfälle mit der Beantwortung der folgenden Fragen. Geben Sie sich einen Punkt auf jede Frage, die Sie mit ja beantworten.

1. Haben Sie einen Testfall für ein zulässiges ungleichseitiges Dreieck? (Beachten Sie, daß Testfälle mit 1,2,3 und 2,5,10 keine Ja-Antwort garantieren, da kein Dreieck mit solchen Seiten existiert.)
2. Haben Sie einen Testfall für ein zulässiges gleichseitiges Dreieck?
3. Haben Sie einen Testfall für ein zulässiges gleichschenkliges Dreieck? (Ein Testfall mit 2,2,4 zählt nicht.)
4. Haben Sie wenigstens drei Testfälle für zulässige, gleichschenklige Dreiecke, wobei Sie alle drei Permutationen der beiden gleichen Seiten berücksichtigt haben? (z.B. 3,3,4; 3,4,3; 4,3,3.)
5. Haben Sie einen Testfall, bei dem eine Seite gleich Null ist?
6. Haben Sie einen Testfall, bei dem eine Seite einen negativen Wert hat?
7. Haben Sie einen Testfall mit 3 ganzzahligen Werten, in dem die Summe zweier Zahlen gleich der dritten ist? (D.h., wenn das Programm 1,2,3 als ungleichseitiges Dreieck akzeptiert, so enthält es einen Fehler.)

8. Haben Sie wenigstens drei Testfälle für Punkt 7, wobei Sie alle drei Permutationen für die Länge jeweils einer Seite als Summe der beiden anderen Seiten berücksichtigt haben? (z.B. 1,2,3; 1,3,2; 3,1,2.)

9. Haben Sie einen Testfall mit drei ganzzahligen Werten größer Null, bei dem die Summe aus zwei Zahlen kleiner als die dritte ist? (z.B. 1,2,4 oder 12,15,30)

10. Haben Sie wenigstens drei Testfälle für Punkt 9, wobei Sie alle drei Permutationen berücksichtigt haben? (z.B. 1,2,4; 1,4,2; 4,1,2.)

11. Haben Sie einen Testfall, in dem alle drei Seiten gleich Null sind (d.h. 0,0,0)?

12. Haben Sie wenigstens einen Testfall mit nichtganzzahligen Werten?

13. Haben Sie wenigstens einen Testfall, in dem Sie eine falsche Anzahl von Werten angeben (z.B. zwei statt drei ganzzahlige Werte)?

14. Haben Sie zusätzlich zu jedem Eingangswert in allen Testfällen die erwarteten Ausgabewerte angegeben?

Natürlich garantiert die Menge der oben angeführten Testfälle nicht, daß alle möglichen Fehler gefunden werden; aber da die Fragen 1—13 Fehler darstellen, die tatsächlich in verschiedenen Versionen dieses Programms auftraten, so sollte ein angemessener Test solche Fehler aufzeigen. Als Hinweis: erfahrene, professionelle Programmierer erreichen dabei im Durchschnitt nur 7,8 von 14 möglichen Punkten. Diese Übung sollte zeigen, daß das Testen auch eines solch trivialen Programms keine leichte Aufgabe ist. Und wenn das wahr ist, betrachten Sie die Schwierigkeit, ein Flugleitsystem mit 100.000 Befehlen, einen Compiler oder auch nur ein gängiges Gehaltsabrechnungsprogramm zu testen.

Kapitel 2

Psychologie und Ökonomie des Programmtestens

Obwohl man das Thema Testen von verschiedenen technischen Standpunkten aus diskutieren kann, so scheinen doch Sachverhalte der Ökonomie und der menschlichen Psychologie die entscheidenden Kriterien beim Softwaretesten zu sein. Mit anderen Worten, Betrachtungen über die Durchführbarkeit des vollständigen Testens eines Programms, und über die Verfügbarkeit eines Testers, der die entsprechende Geisteshaltung besitzt, scheinen mehr zum erfolgreichen Test beizutragen als die rein technischen Gesichtspunkte. Daher ist es angebracht mit diesen Sachverhalten zu beginnen, bevor wir uns mit den Tatsachen mehr technischer Natur auseinandersetzen.

Bei der Beschäftigung mit den Fragen der Ökonomie und Psychologie kann an dieser Stelle das Wichtigste, was man über das Testen lernen kann, gesagt werden. Und das erfordert nur wenige Seiten. Alles andere, was über das Testen gesagt werden kann, ist nach dieser Betrachtung nur noch ergänzender Natur und sozusagen der Zuckerguß auf dem Kuchen.

Der entscheidende Punkt, der seiner Natur nach fast trivial erscheint, ist die Definition des Begriffes Testen. Die Voraussetzung für diese Diskussion ist, daß die meisten Leute eine völlig falsche Definition des Begriffes verwenden, und das ist der erste Grund für das unzureichende Programmtesten. Beispiele für solche Definitionen sind Aussagen, wie „Testen ist der Prozeß, der zeigen soll, daß keine Fehler vorhanden sind". „Der Zweck des Testens ist es zu zeigen, daß ein Programm die geforderten Funktionen korrekt ausführt." „Testen ist der Prozeß, der das Vertrauen erzeugt, daß ein Programm das tut, was es soll".

Diese Definitionen sind insoweit inkorrekt, daß sie fast das Entgegengesetzte dessen beschreiben, als was das Testen angesehen werden sollte. Vergessen wir für einen Moment die Definitionen und betrachten die Tatsache, daß der Tester den Wert des Programms durch das Testen anheben will (d.h., da Testen eine kostenträchtige Aktivität ist, möchte man einige dieser Kosten durch Werterhöhung des Programms zurückerhalten). Werterhöhung bedeutet, Anheben der Qualität oder Zuverlässigkeit des Programms. Anheben der Zuverlässigkeit des Programms bedeutet, Fehler zu finden und zu beheben. Daher sollte man ein Programm nicht testen, um zu zeigen, daß es funktioniert, sondern man sollte mit der Annahme beginnen, daß das Programm Fehler enthält (eine zulässige Annahme für fast jedes Programm) und dann testen, um möglichst viele Fehler zu finden. Eine angemessenere Definition ist daher:

„Testen ist der Prozeß, ein Programm mit der Absicht auszuführen, Fehler zu finden.“

Die Diskussion hier mag wie ein subtiles Spiel mit der Semantik klingen, aber die Erfahrung hat einen wirksamen Einfluß auf den Testerfolg festgestellt. Da die Menschen eine höchst zielorientierte Tendenz zeigen, hat die Vorgabe eines Zieles einen bedeutenden psychologischen Effekt. Wenn es unsere Aufgabe ist, zu zeigen, daß ein Programm keine Fehler hat, so sind wir unbewußt auf dieses Ziel ausgerichtet. Dh. wir neigen dazu, Testdaten auszuwählen, die mit geringerer Wahrscheinlichkeit einen Programmfehler entdecken.

Ist es andererseits unsere Aufgabe, Fehler in einem Programm aufzuzeigen, so haben unsere Testdaten eine größere Wahrscheinlichkeit, Fehler zu finden. Diese Einstellung erhöht den Wert des Programms eher als die andere.

Diese Definition des Testens hat Folgerungen, von denen viele durch das ganze Buch verstreut sind.

Es impliziert zum Beispiel, daß Testen ein destruktiver, ja geradezu ein sadistischer Prozeß ist. Das erklärt auch, warum es die meisten Leute für schwierig halten. Denn der größte Teil unserer Gesellschaft hat eine konstruktive Einstellung zum Leben, und keine destruktive. Die meisten Leute erschaffen lieber etwas, als etwas zu zerstören. Diese Definition hat auch Einfluß auf die Definition der Testfälle (Testdaten) und darauf, wer ein gegebenes Programm testen sollte und wer nicht.

Eine andere Möglichkeit, der passenden Definition des Testens näherzukommen, ist die Analyse der Verwendung der Worte „erfolgreich“ und „nicht erfolgreich“, insbesondere ihre Verwendung durch den Projektmanager bei der Beurteilung der Testergebnisse. Die meisten Projektmanager nennen einen Testfall, bei dem keine Fehler gefunden wurden, einen „erfolgreichen Testlauf“, wohingegen ein Test, der einen neuen Fehler aufdeckt, „nicht erfolgreich“ genannt wird. Dies ist oft ein Zeichen dafür, daß die falsche Definition des Testens verwendet wurde, denn das Wort „erfolgreich“ kennzeichnet eine Leistung und das Wort „nicht erfolgreich“ kennzeichnet etwas Unerwünschtes oder Enttäuschendes. Für einen Test aber, der keinen Fehler entdeckt und daher nur Zeit und Geld verschwendet, scheint das Attribut „erfolgreich“ nicht angebracht. (Der aufmerksame Leser wird feststellen, daß wir diese Bemerkung nur mit Vorsicht machen können, da wir nicht mit absoluter Sicherheit von einem Testfall sagen können, daß er keinen Fehler entdeckt, bevor wir es versucht haben. Dieser Gesichtspunkt soll jedoch später diskutiert werden.)

Ebenso läßt sich ein Testfall, der einen neuen Fehler entdeckt, kaum als „nicht erfolgreich" bezeichnen, sondern er hat sich als wertvolle Investition erwiesen. Eine weitere Möglichkeit, einer geeigneten Definition des Testens näher zu kommen, ergibt sich, wenn man die übliche Verwendung dieser Begriffe umkehrt. Wir werden einen Testfall, der einen Fehler findet, als erfolgreich bezeichnen; und einen Testfall als nicht erfolgreich, wenn er ein Programm zum korrekten Ergebnis veranlaßt.

Stellen Sie sich als Analogie einen Menschen vor, der zum Arzt geht, weil er sich irgendwie krank fühlt. Wenn der Arzt etliche Labortests durchführt, die das Problem nicht lokalisieren, so nennen wir die Labortests wohl kaum „erfolgreich". Die Tests waren nicht erfolgreich in der Beziehung, daß der Nettowert des Patienten um DM 50,– für die Laborrechnung reduziert wurde, obwohl der Patient immer noch krank ist und die Fähigkeit des Arztes als Diagnostiker in Frage gestellt ist. Ergibt jedoch der Labortest ein Magengeschwür, so ist der Test erfolgreich, weil der Arzt jetzt die entsprechende Behandlung beginnen kann. Die Medizin verwendet offenbar diese Begriffe im richtigen Sinne. (Die Analogie besteht natürlich darin, daß wir zu Beginn des Tests das Programm als kranken Patienten betrachten.)

Ein anderes Problem mit Definitionen wie „Testen ist der Prozeß zu zeigen, daß keine Fehler vorhanden sind", liegt in der Tatsache, daß man ein solches Ziel für eigentlich alle Programme, selbst für triviale, unmöglich erreichen kann. (Wenn Ihnen diese Aussage Kummer bereitet, vertrauen Sie ihr wenigstens für den Augenblick, denn sie wird weiter unten näher behandelt.) Aus psychologischen Studien ist weiterhin bekannt, daß die Leistung von Leuten gering ist, die an einer Aufgabe arbeiten, von der sie wissen, daß sie nicht machbar oder unmöglich ist. Wenn z.B. jemand die Aufgabe erhält, das Kreuzworträtsel in der Samstagsausgabe der New York Times in 15 Minuten zu lösen, so kann man nach 10 Minuten nur noch einen kleinen oder überhaupt keinen Fortschritt beobachten, da der Versuchsperson die Lösung der Aufgabe unmöglich erscheint. Wenn dafür aber vier Stunden zur Verfügung stehen, so kann man wahrscheinlich in den ersten 10 Minuten mehr Fortschritt feststellen. Die Definition des Programmtestens als Prozeß zur Auffindung von Fehlern macht das Testen zu einer lösbaren Aufgabe und ermöglicht so die Bewältigung dieses psychologischen Problems.

Ein drittes Problem mit Definitionen wie „Testen ist der Prozeß, um zu zeigen, daß ein Programm das tut, was es tun soll", liegt in der Tatsache, daß solche Programme, die das tun, was man von ihnen erwartet, dennoch Fehler enthalten können. D.h., ein Fehler ist auf jeden Fall dann vorhanden, wenn ein Programm nicht das tut, was es tun soll; es ist aber auch ein Fehler, wenn ein Programm das tut, was es nicht tun soll.

Erinnern Sie sich an das Dreiecksprogramm in Kap. 1. Selbst wenn wir zeigen könnten, daß das Programm richtig zwischen allen ungleichseitigen, gleichschenkligen und gleichseitigen Dreiecken unterscheiden kann, so wäre das Programm dennoch fehlerhaft, wenn es irgend etwas tut, was es nicht tun soll (d.h., wenn es 1, 2, 3 als ungleichseitiges oder 0, 0, 0, als gleichseitiges Dreieck bezeichnet). Wir sind eher in der Lage, Fehler dieser Art zu entdecken, wenn wir Testen als Prozeß zur Entdeckung von Fehlern betrachten, als wenn wir das Testen als Prozeß ansehen, der zeigen soll, daß das Programm das tut, was es soll.

Fassen wir diese äußerst wichtige Diskussion zusammen: Programmtesten läßt sich passender als destruktiver Prozeß zur Entdeckung von Fehlern auffassen. Ein erfolgreicher Testfall unterstützt in dieser Richtung den Fortschritt, wenn er im Programm einen Fehler provoziert.

Natürlich will man am Ende mit dem Test ein gewisses Vertrauen in das Programm etablieren, daß es das tut, was es tun soll; aber dieses Ziel ereicht man am besten durch eine sorgfältige Suche nach Fehlern. Betrachten Sie jemanden, der mit dem Anspruch „Mein Programm ist perfekt" (fehlerfrei) auf Sie zukommt. Die beste Möglichkeit, etwas Vertrauen in diesen Anspruch zu etablieren, ist der Versuch ihn zu widerlegen, d.h. der Versuch, Unstimmigkeiten zu entdecken, und nicht einfach zu bestätigen, daß das Programm für einige Inputdaten korrekt arbeitet.

Die Ökonomie des Testens

Der nächste notwendige Schritt nach dieser Definition des Programmtestens muß zu der Frage führen, ob es möglich ist, im Test alle Fehler des Programms zu finden. Wie gezeigt werden soll, ist die Antwort negativ, selbst für triviale Programme. Im allgemeinen ist es nicht machbar, oft unmöglich, alle Fehler eines Programmes zu finden. Das wiederum hat einen Einfluß auf die Ökonomie des Testens, auf die Annahme, die ein Tester über das Programm machen muß, und auf die Art, wie Testfälle entworfen werden.

Blackbox-Test

Eine Möglichkeit, dieses Problem zu betrachten, bietet die Untersuchung einer Teststrategie, die man Blackbox-, datengetriebenes oder

Ein-/Ausgabe-Testen nennt. Dabei betrachtet der Tester das Programm als Blackbox. D.h., der Tester ist nicht an dem internen Verhalten und an der Struktur des Programms interessiert, sondern daran, Umstände zu entdecken, bei denen sich das Programm nicht gemäß den Spezifikationen verhält. Die Testdaten werden nur aus der Spezifikation abgeleitet (d.h. ohne Kenntnisse von der internen Struktur des Programms zu verwenden).

Wenn man mit diesem Verfahren alle Fehler finden will, so ist der vollständige Eingabetest Voraussetzung dafür. Der vollständige oder erschöpfende Eingabetest verwendet alle möglichen Eingangsbedingungen zur Definition der Testfälle einer jeden möglichen Eingabebedingung als Testfall. Der Grund dafür, daß das eine notwendige Bedingung für das Auffinden aller Fehler ist, liegt in folgender Tatsache:

Hat man 3 Testfälle für das gleichseitige Dreieck in unserem Testprogramm ausprobiert, so bietet das keine Garantie, alle gleichseitigen Dreiecke korrekt zu identifizieren.

Das Programm könnte eine spezielle Prüfung für die Werte 3842, 3842, 3842 enthalten und ein solches Dreieck als ein gleichschenkliges Dreieck deklarieren. Da das Programm eine Blackbox ist, besteht die einzige Möglichkeit, ein solches Statement zu entdecken, darin, jede Eingabemöglichkeit auszuprobieren.

Um das Dreiecksporgramm vollständig zu testen, müßte man Testfälle für alle zulässigen Dreiecke bis hinauf zum erlaubten Maximalwert der ganzen Zahlen definieren. Das ist schon für sich allein eine astronomische Zahl von Testfällen, aber in keiner Weise vollständig; damit lassen sich keine Fehler entdecken, die -3, 4, 5 als ungleichseitiges oder 2, A, 2 als gleichseitiges Dreieck interpretieren.

Um sicher alle solche Fehler aufzufinden, darf man nicht nur mit allen zulässigen Eingabedaten testen, sondern man muß alle möglichen Daten verwenden.

Um das Dreieckprogramm vollständig zu testen, müßte man tatsächlich eine unendliche Anzahl von Testfällen angeben. Wenn dies schon schwierig klingt, so ist der vollständige Eingabetest größerer Programme ein noch größeres Problem (der Leser möge es mir erlauben, von „Zahlen größer unendlich" zu sprechen). Man betrachte den Versuch, an einem Cobol Compiler einen erschöpfenden Blackbox-Test durchzuführen. Man hätte nicht nur Testfälle für alle zulässigen Cobolprogramme zu definieren (wiederum tatsächlich eine unendliche Anzahl), sondern auch Testfälle für alle ungültigen Cobolprogramme (eine unendliche Anzahl), um sicherzustellen, daß der Compiler sie als unzulässig erkennt. Der Compiler muß also getestet werden, um sicherzustellen, daß er nicht tut, was er nicht tun soll – z.B. ein syntaktisch unkorrektes Programm erfolgreich zu übersetzen. Das Problem wird noch schwieriger bei Programmen mit Gedächtnis (z.B. Betriebssysteme, Datenbanksysteme, Flugreservationssysteme). In solchen Programmen ist die Durchführung einer Transaktion (z.B. ein Job, eine Datenbankanforderung, eine Flugreservierung) abhängig von dem, was früher passierte (z.B. vorhergehende Transaktionen). Man muß also nicht nur alle zulässigen und unzulässigen Transaktionen durchprobieren, sondern auch alle möglichen Sequenzen von Transaktionen.

Diese Diskussion macht deutlich, daß der vollständige Eingabetest nicht möglich ist. Daraus ergeben sich zwei Folgerungen:

1. *Man kann ein Programm nicht so testen, daß seine Fehlerfreiheit garantiert wird,*

2. *ein fundamentaler Gesichtspunkt beim Programmtesten ist die Wirtschaftlichkeit.*

Da *vollständiges Austesten* nicht in Frage kommt, sollte es das Ziel sein, die Wirkung der Testinvestition zu maximieren (d.h. man maximiere die Anzahl der entdeckten Fehler bei einer endlichen Anzahl von Testfällen). Das erfordert aber, daß der Tester in der Lage ist, das Programm zu analysieren und einige sinnvolle und treffende Annahmen über das Programm zu machen (d.h. wenn das Dreiecksprogramm 2, 2, 2 als gleichseitiges Dreieck interpretiert, so scheint es sinnvoll, das gleiche für 3, 3, 3 anzunehmen). Diese Überlegungen sind Teil der Testfallentwurfsstrategie in Kap. 4.

Whitebox-Test

Mit einer anderen Teststrategie, dem Whitebox- oder logischorientierten Testen, kann man die interne Struktur des Programmes untersuchen. Bei dieser Strategie definiert der Tester die Testdaten mit Kenntnis der Programmlogik (und oft, unglücklicherweise, unter Vernachlässigung der Spezifikation).

Für diese Strategie wollen wir nun das gleiche tun wie für den vollständigen Eingabetest in dem Blackbox-Verfahren. Für den Laien scheint die Darstellung zu genügen, daß jeder Befehl wenigstens einmal ausgeführt wird. Aber es fällt nicht schwer, zu zeigen, daß das völlig unzureichend ist. Ohne diese Frage breitzutreten — sie wird in Kap. 4 näher behandelt — betrachtet man gewöhnlicherweise das vollständige Pfadtesten als Analogie. D.h., man kann ein Programm als vollständig ausgetestet bezeichnen, wenn man alle möglichen Pfade des Steuerflusses durch das Programm über die Testfälle ausgeführt hat.

In dieser Aussage gibt es aber zwei Schwächen. Einmal ist die Anzahl der unterschiedlichen logischen Pfade durch ein Programm astronomisch hoch. Um das einzusehen, betrachte man das triviale Programm in Bild 2.1. Das Diagramm stellt den Steuerfluß dar. Jeder Knoten oder Kreis repräsentiert ein Segment von Befehlen, das sequentiell ausgeführt und gegebenenfalls durch einen Sprung beendet wird. Jede Kante oder Bogen stellt den Transfer der Steuerung zwischen Segmenten dar. Das Diagramm beschreibt dann etwa ein 10–20-Befehle-Programm, das aus einer DO-Schleife besteht, die bis zu 20 x ausgeführt wird. Innerhalb der DO-Schleife befinden sich einige geschachtelte IF-Befehle. Die Bestimmung der Anzahl der unterschiedlichen Pfade ist das gleiche wie die Bestimmung der Gesamtzahl von unterschiedlichen Wegen von A nach B (unter der Annahme, daß alle Entscheidungen im Programm unabhängig voneinander sind). Das ergibt etwa 10^{14} oder 100 Billionen Möglichkeiten. Man berechnet das mit $5^{20} + 5^{19} +$ .... 5^1, wo 5 die Zahl der Pfade innerhalb des Schleifenkörpers ist.

Um die Schwierigkeiten zu umgehen, die die meisten Leute bei der Vorstellung einer solchen Zahl haben, kann man folgende Darstellung wählen: wäre man in der Lage, alle fünf Minuten einen Testfall zu definieren, auszuführen und zu überprüfen, so wäre eine Milliarde Jahre nötig, um jeden Pfad zu behandeln.

In aktuellen Programmen ist natürlich keine Entscheidung unabhängig von anderen Entscheidungen. Dadurch wird die Anzahl der möglichen Pfade etwas geringer. Andererseits sind diese Programme wesentlich größer als das einfache Programm in Bild 2.1. Ein erschöpfendes Pfadtesten scheint daher ebenso wie erschöpfendes Eingabetesten nicht ausführbar, wenn nicht sogar unmöglich zu sein.

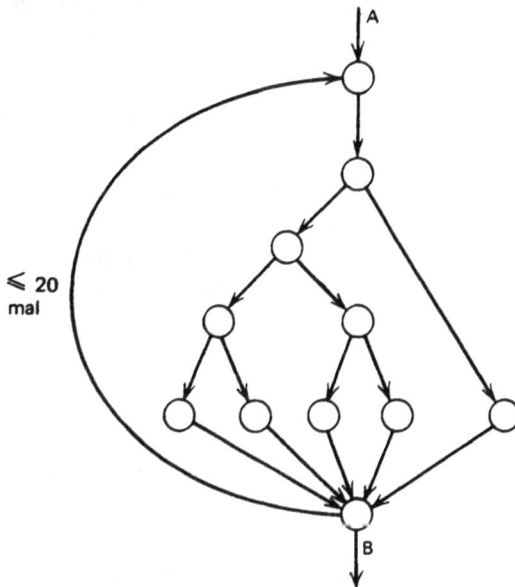

Bild 2.1   Steuerfluß eines kleinen Programms

Die zweite Schwäche in der Aussage, daß erschöpfendes Pfadtesten einen vollständigen Test darstellt, liegt darin, daß jeder Pfad in einem Programm getestet sein kann, obwohl das Programm immer noch voll von Fehlern ist.

Dafür gibt es drei Erklärungen: die erste: ein erschöpfendes Pfadtesten garantiert in keiner Weise, daß ein Programm mit seiner Spezifikation übereinstimmt. Wenn z.B. eine SORT-Routine mit aufsteigender Reihenfolge geschrieben werden soll, aber fälschlicherweise eine Routine mit absteigender Reihenfolge entstand, so wäre ein erschöpfender Pfadtest von geringem Wert; das Programm hat noch einen Fehler: es ist das falsche Programm.

Zweitens: ein Programm kann wegen *fehlender Pfade* inkorrekt sein. Erschöpfendes Pfadtesten würde natürlich nicht das Fehlen von notwendigen Pfaden entdecken.

Drittens: erschöpfendes Pfadtesten kann keine *datensensible* Fehler entdecken. Es gibt viele Beispiele dafür, aber ein einfaches soll genügen. Angenommen, man soll in einem Programm zwei Zahlen auf Konvergenz prüfen, d.h. ob die Differenz der beiden Zahlen kleiner ist als ein vorgegebener Wert. Man kann das folgendermaßen schreiben:

```
IF ( (A−B) < EPSILON) . . .
```

Der Befehl enthält natürlich einen Fehler, weil EPSILON mit dem Absolutwert von A − B verglichen werden sollte. Die Entdeckung dieses Fehlers ist jedoch abhängig von den Werten von A und B; die Ausführung eines jeden Pfades im Programm muß nicht notwendigerweise dazu führen.

Zusammenfassend kann man sagen: obwohl erschöpfendes Eingabetesten dem erschöpfenden Pfadtesten überlegen ist, erweist sich keine der beiden Strategien als sinnvoll, da beide nicht durchführbar sind.

Man kann aber vielleicht versuchen, Elemente des Blackbox- und des Whitebox-Testens zu verbinden, um so eine vernünftige und wirksame Teststrategie zu entwickeln. Damit werden wir uns in Kap. 4 weiter beschäftigen.

Testprinzipien

Wir wollen nun das Hauptthema dieses Kapitels weiterverfolgen. Weil das Testen stark von der Psychologie beeinflußt wird, lassen sich einige Richtlinien angeben. Diese Prinzipien sind deswegen interessant, weil die meisten davon intuitiv einsichtig sind, aber doch allzuoft übersehen werden.

Ein notwendiger Bestandteil eines Testfalls ist die Definition der erwarteten Werte oder des Resultats.

Die Nichtbeachtung dieses offensichtlichen Prinzips ist einer der häufigsten Fehler beim Programmtesten. Das wiederum ist in der menschlichen Psychologie begründet. Würde das erwartete Resultat eines Testfalls nicht vorher definiert, so besteht die Möglichkeit, ein plausibles, aber fehlerhaftes Ergebnis wegen des Phänomens „das Auge sieht das, was es sehen will" als korrekt zu betrachten; mit anderen Worten, trotz der geeigneten destruktiven Definition des Testens besteht ein unbewußter Wunsch danach, das korrekte Resultat zu sehen. Um dieses Phänomen zu umgehen, ist eine genaue Untersuchung des ganzen Outputs und ein exakter Vergleich mit dem erwarteten Output des Porgramms vonnöten. Ein Testfall muß daher aus zwei Komponenten bestehen: einer Beschreibung der Eingabedaten und einer genauen Darstellung der korrekten Ausgabedaten des Programms für diesen Testfall. Die Notwendigkeit dafür wird von dem Logiker Copi [1] in einer Diskussion deutlich gemacht:

Ein Problem kann als Tatsache oder Gruppe von Tatsachen dargestellt werden, für die wir keine annehmbare Erklärung haben, die ungewöhnlich erscheinen oder nicht in unsere Erwartungen oder Vorstellungen passen. Es sollte klar sein, daß einige vorher bestehende Überzeugungen notwendig sind, bevor irgend etwas problematisch erscheinen soll. Wenn keine Erwartungen vorhanden sind, dann gibt es auch keine Überraschungen.

Ein Programmierer sollte nicht versuchen, sein eigenes Programm zu testen.

Dieses Prinzip folgt aus der vorangegangenen Diskussion in diesem Kapitel, daß das Testen ein destruktiver Prozeß ist. Mit anderen Worten, es ist extrem schwierig, nach der konstruktiven Arbeit an Design und Codierung eines Programms seine Anschauung überraschend, über Nacht, zu ändern und zu versuchen, eine vollständig destruktive Einstellung gegenüber dem Programm einzunehmen.

Wie viele Hausbesitzer wissen, ist es nicht leicht, Tapeten von der Wand zu reißen (ein destruktiver Prozeß), aber es ist fast unerträglich deprimierend, wenn man selber tapeziert hat. Die meisten Programmierer können daher ihre Programme nicht effektiv testen, da keiner in der Lage ist, die nötige Geisteshaltung anzunehmen und den Wunsch zu entwickeln, Fehler zu finden.

Zusätzlich zu diesem psychologischen Problem besteht eine weitere Schwierigkeit:

das Programm mag Fehler enthalten, die durch ein Mißverständnis der Problemstellung oder der Spezifikation seitens des Programmierers entstanden sind. In diesem Fall wird der Programmierer das gleiche Mißverständnis des Problems zeigen, wenn er versucht, sein Programm zu testen.

Weiterhin kann Testen als Analogie zum Korrekturtest oder zum Schreiben einer Kritik für eine Veröffentlichung oder ein Buch angesehen werden. Wie viele Schriftsteller wissen, ist es ungeheuer schwer, sein eigenes Werk Korrektur zu lesen oder zu besprechen.

Fehler in der eigenen Arbeit zu finden, scheint der menschlichen Psyche zuwiderzulaufen.

Diese Diskussion bedeutet aber nicht, daß es für den Programmierer unmöglich ist, sein eigenes Programm zu testen, denn gewisse Erfolge dabei sind nachweisbar. Sie besagt vielmehr, daß das Testen effektiver und erfolgreicher durch eine fremde Gruppe durchgeführt wird. Man beachte aber, daß sich dieses Argument nicht auf die Fehlerbehebung bezieht (Korrektur bekannter Fehler); diese wird wirkungsvoller vom ursprünglichen Programmierer durchgeführt.

Eine Programmierorganisation sollte nicht ihre eigenen Programme testen.

Hier gilt ein ähnliches Argument wie beim vorigen Punkt. Eine Projekt- oder Programmierorganisation ist in vielen Beziehungen ein lebender Organismus mit ähnlichen psychologischen Problemen.

In den meisten Fällen wird eine Programmierorganisation oder ein Projektmanager großenteils an der Fähigkeit gemessen, ein Programm innerhalb eines bestimmten Zeitraums und für bestimmte Kosten zu erstellen. Ein Grund dafür ist die Leichtigkeit Zeit und Kosten festzustellen; aber es ist extrem schwierig, die Zuverlässigkeit eines Programms quantitativ zu erfassen. Eine Programmierorganisation kann daher kaum ihre eigenen Programme objektiv testen, da das Testen, richtig angewendet, als Prozeß angesehen wird, der die Wahrscheinlichkeit bei der Einhaltung von Zeit- und Kostenplan vermindert.

Das heißt aber nicht, daß es für eine Programmierorganisation unmöglich ist, einige dieser Fehler zu finden; denn dieses Verfahren wird mit einigem Erfolg durchgeführt. Es soll vielmehr nur festgestellt werden, daß der Test von einer objektiven, unabhängigen Gruppe wirtschaftlicher durchgeführt werden kann.

Überprüfen Sie die Ergebnisse eines jeden Tests gründlich.

Das ist wahrscheinlich das wichtigste Prinzip, aber wiederum wird es meistens übersehen. In den vom Autor durchgeführten Experimenten waren viele Testpersonen nicht in der Lage, bestimmte Fehler zu entdecken, auch wenn die Symptome dieser Fehler im Ausgabelisting klar ersichtlich waren. Tatsache scheint zu sein, daß ein signifikanter Anteil an Fehlern, die schließlich gefunden wurden, solche sind, die tatsächlich in früheren Testfällen erkennbar waren, aber übersehen wurden, weil eine sorgfältige Überprüfung der Ergebnisse aus früheren Testfällen unterblieb.

Testfälle müssen für ungültige und unerwartete ebenso wie für gültige und erwartete Eingabedaten definiert werden.

Beim Testen eines Programms tendiert man unwillkürlich dazu, sich auf zulässige und erwartete Eingabedaten zu konzentrieren und ungültige und unerwartete Daten zu vernachlässigen. Diese Neigung hat sich z.B. häufig beim Testen des Dreiecksprogramms in Kap. 1 gezeigt. Wenige Tester geben die Zahlen 1,2,5 ein, um festzustellen, ob das Programm diese nicht als ungleichseitiges Dreieck interpretiert. Ebenso werden viele Fehler plötzlich entdeckt, wenn das Programm in einer neuen oder nichtgeplanten Umgebung eingesetzt wird. Es scheint daher, daß Testfälle mit unerwarteten oder unzulässigen Eingabewerten eine höhere Fehlererkennungsrate zeigen als Testfälle mit gültigen und erwarteten Eingabedaten.

Ein Programm zu untersuchen, um festzustellen, ob es nicht tut, was es tun sollte, ist nur die eine Hälfte der Schlacht. Die andere Hälfte besteht darin, zu untersuchen, ob das Programm etwas tut, was es nicht tun soll.

Das ist eine einfache Ergänzung der vorigen Regel.

Das impliziert aber auch, daß Programme auf unerwünschte Nebeneffekte hin untersucht werden müssen. Ein Gehaltsabrechnungsprogramm, das korrekte Gehaltsüberweisungen produziert, ist dennoch fehlerhaft, wenn es auch Überweisungen für nicht existente Mitarbeiter liefert oder den ersten Satz in einer Personaldatei überschreibt.

Vermeiden Sie Wegwerftestfälle, es sei denn das Programm ist wirklich ein Wegwerfprogramm.

Dieses Problem tritt meistens beim Testen in interaktiven Systemen auf. Die übliche Praxis ist es, am Terminal zu sitzen, Testfälle im Vorbeigehen zu erfinden und sie dann auf das Programm loszulassen. Das Hauptproblem liegt darin, daß Testfälle eine bemerkenswerte Investition darstellen, die bei dieser Handhabung nach Vollendung des Tests verlorengeht.

Immer, wenn das Programm erneut getestet werden soll (z.B. nach der Korrektur eines Fehlers oder nach einer Verbesserung), müssen die Testfälle erneut erfunden werden. Da eine erneute Definition viel Arbeit macht, versuchen die meisten Tester darum herumzukommen.

Der Regressionstest ist daher selten so streng wie der Originaltest, d.h. ein Fehler, der durch eine Modifikation eines vorher funktionierenden Programmteils entsteht, bleibt meist unentdeckt.

Planen Sie kein Testverfahren unter der stillschweigenden Annahme, daß keine Fehler gefunden werden.

Die Wahrscheinlichkeit für die Existenz weiterer Fehler in einem Abschnitt eines Programms ist proportional zu der Zahl der bereits entdeckten Fehler in diesem Abschnitt.

Dieses unlogisch erscheinende Phänomen ist in Bild 2.2 dargestellt. Auf den ersten Blick ergibt das keinen Sinn, aber diese Erscheinung wurde in vielen Programmen beobachtet. Das ist ein Fehler, der oft von Projektmanagern gemacht wird. Außerdem weist das darauf hin, daß man eine falsche Definition des Testens verwendet, indem man nämlich glaubt, daß ein Testprozeß zeigen muß, daß das Programm korrekt läuft.

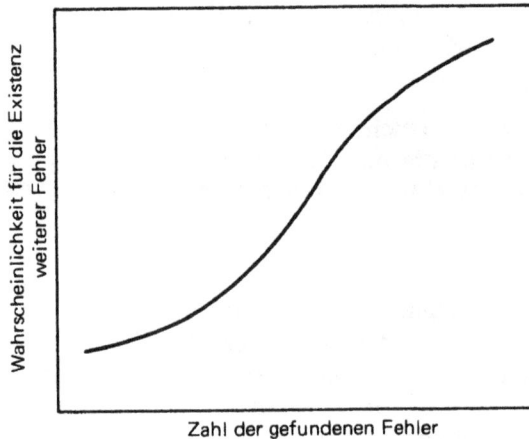

Bild 2.2   Die überraschende Beziehung zwischen gefundenen und verbleibenden Fehlern

Besteht zum Beispiel ein Programm aus zwei Modulen oder Unterroutinen A und B und hat man bisher fünf Fehler in Modul A und nur einen in Modul B gefunden – vorausgesetzt das Modul A wurde keinem schärferen Test unterworfen – so gibt uns diese Regel einen klaren Hinweis darauf, daß die Wahrscheinlichkeit, weitere Fehler in Modul A zu finden, größer ist als in Modul B. Man kann auch sagen, daß die Fehler lokal gehäuft auftreten und daß im typischen Programm einige Abschnitte fehleranfälliger sind als andere. Niemand hat jedoch bisher eine gute Erklärung für diese Erscheinung geben können.

Dieses Phänomen wurde z.B. in den IBM S/370-Betriebssystemen beobachtet. In einem davon lagen 47% der APARs (vom Benutzer gefundene Fehler) in nur 4% der System-Module.

Diese Erscheinung ist für uns deshalb nützlich, weil sie uns einen Einblick oder eine Rückkoppelung in den Testprozeß erlaubt.

Wenn ein bestimmter Abschnitt eines Programms wesentlich fehleranfälliger ist als andere Abschnitte, so läßt sich dort weiterer Testaufwand am aussichtsreichsten investieren.

Testen ist eine extrem kreative und intellektuell herausfordernde Aufgabe.

Es ist sicher wahr, daß die nötige Kreativität für das Testen eines großen Programms die Kreativität übersteigt, die zum Entwurf dieses Programms notwendig war. Wie wir bereits festgestellt haben, ist es unmöglich, ein Programm so zu testen, daß Fehlerfreiheit garantiert werden kann.

Es gibt Methoden — sie werden später in diesem Buch diskutiert — die es gestatten, eine Menge von vernünftigen Testfällen zu definieren; diese Methoden erfordern aber einen beträchtlichen Einsatz an Kreativität.

Zum Abschluß wollen wir noch einmal einige frühere Gedanken betonen und diese in drei wichtige Testprinzipien zusammenzufassen.

Testen ist der Prozeß, ein Programm mit der Absicht auszuführen, Fehler zu finden.

Ein guter Testfall ist dadurch gekennzeichnet, daß er mit hoher Wahrscheinlichkeit einen bisher unbekannten Fehler zu entdecken imstande ist.

Ein erfolgreicher Testfall ist dadurch gekennzeichnet, daß er einen bisher unbekannten Fehler entdeckt.

Literatur

1. Copi, I. M., *Introduction to Logic.* New York, Macmillan, 1968

Kapitel 3

Programminspektionen, Walkthroughs und Reviews

Viele Jahre lang lebte die Programmierergemeinschaft im Glauben, daß Programme nur zur Ausführung in der Maschine geschrieben werden und nicht geeignet sind, von anderen Leuten gelesen zu werden, und daß der einzige Weg, ein Programm zu testen, darin besteht, es auf einer Anlage ablaufen zu lassen. Diese Einstellung begann sich in den frühen 70er Jahren zu ändern, großenteils als Ergebnis von Weinberg's The Psychology of Computer Programing [1].

Weinberg brachte ein überzeugendes Argument dafür, warum Programme gelesen werden sollten, und wies darauf hin, daß das ein effektiver Fehlererkennungsprozeß sein kann.

Deswegen wird der Prozeß des manuellen Testens (nicht computerunterstützt, human testing) das Thema dieses Kapitels sein, bevor die traditionellen, computerunterstützten Testtechniken diskutiert werden. Die Erfahrung hat gezeigt, daß diese ,,human testing"-Techniken beim Auffinden von Fehlern so effektiv sind, daß eine oder mehrere von ihnen in jedem Programmprojekt eingesetzt werden sollte. Für die Anwendung der hier diskutierten Methoden ist an die Zeit zwischen dem Ende der Codierung und dem Beginn des Tests am Computer gedacht. Analoge Methoden können in früheren Stufen des Entwicklungsprozesses entworfen und angewendet werden (d.h. am Ende einer jeden Entwicklungsstufe), aber das liegt außerhalb unseres Themas in diesem Buch. Einige dieser Techniken werden in der Literatur [2], [3] behandelt.

Bevor wir die Methoden erklären, ist eine wichtige Bemerkung angebracht. Wegen ihrer informalen Natur (informal in Beziehung zu anderen, formaleren Methoden, wie mathematischen Beweisen der Programmkorrektheit, die aber noch nicht weit genug entwickelt sind, um hier diskutiert zu werden) reagieren die Leute oft skeptisch in der Meinung, etwas so Einfaches und Informales könnte nicht nützlich sein. Der Einsatz der Methoden hat aber gezeigt, daß sie kein Hindernis sind. Tatsächlich tragen sie wesentlich zur Produktivität und Zuverlässigkeit in zwei Richtungen bei.

Erstens wird allgemein anerkannt: je eher Fehler gefunden werden, desto geringer sind die Kosten für die Fehlerkorrektur und desto höher ist die Wahrscheinlichkeit, die Fehler korrekt zu beheben. Zweitens scheinen die Programmierer einen psychologischen Wandel zu erleben, wenn der Test am Computer beginnt. Intern aufgebauter Druck scheint sich schnell zu entwickeln, und es besteht die Tendenz „diesen verdammten Bug (Fehler) so schnell wie möglich zu beseitigen". Unter diesem Druck neigen die Programmierer dazu, mehr Fehler bei der Korrektur eines im Computertest gefundenen Fehlers zu machen als bei der Korrektur eines früher gefundenen Fehlers.

Inspektionen und Walkthroughs

Codeinspektionen und Walkthroughs sind die beiden ursprünglichen Testmethoden ohne Computereinsatz (human testing). Da beide Methoden vieles gemeinsam haben, werden wir hier ihre Ähnlichkeiten diskutieren.

Inspektionen und Walkthroughs erfordern das Lesen und die visuelle Überprüfung eines Programms durch ein Testteam. Diese Ideen stammen von Weinberg [1]. Beide Methoden verlangen etliche Vorbereitung von den Teilnehmern. Schließlich findet eine Konferenz des Testteams zum Gedankenaustausch statt. Das Ziel der Sitzung ist es, Fehler zu finden, aber nicht Fehler zu beheben (d.h. testen, aber keine Fehlerlösung).

Inspektionen und Walkthroughs wurden bisher schon auf breiter Basis eingesetzt, aber es gibt kaum Untersuchungen darüber, warum sie so erfolgreich sind. Es überrascht aber nicht weiter, daß eine Beziehung zu etlichen Regeln aus Kap. 2 besteht. Bemerkenswerterweise wird die Aktion von einer Gruppe durchgeführt (am besten drei oder vier Teilnehmer), wobei nur einer der Teilnehmer der Autor des Programms ist. Das Programm wird also im wesentlichen von anderen Leuten und nicht vom Autor selbst getestet, in Übereinstimmung mit dem Prinzip, daß es gewöhnlich ineffektiv ist, wenn jemand sein eigenes Programm testet. Gelegentlich hört man auch, daß Inspektion oder Walkthrough lediglich ein neuer Name für den älteren Begriff „Schreibtischtest" ist (der Prozeß, in dem der Programmierer sein eigenes Programm überprüft, bevor er testet). Es hat sich aber gezeigt, daß Inspektionen und Walkthroughs wesentlich effektiver sind, wiederum weil andere Personen als der Autor an diesem Prozeß beteiligt sind. Diese Aktionen scheinen auch niedrigere Korrekturkosten zu ergeben, da bei der Fehlerentdeckung die exakte Natur des Fehlers festgestellt wird. Außerdem wird eine Menge von Fehlern gefunden, die man dann später in einem Zug korrigieren kann.

Der Test mit dem Computer andererseits zeigt nur ein Symptom des Fehlers an (z.B. das Programm kommt nicht zum Abschluß oder druckt ein bedeutungsloses Resultat aus), wobei die Fehler dann gewöhnlich einer nach dem anderen entdeckt und korrigiert werden.

Mit diesen Methoden werden in typischen Programmen erfahrungsgemäß 30–70% der logischen Entwurfs- und Codierfehler gefunden. (Sie sind jedoch nicht effektiv bei der Entdeckung von „High-level"-Entwurfsfehlern, die z.B. bei der Analyse der Anforderungen entstanden sind.) Ein in dieser Richtung unternommenes Experiment erbrachte als Ergebnis, daß im Durchschnitt 38% der gesamten Fehler im Programm durch Inspektionen und Walkthroughs entdeckt wurden [4]. Anwendungen von Codeinspektionen bei IBM ergaben einen Wirkungsgrad von ca. 80% bei der Fehlerentdeckung [5] (nicht 80% *aller* Fehler, da nach Kap. 2 niemals die Gesamtzahl der Fehler in einem Programm bekannt sein kann, sondern in diesem Fall 80% aller Fehler, die bis zum Abschluß des Tests gefunden wurden).

Man kann natürlich an dieser Statistik Kritik üben mit dem Hinweis, daß die Verfahren ohne Computerunterstützung nur leichte Fehler aufdecken werden (die in einem computerunterstützten Test trivial zu finden wären) und daß die schwierigen, obskuren oder trickreichen Fehler nur beim computerunterstützten Test sichtbar werden. In einer Studie [6] wurde jedoch gezeigt, daß diese Meinung nicht gerechtfertigt ist. Aus der oben erwähnten Studie [4] ergibt sich eindeutig, daß die manuellen Verfahren bei der Auffindung einer bestimmten Fehlerart effektiver sind als der computerunterstützte Test, was wiederum für andere Fehlerarten nicht festgestellt werden konnte. Der Grund dafür liegt in der Komplementarität der beiden Testverfahren; fehlt eine der beiden Methoden, so dürfte die Effizienz der Fehlerentdeckung darunter leiden.

Obwohl diese Methoden für das Testen von neuen Programmen äußerst wertvoll sind, haben sie den gleichen, wenn nicht höheren Wert beim Testen von Programmodifikationen. Erfahrungsgemäß ergeben sich bei einer Programmänderung mehr Fehler (Fehler pro ausgeführten Befehl) als beim Schreiben eines neuen Programms. Diese Testmethoden sollten daher auch bei Programmodifikationen angewendet werden.

Code-Inspektionen

In einer Codeinspektion versucht ein Team beim gemeinsamen Lesen des Codes Fehler zu entdecken [7]. Die meisten Diskussionen über die Codeinspektionen beschäftigen sich mit dem Verfahren und den Formularen, die ausgefüllt werden müssen, usw. Wir werden uns aber — nach einer kurzen Zusammenfassung des allgemeinen Vorgehens — mit aktuellen Methoden der Fehlerentdeckung beschäftigen.

Ein Inspektionsteam besteht gewöhnlich aus vier Leuten. Einer von ihnen ist der Moderator, der ein kompetenter Programmierer sein sollte. Er ist nicht Autor des Programms; er muß auch keine Details des Programms kennen. Die Pflichten des Moderators beinhalten die Verteilung der Unterlagen und die Zeitplanung für die Inspektionssitzung, die Leitung der Sitzung und die Protokollierung aller gefundenen Fehler. Außerdem muß er sicherstellen, daß anschließend alle Fehler behoben werden.

Der Moderator kann daher mit einem Qualitätssicherungsingenieur verglichen werden.

Die weiteren Teilnehmer sind der Programmautor, der Programmdesigner (wenn vom Programmierer verschieden) und ein Testspezialist.

Im folgenden wird das allgemeine Vorgehen beschrieben. Der Moderator verteilt die Programmliste und die Design-Spezifikation an die anderen Teilnehmer rechtzeitig vor der Inspektionssitzung (d.h. einige Tage vorher). Man erwartet, daß sich die Teilnehmer mit dem Stoff vor der Sitzung auseinandergesetzt haben. In der Sitzung gibt es zwei Aktivitäten.

1. Der Programmierer erklärt die Programmlogik Anweisung für Anweisung. Während des Vortrags ergeben sich Fragen und werden verfolgt, um mögliche Fehler zu bestimmen. Die Erfahrung hat gezeigt, daß viele Fehler vom Programmierer selbst während des Vortrags entdeckt werden, und nicht von den anderen Teilnehmern.
   Mit anderen Worten, der einfache Vorgang, ein Programm vor einem Publikum laut vorzutragen, scheint eine bemerkenswert effektive Methode der Fehlerentdeckung zu sein.
2. Das Programm wird mit Hilfe einer Checkliste bekannter Fehler analysiert (eine solche Checkliste wird im nächsten Abschnitt beschrieben).

Der Moderator ist für eine produktive Behandlung des Themas verantwortlich und hat darauf zu achten, daß sich die Teilnehmer auf die Entdeckung von Fehlern konzentrieren und nicht auf ihre Korrektur. (Die Korrektur der Fehler wird vom Programmierer nach der Sitzung vorgenommen.)

Nach der Sitzung sind weitere Aktionen durchzuführen. Der Programmierer erhält eine Liste der gefundenen Fehler. War die Anzahl der entdeckten Fehler relativ groß oder wurde ein Fehler entdeckt, der eine größere Korrektur erfordert, so kann der Moderator eine erneute Überprüfung des Programms veranlassen, nachdem die Fehler korrigiert wurden. Die Fehlerliste wird ebenfalls analysiert, kategorisiert und dazu verwendet, die Fehlerbeschreibung der Checkliste zu verfeinern und die Wirksamkeit künftiger Inspektionen zu verbessern.

In den meisten Beschreibungen des Inspektionsprozesses wird die Korrektur eines Fehlers während der Sitzung nicht erlaubt.

Mindestens eine Veröffentlichung [8] berichtet jedoch von einem gegenteiligen Vorgehen:

> Bevor ein Teilnehmer ein größeres Designproblem feststellt, wird er zuerst auf ein kleineres Problem aufmerksam. Zwei oder drei der Teilnehmer, einschließlich des für den Code verantwortlichen Programmierers, werden dann Korrekturen im Design vorschlagen, die diesen Spezialfall behandeln. Damit wird aber die Aufmerksamkeit der Gruppe auf diesen speziellen Bereich des Entwurfs gelenkt. Bei der Diskussion über die Korrektur des Entwurfs könnte man auf ein zweites Problem stoßen; da die Gruppe nun zwei Probleme im gleichen Bereich des Entwurfs entdeckt hat, dürften die Kommentare schnell und häufig kommen und den Vortrag nach wenigen Befehlen unterbrechen. In kurzer Zeit wäre dieser Entwurfsbereich genau untersucht und alle Probleme wären offenkundig. ... Viele größere Probleme wurden während der Analyse des Ablaufplans durch den wiederholten Mißerfolg bei der Auflösung eines scheinbar trivialen Problems entdeckt.

Zeitpunkt und Räumlichkeiten für die Inspektion müssen geplant werden, um alle Störungen von außen zu vermeiden. Die optimale zeitliche Dauer für eine Sitzung scheint bei 90 bis 120 Minuten zu liegen. Da eine Sitzung eine geistfordernde Tätigkeit ist, dürfte die Produktivität bei längeren Sitzungen nachlassen.

In den meisten Sitzungen werden ungefähr 150 Statements in der Stunde inspiziert, d.h. daß große Programme mehrere Sitzungen erfordern, wobei man in einer Inspektion vielleicht ein oder mehrere Module oder Unterroutinen behandelt.

Man muß auch auf die angemessene Einstellung zum Inspektionsprozeß achten, um ihn effektiv zu machen. Wenn der Programmierer die Inspektion als Angriff auf seinen Charakter betrachtet und deshalb eine defensive Haltung einnimmt, wird der Prozeß nicht effektiv sein. Vielmehr muß der Programmierer eine neutrale (ego-less) Haltung annehmen [1]; der Programmierer muß die Aktion in einem positiven Licht sehen: das Ziel einer Inspektion ist es, Fehler zu finden, um die Qualität seiner Arbeit zu verbessern. Aus diesem Grund sollte auch das Ergebnis einer Inspektion vertraulich behandelt werden und nur den Teilnehmern bekannt sein. Im besonderen sollten die Ergebnisse einer Inspektion nicht dem Management zugänglich gemacht werden, da das den Erfolg dieses Verfahrens zunichte machen kann.

Der Inspektionsprozeß zeigt auch noch einige vorteilhafte Seiteneffekte zusätzlich zu seiner Hauptaufgabe, Fehler zu finden. Der Programmierer erkennt eigene Fehler und lernt hoffentlich daraus. Außerdem bekommt er gewöhnlich eine Rückkopplung über seinen Programmstil und über die Wahl der Algorithmen und Programmiertechniken. Die anderen Teilnehmer gewinnen in ähnlicher Weise, da sie mit Fehlern und Programmierstil anderer Programmierer konfrontiert werden. Schließlich ermöglicht die Inspektion frühzeitig die Identifizierung der am meisten fehleranfälligen Abschnitte eines Programms und erlaubt es damit, während des computerunterstützten Tests mehr Aufmerksamkeit auf diese Abschnitte zu verwenden (eines der Testprinzipien aus Kapitel 2).

Eine Fehlerprüfliste für die Inspektion

Ein wichtiger Bestandteil des Inspektionsprozesses ist die Verwendung einer Prüfliste, um das Programm auf übliche Fehler hin zu untersuchen. Unglücklicherweise wird bei den vorhandenen Prüflisten (s. z.B. [9]) auf Gesichtspunkte des Stils oft mehr Wert gelegt als auf Fehler (z.B. „Sind die Kommentare genau und aussagefähig" und „Sind THEN/ELSE- und DO/END-Gruppen ausgerichtet?"), und die Fehlerüberprüfung ist so nebulös, daß sie kaum von Nutzen ist (z.B. „Tut der Code das, was der Entwurf fordert?"). Die Prüfliste in diesem Abschnitt wurde vom Verfasser nach vielen Jahren des Studiums von Softwarefehlern zusammengestellt. Die Liste zeigt größtenteils keine Sprachenabhängigkeit, d.h. die meisten Fehler können in jeder Sprache auftreten. Der Leser mag diese Liste mit Fehlern ergänzen, die speziell bei seiner Programmiersprache auftreten, und mit Fehlern, die bei der Ausführung einer Inspektion entdeckt wurden.

Datenreferenz

1. Wird eine Variable angesprochen, deren Wert nicht gesetzt oder initialisiert wurde? Das ist wahrscheinlich der häufigste Programmierfehler, der unter den verschiedensten Umständen auftritt. Bei jedem Aufruf eines Datums (Datenfelds) (z.B. Variable, Feldelement, Feld in einer Struktur) versuche man informal zu beweisen, daß das Datum an diesem Punkt einen Wert hat.

2. Liegt bei allen Feldaufrufen der Indexwert innerhalb der definierten Grenzen der entsprechenden Dimension?

3. Hat der Index bei allen Feldaufrufen einen ganzzahligen Wert? Das ist in den verschiedenen Sprachen nicht unbedingt ein Fehler, aber ein gefährliches Verfahren.

4. Ist bei allen Aufrufen über Zeiger oder Referenzvariable der angesprochene Speicherplatz gegenwärtig zugewiesen? Das ist als „dangling reference"-Problem bekannt, das in Situationen auftritt, wo die Lebensdauer des Zeigers größer ist als die des angesprochenen Speicherplatzes. Diese Situation wird durch folgendes Beispiel illustriert: ein Zeiger bezieht sich in einer Prozedur auf eine lokale Variable, der Zeigerwert wird einem Ausgabeparameter oder einer globalen Variablen zugewiesen, die Prozedur gibt die Steuerung zurück (wobei der angesprochene Speicherplatz freigegeben wird) und später versucht das Programm den Zeigerwert zu verwenden. Versuchen Sie ähnlich wie vorher, informal zu beweisen, daß bei jeder Referenz über eine Zeigervariable der angesprochene Speicherplatz existiert.

5. Hat ein Datenwert in einem Speicherbereich mit redefinierten Namen und unterschiedlichen Attributen in diesem Bereich das richtige Attribut, wenn er über einen dieser Namen aufgerufen wird? Beispiele dafür sind die Verwendung des DEFINED-Attributs oder BASED-Speicherplatzes in PL/I, des EQUIVALENCE-Statement in FORTRAN und des REDIFINES-Satzes in COBOL. Ein Beispiel: ein Fortranprogramm verwendet eine REAL-Variable A und eine INTEGER-Variable B; beiden wird durch eine EQUIVALENCE-Anweisung der gleiche Speicherplatz zugewiesen. Speichert das Programm einen Wert nach A und spricht dann die Variable B an, so tritt wahrscheinlich ein Fehler auf, da der Rechner die Gleitpunktdarstellung im Speicher als eine Festpunktgröße ansehen wird.

6. Hat der Wert einer Variablen einen anderen Typ oder ein anderes Attribut als vom Compiler erwartet wird? Diese Situation kann auftreten, wenn ein PL/I- oder Cobol-Programm einen Satz in dem Speicher liest und ihn als Struktur anspricht, obwohl sich die physikalische Darstellung des Satzes von der Strukturdefinition unterscheidet.

7. Gibt es explizit oder implizit Adressierungsprobleme, wenn auf der verwendeten Maschine die Einheiten der Speicherzuweisung kleiner sind als die Einheiten der Adressierungsmöglichkeiten? Ein Beispiel: Bit-Ketten mit fester Länge beginnen in PL/I auf dem IBM S/370 nicht notwendigerweise an Bytegrenzen; nur die Adressen zeigen auf Bytegrenzen. Berechnet ein Programm die Adresse einer Bitkette und bezieht sich später über diese Adresse auf die Bitkette, so wird der falsche Speicherplatz angesprochen. Die gleiche Situation kann auftreten, wenn ein Bitkettenargument an eine Unterroutine übergeben wird.

8. Hat der angesprochene Speicher die vom Compiler erwarteten Attribute, wenn Zeiger- oder Referenzvariable verwendet werden?

Ein Beispiel für diesen Fehler: ein PL/I-Zeiger, über den eine Datenstruktur angesprochen wird, erhält die Adresse einer anderen Datenstruktur zugewiesen.

9. Ist in jeder Prozedur die Struktur identisch definiert, wenn in verschiedenen Prozeduren oder Unterroutinen eine Datenstruktur angesprochen wird?

10. Werden bei der Indizierung einer Kette die Grenzen der Kette überschritten?

11. Gibt es irgendwelche „off by one" (Randwert ± 1) Fehler in Indexoperationen oder bei Bezugnahme über Indizes auf Felder?

Datenvereinbarung

1. Sind alle Daten explizit vereinbart? Das Fehlen einer Deklaration muß nicht unbedingt ein Fehler sein, erweist sich aber gewöhnlich als Anlaß von Schwierigkeiten. Ein Beispiel: eine Fortranunterroutine erhält einen Feldparameter und man hat vergessen, den Parameter als Feld zu vereinbaren (z.B. in einer DIMENSION-Anweisung); ein Zugriff auf das Feld (z.B., X = A (I) wird als Funktionsaufruf interpretiert, was dazu führt, daß der Rechner versucht, das Feld als Programm auszuführen.

Ist eine Variable, die in einem inneren Block nicht explizit erklärt wurde, auch im übergeordneten Block bekannt?

2. Werden alle Standardattribute (defaults) einer Variablen richtig verstanden, wenn sie nicht explizit in der Vereinbarung erwähnt werden? Ein Beispiel: die Standardattribute in PL/I führen oft zu Überraschungen.

3. Ist eine Variable, die in einer Vereinbarung initialisiert wird, richtig vorbesetzt?
   Die Initialisierung von Feldern und Ketten ist in vielen Sprachen etwas kompliziert und daher fehleranfällig.

4. Ist jeder Variablen die korrekte Länge, Typ und Speicherklasse zugeordnet? (z.B. STATIC, AUTOMATIC, BASED oder CONTROLLED in PL/I)

5. Ist die Initialisierung einer Variablen konsistent mit ihrer Speicherklasse? Ein Beispiel: soll eine Variable in einer Fortranunterroutine bei jedem Aufruf dieser Unterroutine neu initialisiert werden, so muß das mit einer Zuordnungsanweisung und nicht mit einer DATA-Anweisung geschehen.

In PL/I sollte eine solche Variable (bei jedem Aufruf) der Unterprozedur mit der Speicherklasse AUTOMATIC und nicht STATIC vereinbart werden.

6. Gibt es Variable mit ähnlichen Namen? (z.B. VOLT und VOLTS) Das ist kein Fehler, aber ein Hinweis darauf, daß die Namen irgendwo im Programm durcheinandergebracht worden sein könnten.

Berechnungsfehler

1. Gibt es irgendwo Berechnungen mit inkonsistenten Datentypen (z.B. nicht numerische)?

2. Gibt es Berechnungen mit unterschiedlichen Datentypen? Ein Beispiel: die Addition einer Gleitkommavariablen mit einer Festkommavariablen. Das ist nicht unbedingt ein Fehler, muß aber sorgfältig untersucht werden, um sicherzustellen, daß die Konvertierungsregeln richtig angewendet wurden. In einer Sprache mit schwierigen Konvertierungsregeln (wie z.B. PL/I) ist das äußerst wichtig. Im folgenden PL/I-Programmfragment

   DECLARE A BIT (1);

   A = 1;

   hat A den Bitwert 0 und nicht 1.

3. Gibt es Berechnungen mit Variablen gleichen Datentyps, aber unterschiedlicher Längen? Dieses Problem gilt für PL/I und verwandte Sprachen. Z.B. ist das Ergebnis des PL/I-Ausdrucks 25 + 1/3 gleich 5.333 . . . und nicht 25.333 . . .

4. Definiert der Ausdruck auf der rechten Seite einer Zuweisung einen Wert, der aus dem Wertebereich der Zielvariablen herausfällt?

5. Ist ein Über- oder Unterlauf während der Berechnung eines Ausdrucks möglich? D.h., das Endresultat scheint einen gültigen Wert zu haben, während das Zwischenresultat in der internen Datendarstellung zu groß oder zu klein sein kann.

6. Kann der Divisor in einem Ausdruck Null werden?

7. Gibt es Folgerungen aus der resultierenden Ungenauigkeit, wenn die Hardware die Variablen in Binärform darstellt? D.h. 10 x 0.1 ist in einer Binärmaschine selten gleich 1.0.

8. Kann eine Variable, die nur Werte zwischen zwei Grenzen annehmen soll, über die sinnvollen Schranken hinauslaufen? Z.B. sollten Anweisungen untersucht werden, die der Variablen PROBABILITY einen Wert zuweisen: liegt der Wert immer zwischen 0.0 und 1.0?

9. Sind bei der Anwendung mehrerer Operatoren die Annahmen über die Reihenfolge bei der Abarbeitung korrekt?

10. Gibt es unzuverlässige Anwendungen der Ganzzahlarithmetik, besonders bei Divisionen? Ein Beispiel: I ist eine Ganzzahlvariable; ob das Ergebnis des Ausdrucks $2*I/2$ gleich I ist, hängt davon ab, ob I gerade oder ungerade ist und ob die Multiplikation oder die Division zuerst ausgeführt wird.

Vergleich

1. Haben die Variablen beim Vergleich den gleichen Datentyp? (z.B. Vergleich einer Zeichenkette mit einer Adresse)

2. Gibt es Vergleiche zwischen Daten verschiedenen Typs oder verschiedener Länge? Sind in diesem Fall die Konvertierungsregeln beachtet worden?

3. Werden die Vergleichsoperatoren richtig angewendet? Häufig bringen Programmierer Relationen wie größer als, nicht kleiner als, kleiner oder gleich, größer oder gleich durcheinander.

4. Sind alle booleschen Ausdrücke korrekt? Programmierer machen oft Fehler, wenn sie Anweisungen mit den logischen Operatoren AND, OR und NOT schreiben.

5. Sind auch die Operanden eines booleschen Ausdrucks vom Typ ‚BOOLE'? Wurden Vergleichsoperatoren und boolesche Operatoren fälschlicherweise vermischt?
   Das ist eine weitere Klasse häufiger Fehler. Beispiele für einige typische Fehler:
   Will man feststellen, ob I zwischen 2 und 10 liegt, dann ist der Ausdruck $2<I<10$ unkorrekt; stattdessen sollte es heißen $(2<I)$ & $(I<10)$. Will man feststellen, ob I größer ist als X oder Y, dann ist $I>X|Y$ falsch, stattdessen sollte es heißen $(I>X)|(I>Y)$. Will man drei Zahlen auf Gleichheit prüfen, so bewirkt IF $(A = B = C)$ etwas wesentlich anderes. Will man die mathematische Relation $X>Y>Z$ darstellen, so ist der korrekte Ausdruck $(X>Y)$&$(Y>Z)$.

6. Werden Brüche oder Gleitkommazahlen verglichen, die in der Hardware binär dargestellt werden? Das führt gelegentlich zu Abbruchfehlern und Approximationsfehlern, wenn Dezimalzahlen binär dargestellt werden.

7. Sind die Annahmen über die Reihenfolge der Abarbeitung bei mehreren booleschen Operatoren korrekt? Ist bei einem Ausdruck wie

   $(A=2)\&(B=2)|(C=3)$

klar, ob das „AND" oder das „OR" zuerst ausgeführt wird?

8. Beeinflußt der Compiler das Programm bei der Bearbeitung boolescher Ausdrücke? Die Anweisung

$$IF(X{\neq}0)\&(Y/X){>}Z)$$

z.B. ist für einige PL/I-Compiler akzeptabel (d.h. für Compiler, die den Test beenden, sobald ein Operand des „AND" falsch ist) verursacht aber bei anderen Compilern eine Division durch Null.

Steuerfluß

1. Kann die Indexvariable bei einem Mehrfachsprung die Zahl der Sprungmöglichkeiten überschreiten (z.B. im berechneten GOTO in Fortran)? Wird I in der Fortrananweisung

```
GO TO (200, 300, 400), I
```

immer die Werte 1, 2 oder 3 annehmen?
2. Kommt jede Schleife zu einem Ende?
Erfinden Sie einen Beweis oder ein Argument, das zeigt, daß die Schleife einen Ausgang hat.
3. Kommt das Programm, das Modul oder die Subroutine zu einem Ende?
4. Gibt es die Möglichkeit, daß eine Schleife wegen bestimmter Eingangsbedingungen niemals ausgeführt wird?
Ist das ein Versehen, wenn dieser Fall auftritt?
Folgende Anweisungen bilden z.B. den Kopf einer Schleife

```
DO WHILE (NOTFOUND)
DO I = X TO Z
```

Was geschieht, wenn NOT FOUND von vornherein „falsch" oder X größer als Z ist?
5. Welche Folgen ergeben sich in einer Schleife, die von einer Iteration und einer booleschen Bedingung gesteuert wird (z.B. eine Suchschleife), wenn diese Schleife nicht ausgeführt wird?
Was passiert, wenn in der Schleife

```
DO I = 1 TO TABLESIZE WHILE (NOTFOUND)
```

NOT FOUND niemals „falsch" wird?
6. Gibt es „off by one"-Fehler (z.B. eine Iteration zuviel oder zuwenig)?

7. Ist ein explizites END für jede Anweisungsgruppe vorhanden, wenn die Sprache ein solches Konzept zuläßt? (z.B. DO/END-Gruppen in PL/I).

8. Gibt es unvollständige Entscheidungen? Wenn man z.B. als Wert des Eingabeparameters 1, 2 oder 3 erwartet, nimmt dann die Logik automatisch den Wert 3 an, wenn er nicht 1 oder 2 ist? Ist diese Annahme korrekt?

Schnittstellenfehler

1. Stimmt die Anzahl der Parameter in einem Modul mit der Anzahl von Argumenten überein, die von dem rufenden Modul übergeben werden? Ist die Reihenfolge korrekt?

2. Stimmen die Attribute (z.B. Typ und Länge) aller Parameter mit den Attributen der entsprechenden Argumente überein?

3. Stimmen die Einheiten aller Parameter mit den Einheiten der entsprechenden Argumente überein? Ist z.B. der Parameter in Grad, das Argument aber in Radian angegeben?

4. Stimmt die Anzahl der übergebenen Argumente mit der Anzahl der von dem anderen Modul erwarteten Parameter überein?

5. Stimmen die Attribute der Argumente, die an ein anderes Modul übergeben werden, mit den Attributen der entsprechenden Parameter überein?

6. Stimmen die Einheiten der übergebenen Argumente mit den Einheiten der entsprechenden Parameter in den gerufenen Modulen überein?

7. Sind Anzahl, Attribute und Reihenfolge der Argumente beim Aufruf einer eingefügten Prozedur korrekt?

8. Wird in einem Modul mit mehreren Eingängen (ENTRIES) ein Parameter angesprochen, der nichts mit diesem Eingang zu tun hat? Ein solcher Fehler findet sich in der zweiten Anweisung des folgenden PL/I-Programms.

```
A: PROCEDURE(W,X);
   W=X+1;
   RETURN;
B: ENTRY(Y,Z);
   Y=X+Z;
   END;
```

9. Verändert eine Unterroutine einen Parameter, der nur als Eingabewert gedacht ist?

10. Haben globale Variable — wenn vorhanden — gleiche Definition und gleiche Attribute in allen Modulen, in denen sie aufgerufen werden? (z.B. PL/I-Variable mit dem Attribut EXTERNAL, FORTRAN-Variable in einer COMMON-Anweisung)

11. Werden jemals Konstante als Argumente übergeben? In einigen FORTRAN-Implementierungen ist ein Statement wie

    CALL SUBX (J,3)

    gefährlich. Wenn die Unterroutine SUBX dem zweiten Parameter einen Wert zuweist, so wird der Wert der Konstanten 3 geändert.

Ein-/Ausgabe-Fehler

1. Sind die Attribute von explizit erklärten Dateien korrekt?
2. Sind die Attribute im OPEN-Statement korrekt?
3. Stimmt die Formatspezifikation mit der Information in den E/A-Anweisungen überein?

   Paßt z.B. in FORTRAN jede FORMAT-Anweisung (in Anzahl und Attributen der *Daten)* zu den entsprechenden READ- oder WRITE-Anweisungen? Das gleiche gilt für die Übereinstimmung zwischen einer Datenliste und einer Formatliste in einer E/A-Anweisung in PL/I.
4. Stimmt die Länge des E/A-Bereiches im Speicher mit der Satzlänge überein?
5. Wurden alle Dateien vor Verwendung eröffnet?
6. Werden Dateiendebedingungen entdeckt und richtig behandelt?
7. Werden die E/A-Fehlerbedingungen richtig behandelt?
8. Gibt es Schreibfehler oder grammatische Fehler in dem Text, der von dem Programm erzeugt wird?

Sonstige Prüfungen

1. Wenn der Compiler eine Querverweisliste der Namen erzeugt, suchen Sie nach Variablen, die nicht oder nur einmal aufgerufen werden.
2. Wenn der Compiler eine Attributliste erzeugt, untersuchen Sie die Attribute aller Variablen, um sicherzustellen, daß keine unerwarteten Standardattribute zurückgewiesen wurden.
3. Wenn das Programm erfolgreich übersetzt wurde, der Compiler aber eine oder mehrere „warning" oder „informational" Meldun-

gen ausgab, so überprüfen Sie alle sorgfältig. Solche Meldungen sind ein Hinweis dafür, daß der Compiler annimmt, daß Sie etwas Fragwürdiges getan haben; all diese Annahmen sollten überprüft werden. Informationelle Meldungen können nicht vereinbarte Variable oder Sprachanwendungen registrieren, die eine Codeoptimierung verhindern.

Datenreferenz

1. Werden Variable angesprochen, die nicht initialisiert wurden?
2. Befinden sich die Indizes innerhalb der Grenzen?
3. Werden nichtganzzahlige Indizes verwendet?
4. Hat der Zeiger einen noch gültigen Wert? (dangling reference)
5. Sind die Attribute bei einer Redefinition korrekt?
6. Stimmen Satz- und Strukturattribute überein?
7. Passen die Adressen der Bitketten? Werden Bitkettenattribute übergeben?
8. Sind die Attribute für den „based"-Speicherbereich korrekt?
9. Stimmen die Datenstrukturen in verschiedenen Prozeduren überein?
10. Werden die Indexgrenzen einer Kette überschritten?
11. Gibt es „off by one" Fehler?

Datendeklaration

1. Sind alle Variablen erklärt?
2. Sind die Standardattribute verstanden worden?
3. Sind Felder und Ketten richtig initialisiert?
4. Sind die korrekten Längen, Typen und Speicherklassen zugewiesen?
5. Paßt die Initialisierung zu der Speicherklasse?
6. Gibt es Variable mit ähnlichen Namen?

Berechnungen

1. Werden Rechnungen mit nichtarithmetischen Variablen durchgeführt?
2. Gibt es Rechnungen mit verschiedenen Datentypen?
3. Gibt es Rechnungen mit Variablen verschiedener Länge?
4. Ist der Zuweisungswert im Wertebereich der Zielvariablen?
5. Gibt es einen Über- oder Unterlauf im Zwischenergebnis?
6. Division durch Null?
7. Treten Ungenauigkeiten bei der Dualdarstellung auf?
8. Liegt der Variablenwert innerhalb eines sinnvollen Bereichs?
9. Ist die Priorität der Operatoren richtig verstanden worden?
10. Ist die Division mit ganzzahligen Werten korrekt?

Vergleich

1. Wird ein Vergleich zwischen inkonsisten Variablen durchgeführt?
2. Werden Daten verschiedenen Typs miteinander verglichen?
3. Sind die Vergleichsoperatoren korrekt?
4. Sind die booleschen Ausdrücke korrekt?
5. Sind Vergleichs- und boolesche Ausdrücke vermischt?
6. Gibt es Vergleiche mit Brüchen zur Basis 2?
7. Ist die Priorität der Operatoren richtig verstanden worden?
8. Ist die Compilerdarstellung boolescher Ausdrücke richtig verstanden worden?

Bild 3.1   Zusammenfassung der Fehlerprüfliste, Teil 1

4. Ist das Programm oder das Modul hinreichend robust programmiert worden? D.h. prüft es seine Eingaben auf Gültigkeit ab?
5. Fehlt eine Funktion im Programm?

Eine übersichtliche Zusammenfassung der Prüfliste ist in Bild 3.1 und 3.2 zu sehen.

Walkthroughs

Der Codewalkthrough ist ein ähnliches Verfahren wie die Codeinspektion, wobei durch die Untersuchung des Codes in einer Gruppe Fehler gefunden werden sollen. Es gibt viele Gemeinsamkeiten mit der Inspektion, nur sind die Prozeduren und Techniken der Fehlerentdekkung etwas verschieden.

Ebenso wie die Codeinspektion wird der Walkthrough in einer nicht unterbrechbaren Sitzung von etwa ein bis zwei Stunden Dauer durchgeführt. Das Team besteht aus drei bis fünf Teilnehmern, von denen einer eine ähnliche Aufgabe hat wie der Moderator beim Inspektionsprozeß. Ein zweiter fungiert als Sekretär und protokolliert alle entdeckten Fehler, ein dritter ist der „Tester". Für die Besetzung des Teams kann folgende Anregung gegeben werden:

Natürlich gehört der Programmierer dazu. Des weiteren könnten teilnehmen:

1. ein erfahrener Programmierer
2. ein Experte für Programmiersprachen
3. ein neuer Mitarbeiter (der neue, unvoreingenommene Ideen mitbringt)
4. der Mitarbeiter, der das Programm später warten soll
5. ein Mitarbeiter aus einem anderen Projekt
6. ein Mitarbeiter aus dem Programmierteam, aus dem der Programmierer stammt.

Die Vorbereitungen sind die gleichen wie bei der Codeinspektion: die Teilnehmer erhalten die Unterlagen einige Tage vor der Sitzung, um Gelegenheit zu haben, das Programm „auseinanderzunehmen".

Das Vorgehen in der Sitzung jedoch unterscheidet sich von dem in einer Inspektion. Anstatt das Programm zu lesen oder Prüflisten zu verwenden, spielen die Teilnehmer Computer. Der „Tester" bereitet für die Sitzung einige Testfälle auf dem Papier vor – eine repräsentative Menge von Eingaben (und erwarteten Ausgaben) für das Programm oder das Modul.

Steuerfluß

1. Werden bei Mehrfachentscheidungen alle Sprungmöglichkeiten berücksichtigt?
2. Wird jede Schleife beendet?
3. Wird das Programm beendet?
4. Wird eine Schleife aufgrund der Eingangsbedingung nicht ausgeführt?
5. Sind mögliche Umgehungen von Schleifen korrekt?
6. Gibt es bei einer Iteration „off by one" Fehler?
7. Gehören die DO/END-Anweisungen zusammen?
8. Gibt es unvollständige Entscheidungen?

Ein-/Ausgabe

1. Sind die Dateiattribute korrekt?
2. Ist das OPEN-Statement korrekt?
3. Passen die Formatspezifikationen zu den E/A-Anweisungen?
4. Passen die Puffergrößen zu den Satzgrößen?
5. Wird die Datei vor Benutzung eröffnet?
6. Werden Dateiende-Bedingungen behandelt?
7. Werden E/A-Fehler behandelt?
8. Gibt es Textfehler in der Ausgabe-information?

Schnittstellen

1. Stimmt die Anzahl der Eingabepara-meter mit der Anzahl der Argumente überein?
2. Stimmen die Parameter- und Argumentattribute überein?
3. Stimmen die Einheiten der Parameter und der Argumente überein?
4. Stimmt die Anzahl der an das gerufene Modul übergebenen Argumente mit der Anzahl der Parameter überein?
5. Stimmen die Attribute der an das gerufene Modul übergebenen Argu-mente mit den Attributen der Parameter überein?
6. Entsprechen die Einheiten der dem gerufenen Modul übergebenen Argumente den Einheiten der Parameter?
7. Sind Anzahl, Attribute und Reihen-folge der Argumente für „eingebaute" Funktionen korrekt?
8. Gibt es Referenzen auf Parameter, die nicht mit dem aktuellen Entry-point assoziiert sind?
9. Werden Argumente verändert, die nur als Input dienen sollten?
10. Ist die Definition globaler Variabler über alle Module konsistent?
11. Werden Konstante als Argumente übergeben?

Andere Prüfungen

1. Gibt es nicht angesprochene Variable in der Crossreference-Liste?
2. Bringt die Attributliste das, was man erwartet?
3. Gibt es warnende oder informative Meldungen?
4. Werden die Eingabedaten auf Gültigkeit überprüft?
5. Fehlen Funktionen?

Bild 3.2   Zusammenfassung der Fehlerprüfliste, Teil 2

Während der Sitzung werden die Testfälle durchgespielt, d.h. man führt mit den Testdaten das Programm im Geiste aus. Der Zustand des Programms wird auf dem Papier oder einer Wandtafel festgehalten.

Natürlich sollten es nicht zu viele und einfache Testfälle sein, da sie von Menschen und nicht vom Computer ausgeführt werden, der um Größenordnungen schneller ist.

Die Testfälle selbst spielen daher keine kritische Rolle; sie dienen eher als Anreiz zum Starten und um den Programmierer über seine Logik und Annahmen zu befragen. In den meisten Fällen werden mehr Fehler in der Diskussion mit dem Programmierer als direkt durch die Testfälle selbst entdeckt.

Wie bei der Codeinspektion ist die Haltung der Teilnehmer entscheidend.

Kommentare sollen sich auf das Programm beziehen und nicht gegen den Programmierer gerichtet sein. Mit anderen Worten, Fehler werden nicht als persönliche Schwächen des Verursachers angesehen, sondern gelten als innere Schwierigkeiten bei der Programmentwicklung und als Ergebnis der momentan noch primitiven Programmiermethoden.

Ähnlich wie bei der Codeinspektion muß auch beim Walkthrough eine Nachbereitungsphase folgen. Auch alle Seiteneffekte, die dort beobachtet wurden (Identifizierung fehleranfälliger Abschnitte, Lernen durch Fehler, Stil und Techniken), treten im Walkthrough-Prozeß auf.

Schreibtischtest

Ein dritter manueller Prozeß zur Fehlerentdeckung wird schon länger praktiziert: der Schreibtischtest. Er kann als Einmanninspektion oder -Walkthrough angesehen werden; dabei liest der Tester das Programm, überprüft es mit Hilfe einer Fehlerliste und/oder simuliert mit Testdaten einen Testfall.

Der Schreibtischtest ist für die meisten Leute relativ unproduktiv, weil er ein vollständig undisziplinierter Prozeß ist. Ein zweiter, wichtigerer Grund ist der Verstoß gegen ein Testprinzip aus Kap. 2 — es ist nicht effektiv, sein eigenes Programm zu testen.

Man kann daher annehmen, daß ein Schreibtischtest am besten nicht vom Autor des Programms durchgeführt wird (z.B. sollten zwei Programmierer ihre Programme austauschen und nicht ihr eigenes testen); aber auch so ist er weniger effektiv als der Walkthrough oder die Codeinspektion. Der Grund dafür liegt in der Zusammenarbeit des Walkthrough- oder Inspektionsteams.

Die Sitzung fördert ein gesundes Konkurrenzverhalten; die Teilnehmer lieben es, ihr Können bei der Fehlerentdeckung zu zeigen. Bei einem Schreibtischtest fehlt dieser nützliche Anreiz offensichtlich, da keine Zuschauer da sind.

Kurz gesagt, der Schreibtischtest mag mehr bringen als überhaupt nichts zu unternehmen, aber er ist weniger erfolgreich als eine Inspektion oder ein Walkthrough.

Peer Ratings

Der letzte manuelle Reviewprozeß hat nichts mit Programmtesten zu tun (d.h. es wird nicht versucht, Fehler zu entdecken). Dieses Verfahren wird hier jedoch mit aufgeführt, da es mit der Idee des Codelesens in Beziehung steht.

Peer Rating [10] ist eine Technik zur Beurteilung von Programmen, deren Autor dem Leser nicht bekannt ist; sie beschäftigt sich mit Begriffen wie Qualität, Wartungsfreundlichkeit, Erweiterbarkeit, Anwendbarkeit und Klarheit. Diese Technik soll dem Programmierer eine Selbsteinschätzung ermöglichen.

Ein Programmierer wird zum Administrator bestellt, der wiederum ca. 6−20 Teilnehmer auswählt (6 ist die Mindestzahl, um Anonymität zu garantieren). Sie alle sollten über vergleichbare Erfahrung verfügen (d.h. man sollte keine Cobolprogrammierer mit Assemblersystemprogrammierern zusammenbringen). Jeder Teilnehmer wird gebeten, zwei seiner Programme zum Review auszuwählen. Das eine Programm sollte das seiner Meinung nach beste sein, das zweite eines, das er für weniger gut hält.

Nach der Übergabe werden die Programme beliebig unter die Teilnehmer verteilt. Jeder Teilnehmer muß vier Programme beurteilen, zwei von den „besten" und zwei von den „weniger guten". Er hat aber keine Kenntnis davon, welches Programm zu welcher Kategorie gehört. Jeder Teilnehmer beschäftigt sich etwa dreißig Minuten lang mit einem Programm und füllt dann ein Beurteilungsformular aus. Nach der Bearbeitung aller vier Programme stuft der Teilnehmer die Programme nach ihrer relativen Qualität ein. Im Formular wird die Beantwortung von Fragen der folgenden Art verlangt, wobei eine Notenskala von 1−7 zugrunde liegt: (1 bedeutet definitiv „ja", 7 definitiv „nein")

War das Programm leicht verständlich?

War der Grobdesign (highlevel d.) durchsichtig und vernünftig?

War der Feindesign (lowlevel d.) durchsichtig und vernünftig?

Wäre es für Sie leicht, das Programm zu modifizieren?

Wären Sie stolz, dieses Programm geschrieben zu haben?

Der Reviewer soll auch allgemeine Kommentare und Verbesserungsvorschläge machen.

Nach dem Review erhalten die Teilnehmer die anonyme Beurteilung ihrer beiden Programme und einen statistischen Überblick über die Einstufung ihrer Programme in die Gesamtheit, ebenso eine Analyse ihrer Einstufung anderer Programme im Vergleich zur Einstufung des gleichen Programms durch andere Teilnehmer.

Durch dieses Verfahren sind die Programmierer in der Lage, ihre eigenen Fähigkeiten zu beurteilen! Dieses Verfahren scheint in einer kommerziellen Umgebung ebenso nützlich zu sein wie in der Ausbildung.

Literatur

1. G. M. Weinberg, *The Psychology of Computer Programming*. New York: Van Nostrand Reinhold, 1971.
2. G. J. Myers, *Software Reliability: Principles and Practices*. New York: Wiley-Interscience, 1976.
3. G. J. Myers, *Composite/Structured Design*. New York: Van Nostrand Reinhold, 1978.
4. G. J. Myers, "A Controlled Experiment in Program Testing and Code Walkthroughs/ Inspections", *Commun. ACM*, 21(9), 760–768 (1978);
5. M. P. Perriens, "An Application of Formal Inspections to Top-Down Structured Program Development", RADC-TR-77-212, IBM Federal Systems Div., Gaithersburg, Md., 1977 (NTIS AD/A-041645).
6. M. L. Shooman und M. I. Bolsky, "Types, Distribution, and Test and Correction Times for Programming Errors", *Proceedings of the 1975 International Conference on Reliable Software*. New York: IEEE, 1975, pp. 347–357.
7. M. E. Fagan, "Design and Code Inspections to Reduce Errors in Program Development", *IBM Systems J.*, 15(3), 182–211 (1976).
8. R. D. Freeman, "An Experiment in Software Development", *The Bell System Technical Journal, Special Safeguard Supplement*, S199–S209 (1975).
9. J. Ascoly et al., "Code Inspection Specification", TR–21.630, IBM System Communication Division, Kingston, N. Y. 1976.
10. N. Anderson und B. Shneiderman, "Use of Peer Ratings in Evaluating Computer Program Quality." IFSM-TR-20, University of Maryland, 1977.

Kapitel 4

Testfallentwurf

Neben den in Kap. 2 diskutierten psychologischen Gesichtspunkten ist der Entwurf oder die Definition von wirksamen Testfällen für den erfolgreichen Test äußerst wichtig.

Da erschöpfendes Testen unmöglich ist und weil daher jeder Test eines Programms notwendigerweise unvollständig bleibt (d.h. Testen bietet keine Garantie für Fehlerfreiheit), ist eine wohlüberlegte Strategie erforderlich, um diese Unvollständigkeit weitestgehend zu reduzieren.

Mit den gegebenen Beschränkungen der Zeit, Kosten, Computerzeit etc. wird die folgende Frage zum Angelpunkt des Testens:

Welche Untermenge aller denkbaren Testfälle bietet die größte Wahrscheinlichkeit, möglichst viele Fehler zu finden?

Eine Antwort auf diese Frage liefert die Beschäftigung mit den Methoden der Testfallentwürfe.

Die wahrscheinlich schwächste Methode ist das Testen mit Zufallsdaten − d.h. das Testen eines Programms durch zufällige Auswahl einer Untermenge aller möglichen Eingabedaten. Die zufällige Auswahl von Testdaten − ausgedrückt mit Begriffen der Wahrscheinlichkeit, die meisten Fehler zu finden − besitzt sicher eine geringe Chance, eine optimale oder fast optimale Untermenge zu sein. In diesem Kapitel suchen wir nach einem gut überlegten Verfahren, das uns die Auswahl entsprechender Testdaten ermöglicht.

In Kapitel 2 wurde klar, daß erschöpfendes „Blackbox"- und „Whitebox"-Testen im allgemeinen unmöglich ist. Als vernünftig empfiehlt sich eine Teststrategie, die Elemente aus beiden Verfahren verwendet und die wir in diesem Kapitel entwickeln wollen.

Man kann vernünftige und wirksame Testfälle entwerfen, indem man etliche blackboxorientierte Methoden des Testfallentwurfs verwendet und diese dann durch die Überprüfung der Programmlogik (d.h. mit Whitebox-Methoden) ergänzt.

Die diskutierten Methoden sind hier aufgeführt:

Blackbox	Whitebox
Äquivalenzklassen	Erfassung (Ausführung, coverage)
Grenzwertanalyse	aller Befehle
Ursache-Wirkungsgraph	Entscheidungen
Fehlererwartung	Bedingungen
(error guessing)	Entscheidungen/Bedingungen
	Mehrfachbedingungen

Obwohl die Methoden alle getrennt behandelt werden, empfiehlt es sich, für einen wirksamen Test eines Programms die meisten, wenn nicht alle Methoden zum Testfallentwurf heranzuziehen, da jede Methode bestimmte Stärken und Schwächen zeigt (z.B. bestimmte Fehlerarten zu entdecken oder zu übersehen).

Nach dem Studium der Methoden mag man etliche Einwände gegen diese Aussage vorbringen, da alle Methoden geistige Anstrengungen und daher eine Menge harter Arbeit verlangen. Man muß jedoch wissen, daß Programmtesten per se eine extrem schwierige Aufgabe ist. Wir wollen dazu einen alten Kenner zitieren:

„Wenn Sie glauben, daß Entwurf und Codierung dieses Programms schwierig waren, so haben Sie noch nichts mitbekommen."

Es empfiehlt sich daher, Testfälle mit der Blackbox-Methode zu entwerfen. Soweit nötig, ergänzt man den Entwurf der Testfälle mit Methoden des Whitebox-Testens. Wir wollen zuerst die bekannteren „Whitebox"-Methoden besprechen.

Logic-coverage Testing (Testdeckungsgrad)

Beim Whitebox-Testen betrachtet man den Anteil des Programms (source code), der durch die Testfälle ausgeführt oder angesprochen wird. Wie wir in Kapitel 2 gesehen haben, ist der vollständige Whitebox-Test durch die Ausführung eines jeden Pfades bestimmt. Da aber in einem Programm mit Schleifen die Ausführung aller Pfade gewöhnlich nicht durchführbar ist, so kann man das Testen aller Pfade hier als nicht gangbaren Weg betrachten.

Läßt man das Pfadtesten gänzlich außer acht, könnte man annehmen, folgendes Kriterium wäre für den Testdeckungsgrad ausschlaggebend: jede Anweisung im Programm muß wenigstens einmal ausgeführt werden.

Unglücklicherweise ist das ein schwaches Kriterium; es ist zwar notwendig, aber bei weitem nicht hinreichend, für einen vernünftigen

„Whitebox"-Test genügend Testfälle zu definieren, so daß jede Anweisung wenigstens einmals ausgeführt wird.

Das kann man sich mit Bild 4.1 klarmachen. Dort ist ein kleines Programm dargestellt, das getestet werden soll. In PL/I ergibt sich als äquivalente Befehlsfolge:

```
M:PROCEDURE (A,B,X):
IF ( (A>1)&(B=0) ) THEN    DO;
                           X=X/A;
                           END;
IF ( (A=2)|(X>1) ) THEN    DO;
                           X=X+1;
                           END;
END;
```

Definiert man einen Testfall, der den Pfad ace durchläuft, so wird jede Anweisung einmal ausgeführt. Mit A = 2, B = 0 und X = 3 in Punkt a spricht man jeden Fall einmal an (tatsächlich kann X einen beliebigen Wert annehmen).

Unglücklicherweise ist dieses Kriterium äußerst schwach. Denn möglicherweise sollte die erste Entscheidung ein OR anstelle eines AND enthalten. Ein solcher Fehler bliebe dann unentdeckt.

In der zweiten Entscheidung sollte vielleicht X > 0 stehen; auch dieser Fehler würde nicht entdeckt werden.

Des weiteren gibt es einen Pfad (abd) durch das Programm, auf dem der Wert von X unverändert bleibt. Sollte das ein Fehler sein, so wird er nicht entdeckt. Mit anderen Worten, die Ausführung eines jeden Befehls (statement coverage) ist so schwach, daß man diese Strategie im allgemeinen als nutzlos ansieht.

Eine strengere Strategie für die Erfassung der Logik ist die Erfassung oder Ausführung aller Entscheidungen oder Sprünge (decision oder branch coverage). Bei diesem Verfahren müssen hinreichend viele Testfälle entworfen werden, so daß bei jeder Entscheidung sowohl der THEN-Zweig als auch der ELSE-Zweig mindestens einmal durchlaufen wird, d.h. jeder Ausgang aus einer Entscheidung muß mindestens einmal benützt werden. Beispiele für Sprung- oder Entscheidungsanweisungen sind DO- (oder PERFORM UNTIL in Cobol), IF- und CASE- (GOTO mit mehr als 2 Ausgängen) Anweisungen.

Man kann zeigen, daß diese Strategie (decision coverage) auch die Forderung nach Ausführung eines jeden Befehls (statement coverage) erfüllt.

Da jede Anweisung auf mindestens einem Pfad liegt, der entweder aus einer Alternative (Entscheidung) oder vom Eingangspunkt (entry point) des Programms herstammt, muß jede Anweisung ausgeführt werden, wenn jeder Alternativzweig ausgeführt wird. Es gibt jedoch mindestens drei Ausnahmen.

Die erste Ausnahme ist durch die pathologische Situation gegeben, wo das Programm keine Entscheidungen enthält. Die zweite Ausnahme zeigt sich in Programmen oder Unterroutinen mit mehreren Eingängen; eine bestimmte Anweisung wird nur dann ausgeführt, wenn ein bestimmter Eingang benutzt wird. Die dritte Ausnahme ergibt sich bei Anweisungen in ON-Einheiten; alle Alternativzweige zu durchlaufen, bedeutet nicht notwendig, daß alle ON-Einheiten ausgeführt werden.

Da wir die Ausführung aller Befehle als notwendige Bedingung angesehen haben, sollte die Erfassung aller Entscheidungen, eine offensichtlich bessere Methode, so definiert werden, daß sie die Erfassung aller Befehle mit einschließt. Diese Methode verlangt also je ein Ergebnis aus dem Ja- und dem Neinzweig einer Entscheidung. Zusätzlich muß jeder Befehl wenigstens einmal ausgeführt worden sein. Anders und einfacher ausgedrückt: in jeder Entscheidung muß der Ausgang für die erfüllte Bedingung und der Ausgang für die nicht-erfüllte Bedingung benutzt und jeder Eingang (einschließlich der ON-Einheiten) mindestens einmal angesprochen worden sein.

Die obige Diskussion betrachtet nur Zweiwegentscheidungen oder Sprünge. Das Verfahren muß für Mehrfachentscheidungen modifiziert werden. Beispiele von Mehrfachentscheidungen sind PL/I-Programme, die SELECT (CASE) Anweisungen oder GOTO-Statements mit variablen Marken enthalten, Fortran-Programme mit arithmetischen (3 Weg) IF-Statements oder berechneten oder arithmetischen GOTO-Statements und Cobol-Programme mit durch ALTER bedingten GOTO- oder GOTO DEPENDING ON-Anweisungen. Für diese Programme ergibt sich die Forderung, jeden möglichen Ausgang wenigstens einmal zu testen und jeden Eingangspunkt des Programms oder der Unterroutine wenigstens einmal anzusprechen.

In Bild 4.1 erreicht man die Erfassung aller Entscheidungen mit zwei Testfällen, die die Pfade ace und abd oder acd und ace durchlaufen. Wenn wir die zweite Alternative wählen, so sind die Eingabedaten für die beiden Testfälle A = 3, B = 0, X = 3 und A = 2, B = 1 und X = 1.

Die Ausführung aller Entscheidungen (decision coverage) ist zwar ein stärkeres Kriterium als die Ausführung aller Befehle (statement coverage), aber immer noch ziemlich schwach. Dabei ergibt sich eine Wahrscheinlichkeit von 50%, den Pfad zu untersuchen, auf dem X nicht verändert wird (d.h. wenn wir die erste Alternative wählen).

War die zweite Alternative nicht erfüllt (z.B. wenn dort statt X > 1

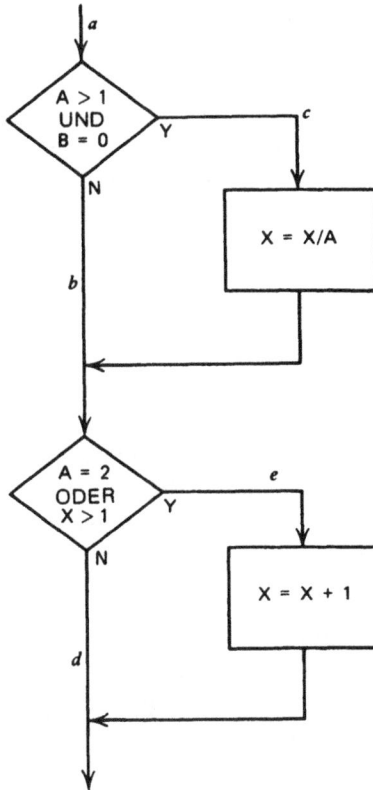

Bild 4.1   Ein kleines Programm zum Testen

der Ausdruck X < 1 stehen sollte), so würde der Fehler durch die beiden Testfälle der ersten Alternative nicht entdeckt werden.

Manchmal erweist sich die Erfassung aller Bedingungen stärker als die aller Entscheidungen. In diesem Fall definiert man genügend Testfälle, damit jede Bedingung in einer Entscheidung berücksichtigt wird. Da das aber wie bei der Erfassung aller Entscheidungen (decision coverage) nicht zur Ausführung aller Anweisungen führt, entsteht zusätzlich die Forderung, daß jeder Eingangspunkt in das Programm oder in die Unterroutine, ebenso wie die ON-Einheiten, mindestens einmal angesprochen werden müssen.

Die Schleife

DO K=0 TO 50 WHILE (J+K <QUEST)

enthält z. B. zwei Bedingungen:

ist K kleiner als oder gleich 50 und J + K kleiner als QUEST? Aus diesem Grund sind Testfälle für die Situationen K ⩽ 50, K > 50 (d.h.,

Erreichen der letzten Iteration in der Schleife), J + K < QUEST und J + K ⩾ QUEST erforderlich.

In Bild 4.1 gibt es vier Bedingungen:
A > 1, B = 0, A = 2 und X > 1. Dafür werden genügend Testfälle benötigt, um die Situationen A > 1, A ⩽ 1, B = 0 und B ≠ 0 in Punkt a und A = 2, A ≠ 2, X > 1 und X ⩽ 1 in Punkt b zu berücksichtigen. Eine hinreichende Anzahl von Testfällen, die dieses Kriterium erfüllen, und die durchlaufenen Pfade sind

1. $A = 2, B = 0, X = 4$ *ace*
2. $A = 1, B = 1, X = 1$ *adb*

Gewöhnlich ist die Erfassung aller Bedingungen der Ausführung aller Entscheidungen überlegen, obwohl in diesem Beispiel die gleiche Anzahl von Testfällen generiert wurde, denn es kann (muß aber nicht) jede einzelne Bedingung in einer Entscheidung mit beiden Ergebnissen berücksichtigt werden, wohingegen die decision coverage das nicht tut. Das DO-Statement

DO K = 0 TO 50 WHILE (J + K < QUEST)

z. B. ist eine Entscheidung (Zweiwegesprung): Schleifenkörper ausführen oder überspringen. Mit der Strategie des Entscheidungstestens kann das Kriterium erfüllt werden, wenn man die Schleife von K = 0 bis 51 laufen läßt, wobei niemals die Bedingung untersucht wird, wo die WHILE-Klausel „falsch" wird. Verwendet man aber das Bedingungskriterium, so wird ein Testfall benötigt, der den „Nein"-Zweig" der Bedingung J + K < QUEST anspricht.

Obwohl die Strategie des „condition coverage" auf den ersten Blick die Forderungen des „decision coverage" mit zu erfüllen scheint, ist das nicht immer der Fall. Wenn die Entscheidung IF (A & B) getestet wird, so erlaubt es das erstere Verfahren zwei Testfälle zu definieren – A ist wahr, B ist falsch und A ist falsch, B ist wahr – aber der THEN-Zweig des IF wird dabei nicht ausgeführt. Die Tests mit „condition coverage" des vorigen Beispiels erfaßten zwar alle Entscheidungszweige, aber nur zufällig. Zwei alternative Testfälle

1. $A = 1, B = 0, X = 3$
2. $A = 2, B = 1, X = 1$

erfassen alle Bedingungsausgänge, aber nur zwei der vier Entscheidungszweige (beide laufen über den Pfad abc und führen daher den „Ja"-Zweig der ersten Entscheidung und den „Nein"-Zweig der zweiten Entscheidung nicht aus). Aus diesem Dilemma führt offensichtlich ein Weg: die Erfassung aller Entscheidungen/Bedingungen (decision/ condition coverage).

Dazu sind genügend Testfälle erforderlich, so daß alle Pfade der Bedingungen in einer Entscheidung durchlaufen werden, daß alle Entscheidungen jeden möglichen Zweig benutzen und daß jeder Eingang
mindestens einmal aufgerufen wird.

Allerdings hat diese Strategie eine Schwäche: obwohl es den Anschein
hat, daß alle Bedingungen berücksichtigt werden, kommt es häufig
vor, daß etliche Bedingungen andere Bedingungen maskieren. Betrachten Sie Bild 4.2 zum besseren Verständnis. Das Flußdiagramm beschreibt das Verfahren, wie ein Compiler den Maschinencode des
Programms von Bild 4.1 generieren könnte. Die Entscheidungen mit
Mehrfachbedingungen im Primärprogramm wurden in individuelle
Entscheidungen und Sprünge zerlegt, da die meisten Rechenanlagen
nicht über eigene Befehle verfügen, Entscheidungen mit Mehrfachbedingungen auszuführen. Das Durchlaufen aller möglichen Zweige
der primitiven Entscheidungen scheint daher ein effizienteres Testverfahren zu sein. Die beiden erwähnten Testfälle zur Ausführung
aller Entscheidungen können allerdings diese Forderung nicht erfüllen, da sie den Nein-Zweig der Entscheidung in H und den Ja-Zweig
in K nicht berücksichtigen. Die Teststrategie mit der Ausführung aller
Bedingungen ist hier in gleicher Weise mangelhaft, da die beiden Testfälle (die auch die Kriterien für die Erfassung aller Entscheidungen/
Bedingungen erfüllen) nicht den Nein-Zweig der Entscheidung bei I
und den Ja-Zweig der Entscheidung bei K aufrufen.

In Bild 4.2 läßt sich der Grund dafür erkennen: die Ergebnisse der
Bedingungen bei den AND- und OR-Ausdrücken können die Wirkung
anderer Bedingungen maskieren oder blockieren. Ist z.B. eine AND-
Bedingung falsch, so muß keine der folgenden Bedingungen berücksichtigt werden. Ähnliches gilt für einen OR-Ausdruck: ist eine Bedingung wahr, muß keine der folgenden Bedingungen berücksichtigt werden. Fehler in logischen Ausdrücken werden also nicht notwendigerweise durch die Ausführung aller Entscheidungen/Bedingungen sichtbar gemacht.

Ein Verfahren, das dieses und einige andere Probleme bewältigt, ist
die Ausführung aller Mehrfachbedingungen. Dazu muß man genügend
Testfälle definieren, so daß alle möglichen Kombinationen der Bedingungen einer Entscheidung und alle Eingänge wenigstens einmal angesprochen werden. Beispielsweise gibt es vier Situationen, die in der
folgenden Codesequenz getestet werden müssen.

```
NOTFOUND = '1'B;
DO I=1 TO TABSIZE WHILE (NOTFOUND); /*SEARCH TABLE*/
    suchlogik;
END;
```

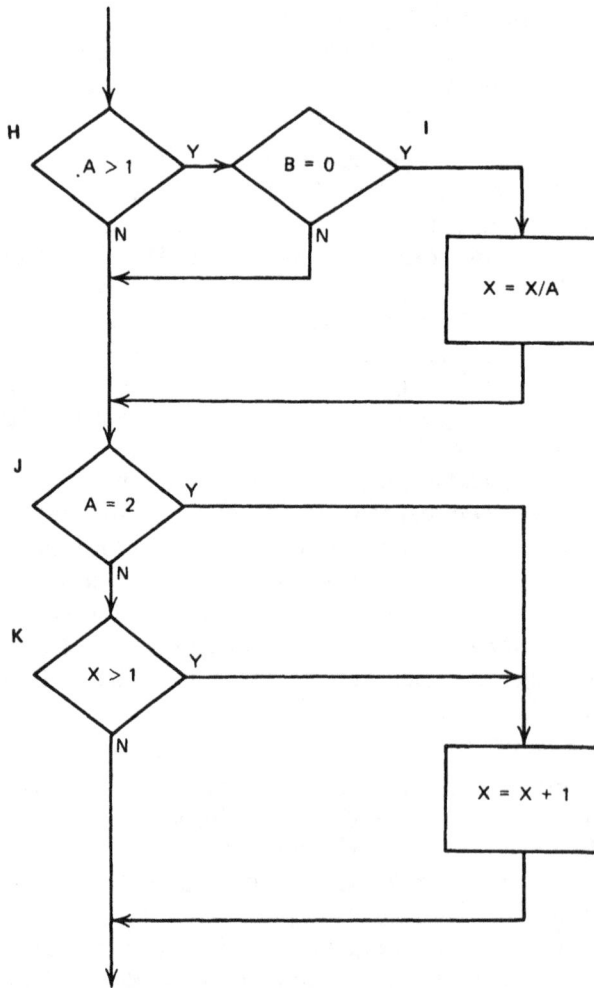

Bild 4.2   Maschinencode für das Programm aus Bild 4.1

1. I ≤ TABSIZE und NOTFOUND ist wahr
2. I ≤ TABSIZE und NOTFOUND ist falsch
   (Auffinden des Eintrags, bevor das Ende der Tabelle erreicht wird)
3. I >TABSIZE und NOTFOUND ist wahr
   (Erreichen des Tabellenendes ohne den Eintrag zu finden)
4. I > TABSIZE und NOTFOUND ist falsch
   (der Eintrag ist der letzte in der Tabelle)

Es ist sicher leicht einsichtig, daß Testfälle für die Erfassung aller Mehrfachbedingungen auch die Kriterien für die Erfassung aller Entscheidungen, aller Bedingungen und aller Entscheidungen/Bedingungen erfüllen.

Kommen wir auf unser Bild 4.2 zurück: acht Bedingungen müssen durch Testfälle berücksichtigt werden.

1. $A > 1, B = 0$ 5. $A = 2, X > 1$
2. $A > 1, B \neq 0$ 6. $A = 2, X \leqslant 1$
3. $A \leqslant 1, B = 0$ 7. $A \neq 2, X > 1$
4. $A \leqslant 1, B \neq 0$ 8. $A \neq 2, X \leqslant 1$

Beachten Sie, daß wie vorher die Testfälle 5–8 Werte für das zweite IF-Statement darstellen.

Da X vor diesem IF-Statement verändert werden kann, müssen die benötigten Werte in diesem IF-Statement durch die Logik zurückgesetzt werden, um die entsprechenden Eingabewerte zu erhalten.

Diese Kombinationen, die getestet werden sollen, implizieren aber nicht, daß acht Testfälle benötigt werden. Tatsächlich läßt sich das mit vier Testfällen erreichen. Die Eingabedaten und die Kombinationen, die sie abdecken, sind

$A = 2, B = 0, X = 4$ für 1,5
$A = 2, B = 1, X = 1$ für 2,6
$A = 1, B = 0, X = 2$ für 3,7
$A = 1, B = 1, X = 1$ für 4,8

Die Tatsache, daß es vier Testfälle und vier verschiedene Pfade in Bild 4.1 gibt, ist reiner Zufall. In der Tat testen die vier Testfälle nicht alle Pfade; der Pfad acd wird nicht durchlaufen.

Beispielsweise würden für das folgende Programm acht Testfälle benötigt:

```
IF ((X=Y) & (LENGTH(Z)=0) & END) THEN J=1;
                                 ELSE I=1;
```

obwohl es nur zwei Pfade enthält. Bei Schleifen ist die Anzahl der erforderlichen Testfälle für die Strategie zur Erfassung aller Mehrfachbedingungen im allgemeinen wesentlich geringer als die Anzahl der Pfade.

Fassen wir unsere Überlegungen zusammen: in Programmen mit nur einer Bedingung pro Entscheidung ist als minimales Kriterium eine hinreichende Anzahl von Testfällen zu betrachten, die

1. alle Zweige einer Entscheidung wenigstens einmal durchlaufen
2. jeden Eingang wenigstens einmal benützen (z.B. Entrypoint, ON-unit) (um sicherzustellen, daß jede Anweisung wenigstens einmal ausgeführt wird).

In Programmen mit Entscheidungen, die Mehrfachbedingungen verwenden, ist das Minimalkriterium eine hinreichende Anzahl von Testfällen, die alle möglichen Kombinationen von Bedingungen in einer
Entscheidung berücksichtigen und alle Eingangspunkte in das Programm ansprechen.
(Das Wort „möglich" wird hier verwendet, da sich einige Kombinationen als nicht erzeugbar erweisen können; z.B. kann man nur drei
Kombinationen in der Entscheidung $(A>2)\&(A<10)$ erzeugen.)

Äquivalenzklassen

In Kap. 2 wurde ein guter Testfall dadurch charakterisiert, daß er eine
gewisse Wahrscheinlichkeit bietet, Fehler zu finden. Ebenso wurde die
Tatsache diskutiert, daß ein vollständiger Eingabetest eines Programms
unmöglich ist. Man ist daher darauf angewiesen, eine kleine Untermenge aller möglichen Eingabedaten auszuwählen. Natürlich will man
dann die richtige Untermenge finden (d.h. die Untermenge mit der
höchsten Wahrscheinlichkeit, die meisten Fehler zu finden).
Zur Bestimmung dieser Untermenge sollte man wissen, daß ein gut
ausgewählter Testfall zwei weitere Eigenschaften haben sollte.

1. Er reduziert die Anzahl anderer Testfälle, die man entwickeln
   mußte, um ein vorgegebenes Ziel beim sinnvollen Testen zu erreichen.
2. Er überdeckt eine große Menge anderer möglicher Testfälle. D.h., er
   sagt etwas aus über die Anwesenheit oder Abwesenheit von Fehlern
   für diesen speziellen Satz von Eingabedaten und darüber hinaus.

Diese beiden Eigenschaften beschreiben unterschiedliche Betrachtungen, obwohl sie ähnlich erscheinen. Die erste impliziert, daß jeder
Testfall möglichst viele unterschiedliche Eingabebedingungen ansprechen sollte, um die Gesamtzahl der erforderlichen Testfälle zu mini-
mieren.
Die zweite Eigenschaft impliziert, daß man versucht, den Eingabebe-
reich eines Programms in eine endliche Anzahl von Äquivalenzklassen
zu unterteilen, so daß man sinnvollerweise annehmen kann (aber natürlich nicht absolut sicher sein kann), daß der Test mit einem reprä-
sentativen Wert in jeder Klasse äquivalent ist zu einem Test mit irgendeinem anderen Wert. D.h., wenn ein Testfall in einer Äquivalenzklasse
einen Fehler entdeckt, so erwartet man, daß alle anderen Testfälle
in der Äquivalenzklasse den gleichen Fehler finden. Anders herum
ausgedrückt, wenn ein Testfall den Fehler nicht entdecke, so erwarten wir, daß kein anderer Testfall in der Äquivalenzklasse einen Fehler

findet (es sei denn, daß eine Untermenge einer Äquivalenzklasse sich mit einer anderen Äquivalenzklasse überschneidet).

Diese beiden Überlegungen führen zu einer Blackboxstrategie, die als Äquivalenzklassenbildung bekannt ist. Die zweite Überlegung dient zur Entwicklung einer Menge von Bedingungen, die getestet werden sollen. Mit der ersten Überlegung wird dann ein Minimalsatz von Testfällen definiert, der diese Bedingungen vollständig erfaßt.

Ein Beispiel für eine Äquivalenzklasse für das Dreiecksprogramm aus Kap. 1 ist eine Menge von „drei gleichen Zahlen, die ganzzahlig und größer Null sind". Wenn wir das als Äquivalenzklasse ansehen, so behaupten wir: tritt bei der Verwendung eines Elementes aus dieser Menge kein Fehler auf, so ist es unwahrscheinlich, daß ein anderes Element aus dieser Menge einen Fehler provoziert. Mit anderen Worten, wir können unsere Testzeit anderweitig besser verwenden.

Der Entwurf von Testfällen mit Hilfe der Äquivalenzklassenbildung erfolgt in zwei Schritten:

1. Bestimmung der Äquivalenzklasse und
2. Definition der Testfälle.

Bestimmung der Äquivalenzklasse

Zur Festlegung der Äquivalenzklasse betrachtet man jede Eingabebedingung (gewöhnlich einen Satz oder Abschnitt aus der Spezifikation) und unterteilt sie in zwei oder mehrere Gruppen. Dazu verwendet man die Tabelle in Bild 4.3. Beachten Sie dabei, daß zwei Arten von

Externe Bedingungen	gültige Äquivalenz- klassen	ungültige Äquivalenz- klassen

Bild 4.3   Ein Formular zur Aufzählung der Äquivalenzklassen

Äquivalenzklassen unterschieden werden: Gültige Äquivalenzklassen mit erlaubten Eingabedaten und ungültige Äquivalenzklassen mit allen anderen möglichen Werten (d.h. fehlerhaften Eingabedaten).

Wir folgen damit dem Prinzip aus Kap. 2, das eine besondere Beachtung von ungültigen oder unerwarteten Werten empfiehlt.

Sind Eingabedaten oder externe Bedingungen vorgegeben, so ist die Bestimmung einer Äquivalenzklasse hauptsächlich ein heuristischer Prozeß. Folgende Ausführungen enthalten einige Anregungen zu diesem Problem:

1. Wird für die Eingabe ein Wertebereich vorgeschrieben (z.B. kann die Variable einen Wert zwischen 1 und 999 annehmen), so lege man Äquivalenzklassen mit gültigen Werten ($1 \leqslant$ „Wert" $\leqslant 999$) und ungültigen Werten („Wert" < 1 und „Wert" > 999) fest.

2. Wird in der Eingabe die Anzahl der Werte festgelegt (z.B. es können bis zu sechs Besitzer für ein Auto registriert werden), so definiere man eine Äquivalenzklasse mit gültigen Werten und zwei Klassen mit ungültigen Werten (kein Besitzer und mehr als sechs Besitzer).

3. Beschreiben die Eingaben verschiedene Werte und gibt es einen Grund dafür anzunehmen, daß das Programm diese verschiedenen Werte unterschiedlich behandelt (z.B. Typ eines Fahrzeugs: Bus, Lkw, Taxi, Pkw oder Motorrad), so bestimmt man für jeden eine gültige Äquivalenzklasse und eine ungültige Äquivalenzklasse (z.B. Anhänger).

4. Verlangt die Eingabebedingung eine Situation mit „. . . muß sein . . ." (z.B. „das erste Zeichen des Merkmals *muß* ein Buchstabe *sein),* so lege man eine gültige Äquivalenzklasse (es ist ein Buchstabe) und eine ungültige Äquivalenzklasse fest (es ist kein Buchstabe).

5. Läßt sich vermuten, daß die Elemente in einer Äquivalenzklasse vom Programm nicht gleichwertig behandelt werden, so spalte man die Äquivalenzklasse in kleinere Äquivalenzklassen auf.

Ein Beispiel soll dieses Vorgehen illustrieren.

Definition der Testfälle

Der zweite Schritt ist die Definition der Testfälle mit Hilfe der Äquivalenzklassen:

1. Kennzeichnen Sie jede Äquivalenzklasse mit einer eindeutigen Zahl.

2. Schreiben Sie jeweils einen neuen Testfall, der möglichst viele der bisher nicht behandelten gültigen Äquivalenzklassen behandelt, bis alle gültigen Äquivalenzklassen durch Testfälle geprüft sind.

3. Definieren Sie jeweils einen neuen Testfall, der eine und nur eine der bisher nicht behandelten ungültigen Äquivalenzklassen behandelt, bis alle ungültigen Äquivalenzklassen durch Testfälle geprüft sind.

Der Grund, daß ungültige Fälle durch individuelle Testfälle behandelt werden, ist der, daß bestimmte Überprüfungen fehlerhafter Eingabedaten andere Prüfungen fehlerhafter Eingabedaten maskieren oder verdrängen. Wenn die Spezifikation beispielsweise „Gib den Buchtyp (GEBUNDEN, TASCHENBUCH, LOSE) und die Anzahl (1–9999) ein" enthält, so dürfte der Testfall

XYZ   0

mit zwei Fehlern (ungültiger Buchtyp, ungültige Anzahl) die Überprüfung der Anzahl wahrscheinlich nicht veranlassen, da das Programm die Meldung „XYZ ist ein unbekannter Buchtyp" ausgeben mag und sich nicht mehr um die Überprüfung des Tests der Eingabe kümmert.

Ein Beispiel

Wir nehmen an, daß wir einen Compiler für eine Untermenge der Sprache FORTRAN entwickeln; und wir wollen die Syntaxprüfung für die DIMENSION-Anweisung testen. Die Spezifikation ist weiter unten ausgeführt. (Das ist keine vollständige FORTRAN DIMENSION-Anweisung; sie wurde beträchtlich verengt, um ein „Lehrbuch"-Beispiel zu erhalten. Lassen Sie sich aber nicht dazu verleiten, zu glauben, das Testen wirklicher Programme wäre ebenso leicht wie das der Beispiele in diesem Buch). In der Spezifikation bezeichnen die Ausdrücke in Kursivschrift syntaktische Einheiten, für die in realen Anweisungen spezielle Werte eingesetzt werden müssen; eckige Klammern werden verwendet, um wahlfreie Größen anzudeuten; runde Klammern zeigen an, daß das vorangegangene Zeichen in der Nachfolge mehrfach auftreten kann.

Eine DIMENSION-Anweisung dient zur Angabe der Dimensionen eines Feldes. Die Form der DIMENSION-Anweisung ist

DIMENSION *ad*[,*ad*] . . .

ad beschreibt ein Feld der Form

n(*d*[,*d*]. . .)

wobei n der symbolische Name des Feldes ist und d die Dimensionsdeklaration beschreibt. Symbolische Namen können 1—6 Buchstaben oder Ziffern enthalten, wobei als erstes ein Buchstabe stehen muß. Die Minimal- und die Maximalzahl der Dimensionsdeklaration d, die für ein Feld angegeben werden kann, ist 1 bzw. 7. Die Form der Dimensionsdeklaration d ist

$$[ug:\,]og$$

wobei ug und og die untere und obere Dimensionsgrenze angeben. Die Dimensionsgrenze kann eine Konstante zwischen −65534 und 65535 oder der Name einer INTEGER-Variablen sein (aber nicht der Name eines Feldelements). Ist ug nicht angegeben, so wird 1 angenommen. Der Wert von og muß größer oder gleich ug sein. Wenn ug angegeben ist, muß der Wert negativ, null oder positiv sein. Wie alle anderen Anweisungen kann sich die DIMENSION-Anweisung über mehrere Zeilen erstrecken. (Ende der Spezifikation).

Im ersten Schritt gilt es, die Eingabebedingungen zu bestimmen und daraus die Äquivalenzklassen festzulegen, die in Tabelle 4.1 angegeben sind. Die Zahlen in der Tabelle sind eindeutige Kennzeichen für die Äquivalenzklassen.

Im zweiten Schritt ist ein Testfall zu definieren, der eine oder mehrere gültige Äquivalenzklassen berücksichtigt.

Der Testfall

```
DIMENSION A (2)
```

überdeckt z.B. die Klassen 1, 4, 7, 10, 12, 15, 24, 28, 29 und 40. Im nächsten Schritt muß man einen Testfall erfinden, der eine oder mehrere der verbleibenden gültigen Äquivalenzklassen behandelt.

Ein Testfall der Form

```
     DIMENSION A12345 (I,9,J4XXXX, 65535, 1, KLM,
X        100), BBB(−65534: 100,0:1000, 10:10, I:65535)
```

prüft die verbleibenden Klassen. Die Äquivalenzklassen für unzulässige Eingaben und die entsprechenden Testfälle sind

```
 (3):  DIMENSION
 (5):  DIMENSION ( 10)
 (6):  DIMENSION A234567(2)
 (9):  DIMENSION A.1(2)
(11):  DIMENSION 1A (10)
(13).  DIMENSION B
(14):  DIMENSION B (4,4,4,4,4,4,4,4)
(17):  DIMENSION B (4,A(2))
(18):  DIMENSION B (4, ,7)
(21):  DIMENSION C (I., 10)
(23).  DIMENSION C (10,1J)
```

```
(25):   DIMENSION D (–65535:1)
(26):   DIMENSION D (65536)
(31).   DIMENSION D (4:3)
(37):   DIMENSION D (A(2):4)
(38):   DIMENSION D (.:4)
```

Mit 18 Testfällen wurden also alle Äquivalenzklassen behandelt.

Der Leser mag vielleicht den Wunsch haben, diese Testfälle im Vergleich mit einer Menge von Testfällen zu betrachten, die in einer ad-hoc-Art u. Weise entwickelt wurden.

Obwohl die Bildung von Äquivalenzklassen einer zufälligen Auswahl von Testfällen weit überlegen ist, zeigen sich dabei jedoch Schwächen (d.h. Übergehen von bestimmten Arten von äußerst wirkungsvollen Testfällen).

Tab. 4.1 Äquivalenzklassen

Eingabebedingung	gültige Äquivalenz-Klassen	ungültige Äquivalenz-Klassen
Anzahl der Felddeskriptoren	einer (1), > eins (2)	keine (3)
Größe des Feldnamens	1–6 (4)	0 (5), > 6 (6)
Feldname	mit Buchstaben (7) mit Ziffern (8)	irgend etwas sonst (9)
Feldname beginnt mit Buchstaben	ja (10)	nein (11)
Anzahl der Dimensionen	1–7 (12)	0 (13), > 7 (14)
Obere Grenze ist	Konstante (15) INTEGER-Variable (16)	Feldelement-name (17), irgend etwas sonst (18)
INTEGER-Variable(nname)	hat Buchstaben (19) hat Ziffern (20)	hat sonst irgend etwas (21)
INTEGER-Variable beginnt mit Buchstaben	ja (22)	nein (23)
Konstante	– 65534 – 65535 (24)	< –65534 (25) > 65535 (26)
untere Grenze angeben	ja (27), nein (28)	
untere Grenze zu oberer Grenze	größer als (29) gleich (30)	kleiner als (31)
angegebene untere Grenze	negativ (32) null (33), > 0 (34)	
untere Grenze ist	eine Konstante (35) INTEGER-Variable (36)	Feldelement-namen (37), irgend etwas sonst (38)
mehrere Zeilen	ja (39), nein (40)	

Bei den nächsten beiden Methoden – Grenzwertanalyse und Ursache-Wirkungsgrad – treten viele dieser Schwächen nicht auf.

Grenzwertanalyse

Testfälle, die Grenzwerte untersuchen, haben einen größeren Erfolg als Testfälle, die das nicht tun ·· wie die Erfahrung zeigt. Damit sind solche Situationen gemeint, wo die Testfälle Werte an den Grenzen oder Rändern der Ein-/Ausgabeäquivalenzklassen (den Grenzwert selbst, direkt über oder unter dem Grenzwert) berücksichtigen. In zwei Beziehungen unterscheidet sich die Äquivalenzklassenbildung von der Grenzwertanalyse:

1. In der Grenzwertanalyse muß jeder Rand einer Äquivalenzklasse in einem Testfall auftreten; im Gegensatz zur Auswahl irgendeines Elements der Äquivalenzklasse, das für diese als repräsentativ angesehen wird.

2. Die Aufmerksamkeit gilt außerdem nicht nur den Eingabebedingungen (Eingaberaum), sondern es werden auch Testfälle entworfen, die den Ergebnisraum berücksichtigen (d.h. Ausgabeäquivalenzklassen).

Es ist schwierig, Rezepte für die Grenzwertanalyse zu geben, da dies ein gewisses Maß an Kreativität und einen beträchtlichen Arbeitsaufwand für das gegebene Problem erfordert. (Wie viele andere Aspekte des Testens ist das mehr eine Geisteshaltung als alles andere sonst.) Einige wenige Richtlinien lassen sich jedoch angeben:

1. Wenn ein Eingabeparameter einen Wertebereich annehmen kann, so definiere man Testfälle für die Grenzen des Bereichs und Testfälle für ungültige Eingabewerte, die direkt neben den Grenzen liegen. Ist z.B. der gültige Bereich der Eingabewerte −1.0−+1.0, so definiere man Testfälle für die Situation mit −1.0, 1.0, −1.001 und 1.001.

2. Ist in der Spezifikation für die Eingabebedingung ein Wertebereich vorgeschrieben, so muß man Testfälle für den unteren und oberen Grenzwert und für Werte entwerfen, die direkt neben diesen Grenzwerten außerhalb des Bereiches liegen. Kann beispielsweise eine Eingabedatei 1−255 Sätze enthalten, so entwirft man Testfälle für 0, 1, 255 und 256 Sätze.

3. Verwenden Sie Richtlinie 1 für jede Ausgabebedingung. Errechnet z.B. ein Programm die monatliche Sozialabgabe, wobei das Minimum 0.00 und das Maximum 2.200,00 DM beträgt, so entwirft man Testfälle, die den Abzug von 0.00 und 2.200.− DM veranlassen. Zusätzlich versuche man, Testfälle zu erfinden, die

einen negativen Abzug oder eine Abgabe größer DM 2.200.– erreichen. Man beachte weiterhin, daß die Überprüfung der Grenze des Ergebnisraums ebenso wichtig ist, da die Grenzen der Ein-
gabebereiche nicht immer den Grenzen der Ausgabebereiche entsprechen (betrachten Sie z.B. ein Sinusunterprogramm). Ebenso
ist es nicht immer möglich, ein Ergebnis außerhalb des Ausgabe-
bereichs zu erzeugen, aber trotzdem ist es sinnvoll, diese Möglichkeit zu beachten.

4. Wenden Sie Richtlinie 2 auf jede Ausgabedingung an. Wenn ein
Datenbanksystem auf Anfrage die betreffenden Zusammenfassungen ausgibt, aber niemals mehr als vier, dann entwerfen Sie Testfälle, so daß das Programm null, eine und vier Zusammenfassungen liefert, und versuchen einen Testfall zu erfinden, der fälschlicherweise fünf Zusammenfassungen ausgibt.

5. Ist die Ein- oder Ausgabe eines Programms eine geordnete Menge
(z.B. eine sequentielle Datei, lineare Liste oder Tabelle), so rich-
te man seine Aufmerksamkeit besonders auf das erste und letzte
Element der Menge.

6. Aktivieren Sie Ihren Einfallsreichtum, um weitere Grenzbedingun-
gen zu finden.

Am Beispiel des Dreiecksprogramms aus Kap. 1 kann man die Notwendigkeit der Grenzwertanalyse zeigen. Die Eingabewerte für die
Dreieckseiten müssen größer Null und ganzzahlig sein. Außerdem muß
die Summe zweier Werte immer größer als der dritte sein. Wenn man
die Äquivalenzklassen definiert, wird man einen Testfall auswählen,
wo diese Bedingungen zutreffen, und einen Testfall, wo sie nicht erfüllt sind. Zwei mögliche Testfälle sind daher 3–4–5 und 1–2–3.
Wir haben jedoch einen wahrscheinlichen Fehler übersehen. Ist das
Programm versehentlich für A+B≥C programmiert worden anstatt für
A+B>C, so wird der Fall 1–2–3 als gültiges Dreieck angesehen. Der
Unterschied zwischen Grenzwertanalyse und Äquivalenzklassenbildung liegt darin, daß die Grenzwertanalyse zusätzlich die Randwerte
der Äquivalenzklassen berücksichtigt.

Zur Anwendung der Grenzwertanalyse betrachte man folgende Pro-
grammspezifikation:

MTEST ist ein Programm für Auswertung von multiple-choice Prüf-
ergebnissen. Die Eingabedatei mit dem Namen OCR besteht aus
Sätzen mit 80 Zeichen. Der erste Satz enthält den Titel, der als
Überschrift in jeder Ausgabe erscheint. In den nächsten Sätzen
stehen die korrekten Antworten auf die Prüfungsfragen, wobei eine
„2" als letztes Zeichen erscheint. In den Spalten 1–3 des ersten
Satzes steht die Anzahl der Fragen (eine Zahl zwischen 1 und 999).
Die Spalten 10–59 enthalten die richtigen Antworten für die Fra-

gen 1—50 (jedes Zeichen wird als Antwort akzeptiert). In den Spalten 10—59 der folgenden Sätze sind die korrekten Antworten auf die Fragen 51—100, 101—150 usw. enthalten.

Im nächsten Satzabschnitt stehen die Antworten der Studenten mit einer „3" in der Spalte 80. In den Spalten 1—9 befindet sich der Name des Studenten oder seine Nummer (alle Zeichen). Die Spalten 10—59 enthalten die Antworten des Studenten auf die Fragen 1—50. Besteht der Test aus mehr als 50 Fragen, so enthalten die nachfolgenden Sätze die Antworten 51—100, 101—150 usw. in den Spalten 10—59. Die Maximalzahl der Studenten beträgt 200. Die Eingabedaten sind in Bild 4.4 dargestellt.

Als Ausgabe werden vier Berichte erstellt:

1. Ein Bericht, sortiert nach den Kennzeichen der Studenten, der seine Punktezahl (prozentualer Anteil an richtigen Fragen) und seinen Rang zeigt,

2. einen ähnlichen Bericht, aber nach Punktezahlen sortiert,

3. einen Bericht über Mittelwert, Median und Standardabweichung der Punktezahlen, und

4. einen Bericht, geordnet nach Fragennummern, der zeigt, wieviel Prozent der Studenten die Fragen richtig beantwortet haben, (Ende der Spezifikation.)

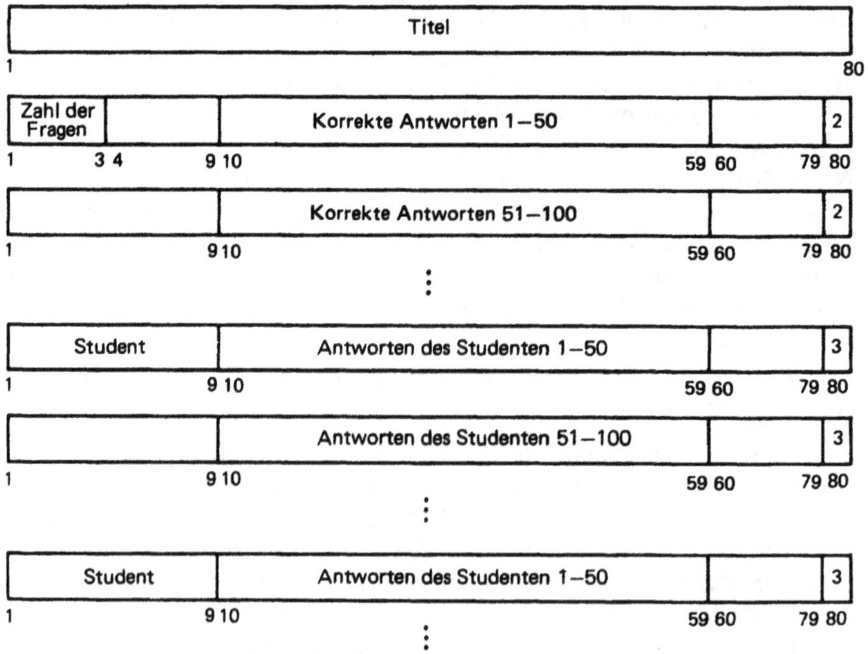

Bild 4.4   Eingabe für das Programm MTEST

Wir können methodisch vorgehen, die Spezifikation lesen und uns die Eingabebedingungen anschauen. Der erste Grenzwert ist eine leere Eingabedatei. Die zweite Eingabebedingung ist die Titelkarte; Grenzwerte sind: eine fehlende Titelkarte, kürzest- und längstmöglicher Titel. Die nächste Eingabebedingung betrifft die Sätze mit den richtigen Antworten und das Feld mit der Anzahl der Fragen im ersten Antwortsatz. Die Äquivalenzklasse der Anzahl der Fragen geht nicht von 1–999, da bei Vielfachen von 50 eine eigene Bedingung auftritt (d.h. es werden Mehrfachsätze benötigt). Dabei ergibt sich als sinnvolle Unterteilung eine Äquivalenzklassenbildung von 1–50 und von 50–999. Wir benötigen daher Testfälle, die das Feld „Anzahl der Fragen" auf 0, 1, 50, 51 und 999 setzen. Sie erfassen die meisten Grenzwerte für die Anzahl der Sätze mit den richtigen Antworten. Es ergeben sich jedoch drei weitere interessante Situationen: es gibt keine Antwortsätze; ein Antwortsatz ist zuviel; ein Antwortsatz fehlt (z.B. ist die Anzahl der Fragen 60, aber es gibt einmal 3 Antwortsätze, und das zweite Mal fehlt ein Antwortsatz. Die soweit definierten Testfälle sind im folgenden aufgeführt:

1. Leere Eingabedatei
2. Fehlender Titel
3. Titel, ein Zeichen lang
4. Titel, 80 Zeichen lang
5. Test mit einer Frage
6. Test mit 50 Fragen
7. Test mit 51 Fragen
8. Test mit 999 Fragen
9. Keine Frage im Test
10. Das Feld „Anzahl der Fragen" hat einen nichtnumerischen Wert
11. Nach dem Titelsatz fehlen die Sätze mit den richtigen Anworten
12. Ein Satz mit korrekten Antworten ist zuviel vorhanden
13. Ein Satz mit korrekten Antworten fehlt

Die nächsten Eingabedaten beziehen sich auf die Antworten der Studenten. Als Grenzwerttestfälle bieten sich an:

14. Kein Student
15. Ein Student
16. 200 Studenten
17. 201 Studenten
18. Ein Student hat einen Antwortsatz, aber es gibt zwei korrekte Antwortsätze
19. Der obengenannte Student ist der erste Student in der Datei

20. Der obengenannte Student ist der letzte Student in der Datei
21. Ein Student hat zwei Antwortsätze angegeben, aber es gibt nur einen Satz mit korrekten Antworten
22. Dieser Student ist der erste Student in der Datei
23. Dieser Student ist der letzte Student in dieser Datei

Ebenso nützliche Testfälle erhält man, wenn man die Grenzwerte der Ausgabedaten untersucht, obwohl einige von schon existierenden Testfällen erfaßt werden (z. B. Bericht 1 leer).

Die Grenzwerte der Berichte 1 und 2 sind:

Kein Student   (Test 14)
1 Student   (Test 15)
200 Studenten   (Test 16)

24. Alle Studenten erhalten die gleiche Punktezahl
25. Jeder Student erhält eine andere Punktezahl
26. Einige, aber nicht alle Studenten erhalten die gleiche Punktezahl (um zu überprüfen, ob die Einstufung richtig durchgeführt wird).
27. Ein Student erhält 0 Punkte.
28. Ein Student erhält 100 Punkte
29. Ein Student hat das niedrigstmögliche Kennzeichen (um die Sortierung zu überprüfen)
30. Ein Student hat das höchstmögliche Kennzeichen
31. Die Anzahl der Studenten ist gerade so groß, daß der Bericht genau in eine Seite paßt (um zu prüfen, ob eine zusätzliche Seite gedruckt wird)
32. Die Anzahl der Studenten ist gerade so groß, daß alle, bis auf einen, in eine Seite passen.

Die Grenzwerte für den Bericht 3 (Mittelwert, Median, Standardabweichung) bestehen aus

33. Der Mittelwert liegt bei seinem Maximum (alle Studenten haben die volle Punktezahl)
34. Der Mittelwert ist Null (alle Studenten haben 0 Punkte erhalten)
35. Die Standardabweichung liegt bei ihrem Maximum (ein Student hat 0 und der andere 100 Punkte erhalten)
36. Die Standardabweichung ist 0 (alle Studenten haben die gleiche Punktezahl erhalten)

Test 33 und 34 erfassen auch die Grenzwerte des Medians. Ein weiterer nützlicher Testfall ergibt sich für null Studenten (überprüfen auf Division mit 0 bei der Berechnung des Mittelwerts), aber der wird schon durch Testfall 14 erfaßt.

Eine Überprüfung des Berichtes 4 ergibt folgende Grenzwerte:

37. Alle Studenten beantworten Frage 1 richtig
38. Alle Studenten beantworten Frage 1 falsch
39. Alle Studenten beantworten die letzte Frage richtig
40. Alle Studenten beantworten die letzte Frage falsch
41. Die Anzahl der Fragen ist gerade so groß, daß der Bericht auf eine Seite paßt
42. Die Anzahl der Fragen ist gerade so groß, daß alle Fragen bis auf eine auf eine Seite passen

Der erfahrene Programmierer wird hier wahrscheinlich zustimmen, daß viele der 42 Testfälle übliche Fehler aufzeigen, die man bei der Entwicklung eines Programms machen kann; die meisten dieser Fehler würden aber nicht entdeckt werden, wenn man die Testfälle nach einer Zufalls- oder ad-hoc-Methode entwickelt. Die Grenzwertanalyse ist bei richtiger Anwendung eine der nützlichsten Methoden für den Testfallentwurf. Sie wird jedoch in vielen Fällen nicht effizient genug angewendet, da die Technik — oberflächlich betrachtet — zu einfach erscheint. Der Leser sollte aber einsehen, daß die Bestimmung von Grenzwerten äußerst schwierig sein kann und daher einen beträchtlichen Aufwand an geistiger Arbeit verlangt.

Ursache-Wirkungs-Graph

Grenzwertanalyse und Äquivalenzklassenbildung haben eine Schwäche gemeinsam: sie können keine Kombinationen von Eingabebedingungen untersuchen. Das Programm MTEST aus dem vorigen Abschnitt verhält sich möglicherweise fehlerhaft, wenn das Produkt aus der Anzahl der Fragen und der Anzahl der Studenten irgendeinen Wert überschreitet. (Das Programm überschreitet z.B. die Speichergrenze.) Ein solcher Fehler wird nicht unbedingt durch einen Grenzwerttest entdeckt.

Das Testen von Eingabekombinationen ist keine leichte Aufgabe, da die Anzahl der Kombinationen gewöhnlich astronomisch hoch wird, auch wenn man die Eingabekombinationen in Äquivalenzklassen unterteilt. Geht man bei der Auswahl einer Untermenge von Eingabebedingungen nicht systematisch vor, so ergibt sich durch die Auswahl einer zufälligen Untermenge gewöhnlich ein ineffizienter Test.

Bei der systematischen Auswahl einer Menge erfolgreicher Testfälle ist die Technik des Ursache-Wirkungs-Graphen äußerst hilfreich. Als nützlicher Nebeneffekt ergibt sich dabei ein Hinweis auf Unvollständigkeiten und Zweideutigkeiten in der Spezifikation.

Ein Ursache-Wirkungs-Graph ist eine formale Sprache, in die eine Spezifikation aus der natürlichen Sprache übersetzt wird. Der Graph entspricht einer Schaltung der Digitallogik (ein kombinatorisches logisches Netz), wobei eine etwas einfachere Form als die in der Elektronik übliche Standardform verwendet wird. Kenntnisse der Elektronik sind dazu nicht notwendig, man muß nur die Boolesche Algebra verstehen (d.h. die logischen Operatoren AND, OR und NOT).

Mit dem folgenden Verfahren werden die Testfälle entwickelt:

1. Die Spezifikation wird in „bearbeitbare" Stücke unterteilt, da Ursache-Wirkungs-Graphen unhandlich werden, wenn man sie auf zu umfangreiche Spezifikationen anwendet. Beispielsweise kann man beim Testen eines Timesharingsystems (Mehrbenutzersystem) die Spezifikation eines einzelnen Kommandos als „handliches" Stück betrachten.

   Beim Testen eines Compilers könnte man jede Anweisung in der Programmiersprache als Individuum behandeln.

2. Die Ursachen und Wirkungen der Spezifikation werden festgelegt. Eine *Ursache* ist eine bestimmte Eingangsbedingung oder eine Äquivalenzklasse von Eingangsbedingungen. Eine *Wirkung* ist eine Ausgangsbedingung oder eine Systemtransformation (eine Nachwirkung, die die Eingabe auf den Zustand des Programms oder Systems hat). Verursacht z.B. eine Transaktion in ein Programm die Ergänzung der Hauptdatei, so ist die Veränderung der Hauptdatei eine Systemtransformation; eine bestätigende Meldung stellt die Ausgangsbedingung dar. Ursachen und Wirkungen werden festgelegt, indem man die Spezifikation Wort für Wort liest und alle Worte oder Phrasen unterstreicht, die Ursachen und Wirkungen beschreiben. Jede Ursache und jede Wirkung wird durch eine eindeutige Zahl gekennzeichnet.

3. Der semantische Inhalt der Spezifikation wird analysiert und in einen booleschen Graphen transformiert, der die Ursachen und Wirkungen verbindet. Das ist der Ursache-Wirkungs-Graph.

4. Der Graph wird mit Kommentaren versehen, die Kombinationen von Ursachen und/oder Wirkungen angeben, die aufgrund syntaktischer oder kontextabhängiger Beschränkungen nicht möglich sind.

5. Nachdem man die Zustandsbedingungen in dem Graphen methodisch verfolgt, wird der Graph in eine Entscheidungstabelle mit beschränkten Eingängen umgesetzt. Jede Spalte oder Tabelle stellt einen Testfall dar.

6. Die Spalten der Entscheidungstabelle werden in die Testfälle konvertiert.

Bild 4.5 zeigt die zugrundeliegende Notation des Graphen. Jeder Knoten kann den Wert 0 oder 1 annehmen; 0 stellt den Zustand

IDENTITÄT

NEIN

ODER

UND

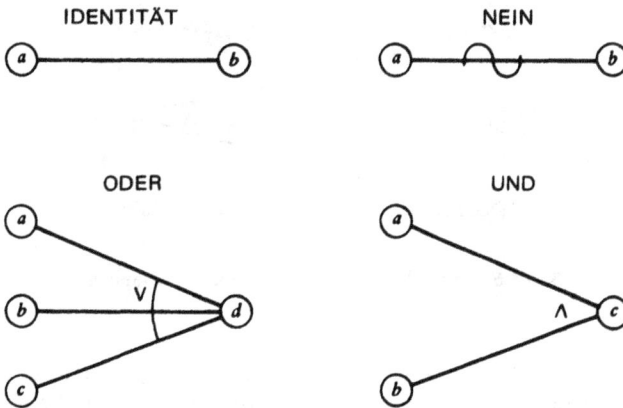

Bild 4.5   Grundlegende Symbole des Ursache-Wirkungs-Graphen

„nicht vorhanden„, „nein", „falsch" und 1 den Zustand „vorhanden",
„ja", „wahr" dar. Die Funktion der *Identität* besagt, wenn a = 1, dann
b = 1,; ansonsten b = 0. Die NOT-Funktion besagt, wenn a = 1, dann
b = 0; ansonsten b = 1. Die OR-Funktion besagt, wenn a oder b oder
c = 1, dann d = 1; ansonsten d = 0. Die AND-Funktion besagt, wenn
a = 1 und b = 1 (gemeinsam = 1), dann c = 1; sonst c = 0. Die beiden
letzten Funktionen dürfen beliebig viele Eingänge haben.

Betrachten Sie die folgende Spezifikation, um einen Eindruck von
einem kleinen Graphen zu bekommen.

**Das Zeichen in Spalte 1 muß A oder B sein. Das Zeichen in Spalte
2 muß eine Ziffer sein. Unter diesen Umständen wird die Ergänzung
einer Datei durchgeführt. Ist das erste Zeichen nicht korrekt, so
wird die Meldung X 12 ausgegeben. Ist das zweite Zeichen keine
Ziffer, so wird die Meldung X 13 ausgegeben.**

Die *Ursachen* sind

1. Zeichen in Spalte 1 = A
2. Zeichen in Spalte 1 = B
3. Zeichen in Spalte 2 ist eine Ziffer,

und die *Wirkungen* sind

70. Ergänzung wird durchgeführt
71. Meldung X 12 wird ausgegeben
72. Meldung X 13 wird ausgegeben.

Der Ursache-Wirkungs-Graph ist in Bild 4.6 gezeigt. Beachten Sie den
Zwischenknoten 11, der erzeugt wurde. Der Leser sollte sich davon
überzeugen, daß der Graph die Spezifikation richtig wiedergibt, in-

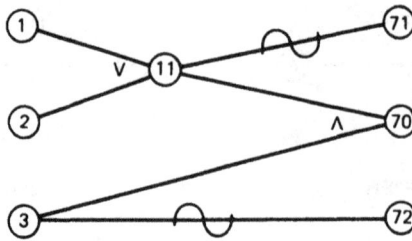

Bild 4.6   Beispiel eines Ursache-Wirkungs-Graphen

dem er alle möglichen Zustände der Ursachen einsetzt und überprüft, daß die Wirkungen die richtigen Werte annehmen. Für Leser, die mit logischen Schaltplänen vertraut sind, wird der äquivalente logische Schaltkreis in Bild 4.7. gezeigt.

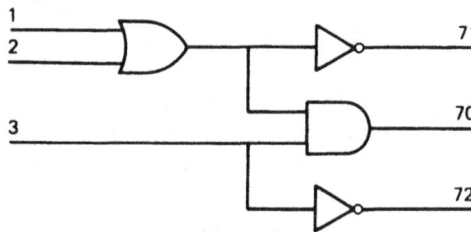

Bild 4.7   Schaltplan, der dem Bild 4.6 entspricht

Obwohl der Graph in Bild 4.6 die Spezifikation beschreibt, enthält er dennoch eine unmögliche Ursachen-Kombination — es ist unmöglich, beide Ursachen 1 und 2 gleichzeitig auf 1 zu setzen. In den meisten Programmen sind bestimmte Ursachenkombinationen aufgrund syntaktischer oder kontextabhängiger Bedingungen nicht möglich (z.B. kann ein Zeichen nicht gleichzeitig A und B sein). Aus diesem Grund wird die Darstellung in Bild 4.8 verwendet.

Die Einschränkung E besagt: es gilt immer, daß höchstens eines aus a und b den Zustand 1 haben kann (a und b können nicht gleichzeitig 1 sein).

Die Einschränkung I besagt: es muß mindestens eines aus a, b und c den Zustand 1 haben (a, b und c können nicht gleichzeitig 0 sein).

Die Einschränkung O besagt: eines, und nur eines aus a und b muß den Zustand 1 haben.

Die Einschränkung R besagt: für a = 1 muß b = 1 sein (d.h., es ist unmöglich, daß a = 1 und b = 0).

Exklusiv   Inklusiv

Eins und nur eins   Erfordert

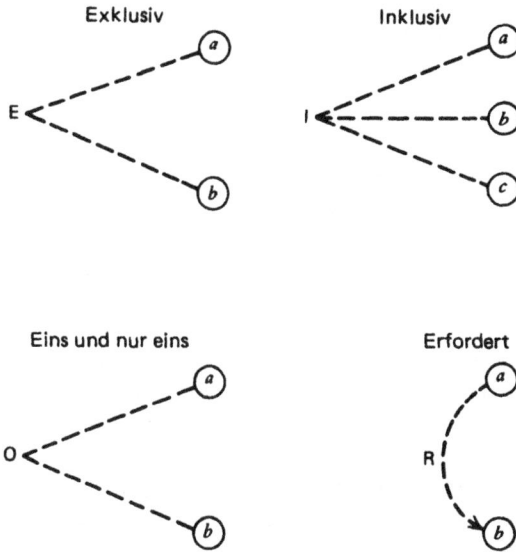

Bild 4.8   Einschränkende Symbole

Häufig sind auch Einschränkungen bei den Wirkungen erforderlich. Die Beschränkung M in Bild 4.9 besagt: ist die Wirkung a = 1, so wird b = 0 gesetzt.

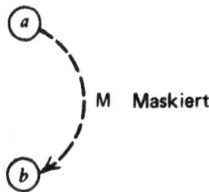

M   Maskiert

Bild 4.9   Symbole für die „Maskierungs"-Einschränkung

Kommen wir auf unser einfaches Beispiel weiter oben zurück: wie man sieht, ist es physikalisch unmöglich, daß die Ursachen 1 und 2 gleichzeitig auf 1 gesetzt sein können. Dagegen ist es möglich, daß beide nicht gesetzt sind. Sie sind daher durch die Einschränkung E miteinander verbunden, s. Bild 4.10.

Die folgende Spezifikation soll illustrieren, wie man den Ursache-Wirkungs-Graphen zur Defintion von Testfällen benutzt. Die Spezifikation beschreibt ein „Debugging"-Kommando (Fehlerbehebung) in einem interaktiven System.

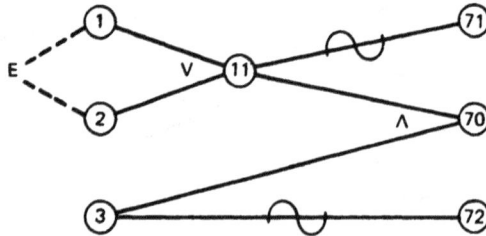

Bild 4.10   Beispiel eines Ursache-Wirkungs-Graphen mit der Einschränkung „Exklusiv"

Das DISPLAY-Kommando zeigt den Inhalt von Speicherbereichen am Terminal. Die Syntax des Befehls ist in Bild 4.11 dargestellt. Die Klammern repräsentieren alternative optionale Operanden. Groß-buchstaben repräsentieren Operandenschlüsselwörter; Kleinbuch-staben repräsentieren Operandenwerte (d.h. aktuelle Werte, die einzusetzen sind). Unterstrichene Operanden geben den Default-wert an (d.h. den Wert, der benutzt wird, wenn kein Operand angegeben wurde).

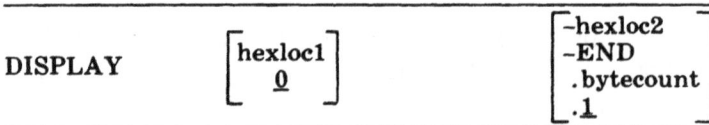

DISPLAY $\begin{bmatrix} \text{hexloc1} \\ \underline{0} \end{bmatrix}$ $\begin{bmatrix} \text{-hexloc2} \\ \text{-END} \\ \text{.bytecount} \\ \underline{.1} \end{bmatrix}$

Bild 4.11   Syntax des DISPLAY-Kommandos

Der erste Operand (*hexloc1*) gibt die Adresse des ersten Bytes an, dessen Inhalt ausgegeben werden soll. Die Länge der Adresse kann 1−6 Hexadezimalziffern 0−9, A−F) betragen. Wird dieser Operand nicht angegeben, so wird die Adresse 0 angenommen. Die Adresse muß innerhalb des Speicherbereichs der Maschine liegen.

Der zweite Operand gibt die Größe des Speicherbereichs an, der aus-gegeben werden soll. Ist *hexloc2* angegeben, so wird damit das lezte Byte des Bereiches definiert, der ausgegeben werden soll. Die Länge der Adresse kann 1−6 Hexadezimalziffern betragen. Diese Adresse muß größer gleich Startadresse (*hexloc1*) sein. Ebenso muß *hexloc2* innerhalb des Speicherbereichs der Maschine liegen. Wurde END an-gegeben, so wird der Bereich bis zum letzten Byte in der Maschine ausgegeben. Wurde *bytecount* angegeben, so definiert das die An-zahl der Bytes, die, beginnend mit *hexloc1*, ausgegeben werden sol-len. Der Operand *bytecount* ist eine hexadezimale Integer-Zahl (1−6 Ziffern). Die Summe von *bytecount* und *hexloc1* darf den

Wert des Speicherbereichs + 1 nicht überschreiten; *bytecount* muß mindestens den Wert 1 haben.

Die Ausgabe von Speicherbereichen erscheint am Bildschirm im Format

xxxxxx = *wort1   wort2   wort3   wort4*,

wobei xxxxxx die hexadezimale Adresse von *wort1* ist. Es wird jeweils nur eine vollständige Anzahl von Worten (Folgen von 4 Bytes, wobei die Adresse des ersten Bytes im Wort ein Vielfaches von 4 ist) ausgegeben, unabhängig davon, welchen Wert *hexloc1* hat oder wie groß der Speicherbereich ist, der gezeigt werden soll. Jede ausgegebene Linie enthält immer vier Worte (16 Bytes). Das erste Byte des angezeigten Bereichs liegt auf jeden Fall im ersten Wort.

Die möglichen Fehlermeldungen sind

M1 INVALID COMMAND SYNTAX
M2 STORAGE REQUESTED IS BEYOND ACTUAL
    STORAGE LIMIT
M3 STORAGE REQUESTED IS A ZERO OR NEGATIVE RANGE

Beispiele:

DISPLAY

gibt die ersten vier Worte des Speichers aus (default Startadresse = 0, default Wert von *bytecount* = 1),

DISPLAY 77F

liefert das Wort, das das Byte auf Adresse 77F enthält und die drei folgenden Worte,

DISPLAY 77F–407A

gibt den Speicherbereich zwischen den Worten aus, die die Bytes mit den Adressen 77F und 407A enthalten,

DISPLAY 77F.6

zeigt die Worte, die die 6 Bytes ab Adresse 77F enthalten,

DISPLAY 50FF–END

gibt den Speicherbereich zwischen dem Wort, das das Byte mit Adresse 50FF enthält, und dem Ende des Speichers aus.

Im ersten Schritt erfolgt eine sorgfältige Analyse der Spezifikation, um die Ursachen und Wirkungen zu bestimmen.

Die Ursachen sind

1. Der erste Operand ist vorhanden
2. Der Operand *hexloc1* enthält nur hexadezimale Ziffern

3. Der Operand *hexloc1* enthält 1 – 6 Zeichen

4. Der Operand *hexloc1* liegt innerhalb des gegebenen Speicherbereichs

5. Der zweite Operand ist END

6. Der zweite Operand ist *hexloc2*

7. Der zweite Operand ist *bytecount*

8. Der zweite Operand fehlt

9. Der Operand *hexloc2* enthält nur hexadezimale Ziffern

10. Der Operand *hexloc2* enthält 1 – 6 Zeichen

11. Der Operand *hexloc2* liegt innerhalb des gegebenen Speicherbereichs

12. Der Operand *hexloc2* ist größer/gleich Operand *hexloc1*

13. Der Operand *bytecount* enthält nur hexadezimale Ziffern

14. Der Operand *bytecount* enthält 1 – 6 Zeichen

15. *bytecount* + *hexloc1* $\leqslant$ Speichergröße + 1

16. *bytecount* $\geqslant$ 1

17. Der angegebene Bereich ist so groß, daß er in mehreren Zeilen
ausgegeben werden muß.

18. Der Anfang des Bereichs liegt nicht an der Wortgrenze

Jeder Ursache wurde eine beliebige, aber eindeutige Zahl zugeordnet.
Man beachte, daß vier Ursachen (5 – 8) für den zweiten Operanden
notwendig sind, da dieser die Bedeutungen 1) END 2) *hexloc2*
3) *bytecount* 4) nicht vorhanden und 5) keine davon annehmen
kann. Die Wirkungen sind

91. Meldung M1 wird ausgegeben

92. Meldung M2 wird ausgegeben

93. Meldung M3 wird ausgegeben

94. Speicher wird in einer Zeile ausgegeben

95. Speicher wird in mehreren Zeilen ausgegeben

96. Das erste Byte des ausgegebenen Bereichs fällt auf Wortgrenze

97. Das erste Byte des ausgegebenen Bereichs liegt nicht auf Wortgrenze

Im nächsten Schritt wird der Graph entwickelt. Die Ursacheknoten
werden auf einem Blatt Papier links und die Wirkungsknoten rechts
vertikal angeordnet. Der semantische Inhalt der Spezifikation wird
sorgfältig analysiert, um die Ursachen und Wirkungen miteinander
zu verbinden (d.h. um zu zeigen, unter welchen Bedingungen eine
Wirkung vorhanden ist).

Bild 4.12 zeigt eine frühe Version des Graphen. Zwischenknoten 32
repräsentiert einen syntaktisch gültigen ersten Operanden; Knoten 35

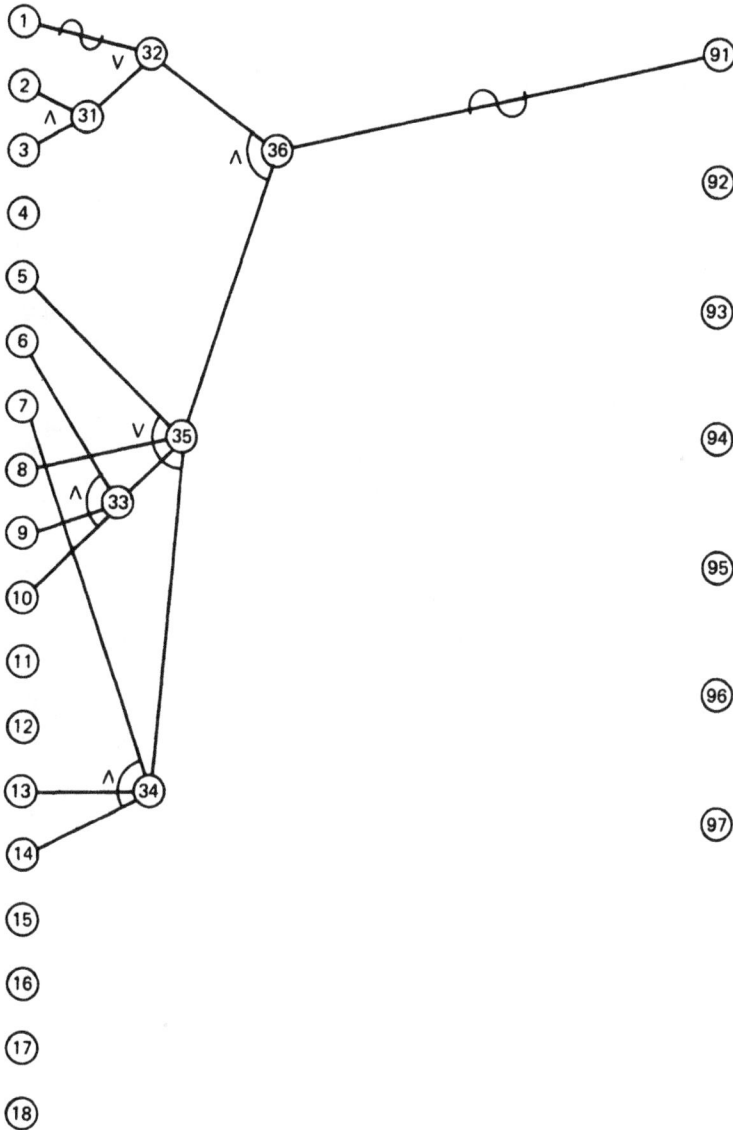

Bild 4.12   Anfangsstadium des Graphen für das DISPLAY-Kommando

repräsentiert einen syntaktisch gültigen zweiten Operanden. Knoten 36 repräsentiert ein syntaktisch gültiges Kommando. Hat Knoten 36 den Zustand 1 (gesetzt), so tritt Wirkung 91 (die Fehlermeldung) nicht auf. Hat Knoten 36 den Zustand 0, so ist Wirkung 91 vorhanden. Der vollständige Graph ist in Bild 4.13 gezeigt. Der Leser sollte den

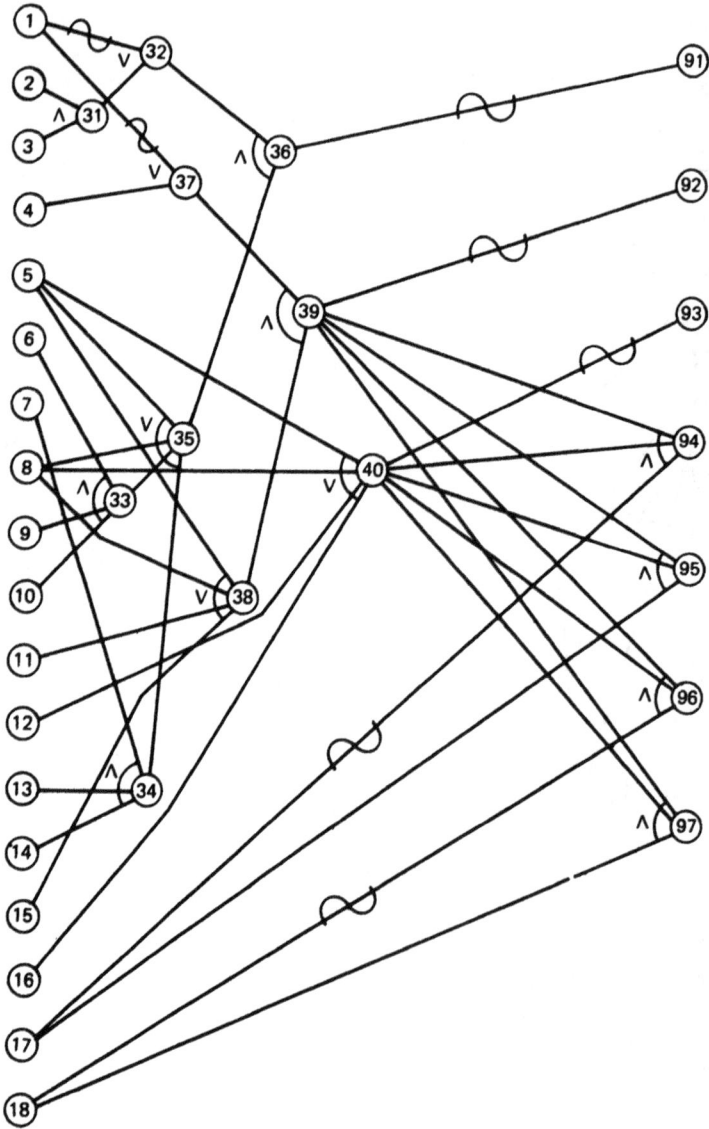

Bild 4.13   Vollständiger Ursache-Wirkungs-Graph ohne Einschränkungen

Graphen sorgfältig untersuchen, um sich zu überzeugen, daß der Graph die Spezifikation exakt wiedergibt.

Versucht man aus Bild 4.13 Testfälle abzuleiten, so kommt man zu vielen Testfällen, die sich nicht durchführen lassen. Das liegt daran, daß bestimmte Kombinationen von Ursachen wegen syntaktischer Einschränkungen nicht möglich sind. Z.B. können die Ursachen 2

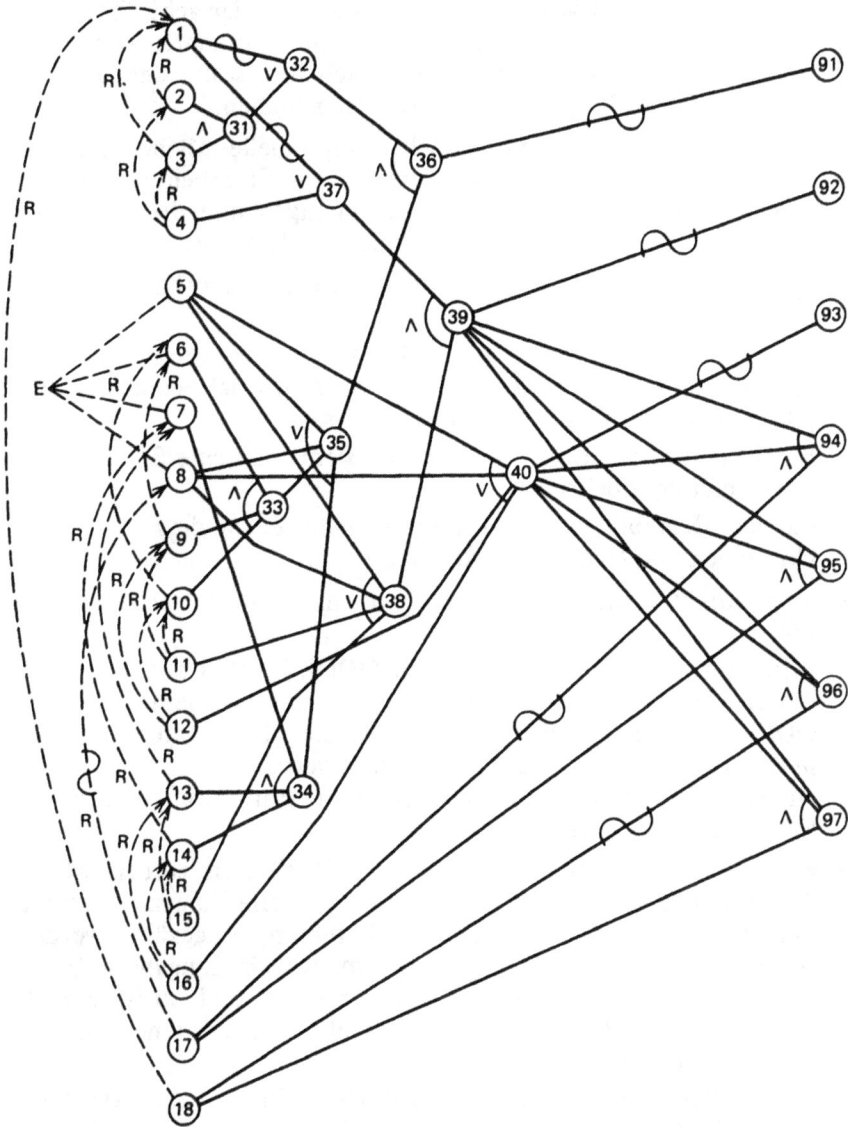

Bild 4.14 Vollständiger Ursache-Wirkungs-Graph des DISPLAY-Kommandos

und 3 nur dann vorhanden sein, wenn Ursache 1 vorhanden ist. Ursache 4 ist nur dann vorhanden, wenn die Ursachen 2 und 3 gemeinsam vorhanden sind. Bild 4.14 enthält den vollständigen Graphen mit den Einschränkungen. Beachten Sie, daß höchstens eine der Bedingungen 5, 6, 7 und 8 vorhanden sein kann. Alle anderen Ursachen sind durch die Einschränkung R nicht zugelassen. Beachten Sie, daß Ursache 17 (mehrere Ausgabezeilen) das NOT von Ursache 8 (zweiter Operand fehlt) erfordert, da Ursache 17 nur vorhanden sein kann, wenn Ursache 8 nicht vorhanden ist. Auch hier sollte der Leser die einschränkenden Bedingungen sorgfältig untersuchen.

Im nächsten Schritt wird die Entscheidungstabelle mit beschränkten Eingängen untersucht. Für Leser, die sich in Entscheidungstabellen auskennen: die Ursachen sind die Bedingungen und die Wirkungen sind die Aktionen. Man wendet folgendes Verfahren an:

1. Man wählt eine Wirkung aus, die im Zustand „vorhanden" (= 1) ist.

2. Durch Zurückverfolgung durch den Graphen bestimmt man alle Kombinationen von Ursachen (unter Berücksichtigung der Einschränkungen), die diese Wirkung auf 1 setzen.

3. Für jede Kombination der Ursachen sieht man eine Spalte in der Entscheidungstabelle vor.

4. Für jede Kombination bestimmt man die Zustände aller anderen Wirkungen und trägt sie in jede Spalte ein.

Bei der Durchführung von Schritt zwei hat man folgendes zu beachten:

1. Wenn man den Pfad durch einen ODER-Knoten zurückverfolgt, dessen Ausgang = 1 sein sollte, so darf man niemals mehrere ODER-Eingänge gleichzeitig auf 1 setzen. Das nennt man *Pfadsensitivierung*. Man muß hier nämlich vermeiden, daß eine Ursache eine andere maskiert und dadurch die Entdeckung bestimmter Fehler verhindert wird.

2. Wenn man den Pfad durch einen UND-Knoten zurückverfolgt, dessen Ausgang = 0 sein sollte, so müssen alle Eingangskombinationen, die zu einem Ausgang = 0 führen, aufgezählt werden. Untersucht man jedoch die Situation, wo ein Eingang = 0 und einer oder mehrere der anderen Eingänge = 1 sind, so ist es nicht notwendig, alle Bedingungen aufzuzählen, unter denen die anderen Eingänge = 1 sein können.

3. Wenn man den Pfad durch einen UND-Knoten zurückverfolgt, dessen Ausgang = 0 sein soll, so muß nur eine Bedingung aufgeführt werden, bei der alle Eingänge = 0 sind. (Liegt der UND-Knoten in der Mitte des Graphen und kommen seine Eingänge von anderen Zwischenknoten, so ist die Anzahl der Situationen sehr groß, in denen alle seine Eingänge = 0 sind.)

Diese komplizierten Betrachtungen sind in Bild 4.15 zusammengefaßt; Bild 4.16 behandelt ein Beispiel.

Es sollen alle Eingangsbedingungen bestimmt werden, die den Ausgang auf 0 setzen. Nach Punkt 3 der obigen Ausführungen muß nur eine

Situation   Zustände

- Wenn x=1 sein soll, braucht man sich
  nicht um die Situation zu kümmern,
  wo a=b=1 (Punkt 1).

- Wenn x=0 sein soll, zählt man alle
  Situationen auf, wo a=b=0.

- Wenn x=1 sein soll, zählt man alle
  Situationen auf, wo a=b=c=1.

- Wenn x=0 sein soll, betrachtet man nur
  eine Situation, wo a=b=c=0 (Punkt 3).
  Für die Zustände 001, 010, 100, 011,
  101 und 110 von a, b und c betrachtet
  man jeweils nur eine Situation (Punkt 2).

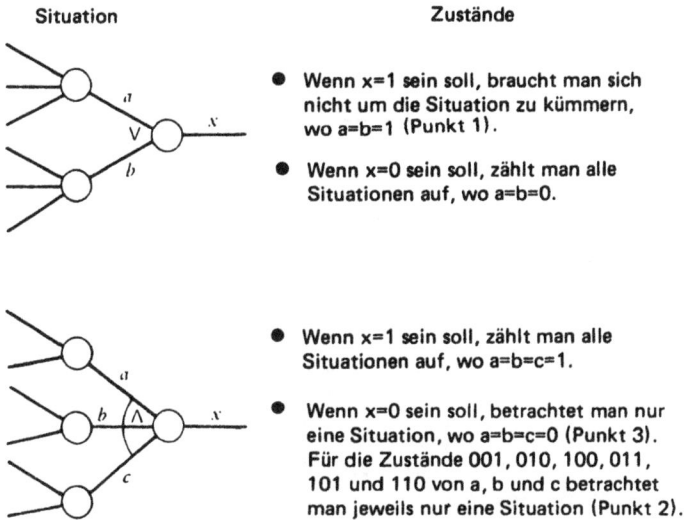

Bild 4.15   Überlegungen beim Durchlaufen des Graphen

Situation aufgeführt werden, in der die Knoten 5 und 6 gleich 0 sind. Für die Situation mit Knoten 5 = 1 und Knoten 6 = 0 muß nach Punkt 2 nur eine Kombination aufgeführt werden, in der der Knoten 5 = 1 ist, anstatt alle Möglichkeiten aufzuzählen, wo der Knoten 5 = 1 sein kann. Gleichermaßen soll in der Situation, wo der Knoten 5 = 0 und der Knoten 6 = 1 ist, nur eine Kombination aufgeführt werden, die den Knoten 6 auf 1 setzt. (In diesem Beispiel gibt es nur eine Kombination dafür.) Nach Punkt 1 dürfen die Knoten 1 und 2 nicht gleichzeitig auf 1 gesetzt sein, wenn der Knoten 5 = 1 ist. Somit erhalten wir für die Knoten 1–4 fünf Zustände mit den Werten

$$
\begin{array}{llll}
0 \; 0 \; 0 \; 0 & (5=0, 6=0) \\
1 \; 0 \; 0 \; 0 & (5=1, 6=0) \\
1 \; 0 \; 0 \; 1 & (5=1, 6=0) \\
1 \; 0 \; 1 \; 0 & (5=1, 6=0) \\
0 \; 0 \; 1 \; 1 & (5=0, 6=1)
\end{array}
$$

anstatt der 13 möglichen Zustände der Knoten 1–4, die zu einem Ausgangszustand = 0 führen.

Diese Ausführungen mögen etwas akademisch erscheinen, aber sie haben ein wichtiges Ziel: nämlich die mögliche Vielfalt des Graphen zu reduzieren. Man eliminiert damit Testfälle, die nicht effizient genug sind. Ohne dieses Verfahren entstünde eine astronomisch große Anzahl von Testfällen, wie sie von einem umfangreichen Ursache-Wir-

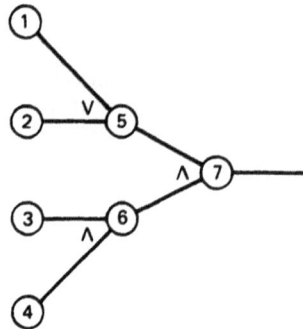

Bild 4.16   Beispiel eines Graphen, um die Überlegungen beim Durchlaufen
zu illustrieren

kungs-Graphen erzeugt werden. Wenn die Anzahl der Testfälle unhandlich groß wird, wählt man eine bestimmte Untermenge aus; das
ist aber keine Garantie dafür, daß weniger effiziente Testfälle eliminiert werden. Deswegen ist es günstiger, die Eliminierung während der
Graphenanalyse durchzuführen.

Der Ursache-Wirkungs-Graph, Bild 4.14, wird nun in eine Entscheidungstabelle umgesetzt. Zuerst wird die Wirkung 91 ausgewählt;
sie ist vorhanden (gesetzt), wenn Knoten 36 = 0 ist. Das ist der Fall,
wenn Knoten 32 und 35 = 0;0, 0;1 oder 1;0 sind und sich die Punkte
2 und 3 anwenden lassen. Bei der Zurückverfolgung auf die Ursache
und unter Berücksichtigung der Einschränkungen findet man die
Kombinationen der Ursachen, die zur Wirkung 91 führen – wie man
sieht, ein arbeitsaufwendiges Verfahren.

Die entstehende Entscheidungstabelle, mit der Bedingung, daß Wirkung 91 vorhanden (gesetzt) ist, ist in Bild 4.17 (Spalten 1–11) zu
sehen. Die Spalten (Tests) 1–3 stellen die Bedingungen dar, wo der
Knoten 32 = 0 und der Knoten 35 = 1 ist. Die Spalten 4–10 zeigen
die Bedingungen, wo der Knoten 32 = 1 und der Knoten 35 = 0 ist.
Nach Punkt 3 wird eine einzige aus 21 möglichen Situationen aufgeführt, wo die Knoten 32 und 35 = 0 sind. Leerstellen in der Tabelle
kennzeichnen irrelevante Situationen (d.h., der Zustand der Ursache
ist ohne Einfluß) oder eine Ursache ist wegen der Zustände anderer
abhängiger Wirkungen offensichtlich (z.B. in Spalte 1: wir wissen, daß,
da Ursache 6 gleich 1 ist, die Ursachen 5, 7 und 8 gleich 0 sein müssen,
da sie sich in einer Situation befinden, in der höchstens ein Element
gleich 1 sein kann (Einschränkung E)).

Die Spalten 12–15 repräsentieren die Situationen, in denen die Wirkung 92 vorhanden (gesetzt) ist. Die Spalten 16 und 17 repräsentieren
die Situationen, in denen die Wirkung 93 vorhanden (gesetzt) ist.
Bild 4.18 zeigt den Rest der Entscheidungstabelle.

Im letzten Schritt muß die Entscheidungstabelle in 38 Testfälle umgesetzt werden, die im folgenden dargestellt sind. Die Zahl oder Zahlen rechts neben den Testfällen kennzeichnen die Wirkungen, von
denen man erwartet, daß sie vorhanden (gesetzt) sind. Die letzte Speicheradresse in der Maschine soll 7FFF sein.

1.	DISPLAY 234AF74-123	(91)
2.	DISPLAY 2ZX4-3000	(91)
3.	DISPLAY HHHHHHHH-2000	(91)
4.	DISPLAY 200 200	(91)
5.	DISPLAY 0-22222222	(91)
6.	DISPLAY 1-2X	(91)
7.	DISPLAY 2-ABCDEFGHI	(91)
8.	DISPLAY 3.1111111	(91)
9.	DISPLAY 44.$42	(91)
10.	DISPLAY 100.$$$$$$$	(91)
11.	DISPLAY 10000000-M	(91)
12.	DISPLAY FF-8000	(92)
13.	DISPLAY FFF.7001	(92)
14.	DISPLAY 8000-END	(92)
15.	DISPLAY 8000-8001	(92)
16.	DISPLAY AA-A9	(93)
17.	DISPLAY 7000.0	(93)
18.	DISPLAY 7FF9-END	(94, 97)
19.	DISPLAY 1	(94, 97)
20.	DISPLAY 21-29	(94, 97)
21.	DISPLAY 4021.A	(94, 97)
22.	DISPLAY-END	(94, 96)
23.	DISPLAY	(94, 96)
24.	DISPLAY-F	(94, 96)
25.	DISPLAY.E	(94, 96)
26.	DISPLAY 7FF8-END	(94, 96)
27.	DISPLAY 6000	(94, 96)
28.	DISPLAY A0-A4	(94, 96)
29.	DISPLAY 20.8	(94, 96)
30.	DISPLAY 7001-END	(95, 97)
31.	DISPLAY 5-15	(95, 97)
32.	DISPLAY 4FF.100	(95, 97)
33.	DISPLAY-END	(95, 96)
34.	DISPLAY-20	(95, 96)
35.	DISPLAY.11	(95, 96)
36.	DISPLAY 7000-END	(95, 96)
37.	DISPLAY 4-14	(95, 96)
38.	DISPLAY 500.11	(95, 96)

Wo zwei oder mehrere Testfälle für gleiche Ursachen aufgerufen werden, wählt man meistens unterschiedliche Zustände der Ursachen aus,

	1	2	3	4	5	6	7	8	9	10	11	12	13	14	15	16	17
1	1	1	1	1	1	1	1	1	1	1	1	1	1	1	1	1	1
2	1	0	0	1	1	1	1	1	1	1	1	1	1	1	1	1	1
3	0	1	0	1	1	1	1	1	1	1	1	0	1	1	1	1	1
4											1	1	0	0		1	1
5				0									1				
6	1	1	1	0	1	1	1	1			1	1			1	1	
7				0				1	1	1			1				1
8				0													
9	1	1	1		1	0	0				0	1			1	1	
10	1	1	1		0	1	0				1	1			1	1	
11													0			0	1
12																0	
13								1	0	0			1				1
14								0	1	0			1				1
15													0				
16																	0
17																	
18																	
91	1	1	1	1	1	1	1	1	1	1	1	0	0	0	0	0	0
92	0	0	0	0	0	0	0	0	0	0	0	0	1	1	1	1	0
93	0	0	0	0	0	0	0	0	0	0	0	0	0	0	0	1	1
94	0	0	0	0	0	0	0	0	0	0	0	0	0	0	0	0	0
95	0	0	0	0	0	0	0	0	0	0	0	0	0	0	0	0	0
96	0	0	0	0	0	0	0	0	0	0	0	0	0	0	0	0	0
97	0	0	0	0	0	0	0	0	0	0	0	0	0	0	0	0	0

Bild 4.17   Erste Hälfte der resultierenden Entscheidungstabelle

um die Wirkung der Testfälle zu verbessern. Wegen der aktuellen Speichergröße ist Testfall 22 nicht möglich (er ergibt die Wirkung 95 anstatt 94, wie man in Testfall 33 sieht). Somit wurden 37 Testfälle definiert.

Bemerkungen

Ursache-Wirkungs-Graphen sind eine systematische Methode zur Definition von Testfällen, die sich aus Kombinationen von Bedingungen ergeben. Bei dem Alternativverfahren — ad-hoc-Auswahl von Kombinationen zur Definition von Testfällen — werden höchstwahrscheinlich die „interessanten" Testfälle übersehen, die sich mit dem Ursache-Wirkungs-Graphen bestimmen lassen.

	18	19	20	21	22	23	24	25	26	27	28	29	30	31	32	33	34	35	36	37	38
1	1	1	1	1	0	0	0	0	1	1	1	1	1	1	1	0	0	0	1	1	1
2	1	1	1	1					1	1	1	1	1	1	1				1	1	1
3	1	1	1	1					1	1	1	1	1	1	1				1	1	1
4	1	1	1	1					1	1	1	1	1	1	1				1	1	1
5	1			1					1					1			1		1		
6			1			1					1			1			1		1		
7			1				1				1			1			1				1
8		1			1				1												
9		1				1					1			1			1		1		
10		1				1					1			1			1		1		
11		1				1					1			1			1		1		
12		1				1					1			1			1		1		
13			1				1					1			1			1			1
14			1				1					1			1			1			1
15			1				1					1			1			1			1
16			1				1					1			1			1			1
17	0	0	0	0	0	0	0	0	0	0	0	0	0	1	1	1	1	1	1	1	1
18	1	1	1	1	0	0	0	0	0	0	0	0	0	1	1	1	0	0	0	0	0
91	0	0	0	0	0	0	0	0	0	0	0	0	0	0	0	0	0	0	0	0	0
92	0	0	0	0	0	0	0	0	0	0	0	0	0	0	0	0	0	0	0	0	0
93	0	0	0	0	0	0	0	0	0	0	0	0	0	0	0	0	0	0	0	0	0
94	1	1	1	1	1	1	1	1	1	1	1	1	1	0	0	0	0	0	0	0	0
95	0	0	0	0	0	0	0	0	0	0	0	0	0	1	1	1	1	1	1	1	1
96	0	0	0	0	1	1	1	1	1	1	1	1	1	0	0	0	1	1	1	1	1
97	1	1	1	1	0	0	0	0	0	0	0	0	0	1	1	1	0	0	0	0	0

Bild 4.18   Zweite Hälfte der resultierenden Entscheidungstabelle

Da der Ursache-Wirkungs-Graph die Umsetzung einer Spezifikation in eine boolesche Logikschaltung erfordert, liefert er eine andere Perspektive der Spezifikation und einen zusätzlichen Einblick in sie. Tatsächlich ist die Erstellung eines Ursache-Wirkungs-Graphen ein guter Weg, Zweideutigkeiten und Unvollständigkeiten in der Spezifikation aufzudecken. Der aufmerksame Leser wird daraufgekommen sein, daß dieses Verfahren ein Problem in der Spezifikation des DISPLAY-Kommandos aufgedeckt hat. In der Spezifikation verlangt man, daß jede Ausgabeseite vier Worte enthält. Das kann aber nicht in allen Fällen wahr sein: in den Testfällen 18 und 26 ist beispielsweise die Startadresse weniger als 16 Bytes vom Speicherende entfernt.

Obwohl die Ursache-Wirkungs-Graphen eine Menge nützlicher Testfälle erzeugen, werden gewöhnlich nicht alle nützlichen Testfälle definiert, die man überhaupt bestimmen könnte. So haben wir in unserem Beispiel nichts darüber gesagt, ob die am Terminal angezeigten Werte mit den Werten im Speicher identisch sind und ob das Programm jeden nützlichen Wert einer Speicherstelle ausgeben kann. Weiterhin kann der Ursache-Wirkungs-Graph Grenzwerte nicht adäquat untersuchen. Natürlich kann man sich bemühen während des Verfahrens Grenzwerte mit zu erfassen; z.B. kann man aus der Einzelbedingung

$$\text{hexloc 2} \geqslant \text{hexloc 1}$$

zwei Ursachen ableiten

$$\text{hexloc 2} = \text{hexloc1}$$
$$\text{hexloc2} > \text{hexloc1}$$

Dadurch wird aber der Graph äußerst kompliziert und das führt zu einer ungeheuer großen Anzahl von Testfällen. Deswegen führt man besser eine separate Grenzwertanalyse durch. Beispielsweise kann man für die DISPLAY-Spezifikation folgende Grenzwerte festlegen.

1. *hexloc1* besteht aus einer Ziffer
2. *hexloc1* besteht aus sechs Ziffern
3. *hexloc1* besteht aus sieben Ziffern
4. *hexloc1* = 0
5. *hexloc1* = 7FFF
6. *hexloc1* = 8000
7. *hexloc2* besteht aus einer Ziffer
8. *hexloc2* besteht aus sechs Ziffern
9. *hexloc2* besteht aus sieben Ziffern
10. *hexloc2* = 0
11. *hexloc2* = 7FFF
12. *hexloc2* = 8000
13. *hexloc2* = hexloc1
14. *hexloc2* = *hexloc1* + 1
15. *hexloc2* = *hexloc1* − 1
16. *bytecount* besteht aus einer Ziffer
17. *bytecount* besteht aus sechs Ziffern
18. *bytecount* besteht aus sieben Ziffern
19. *bytecount* = 1
20. *hexloc1* + *bytecount* = 8000
21. *hexloc1* + *bytecount* = 8001
22. Anzeige 16 bytes (eine Zeile)
23. Anzeige 17 bytes (zwei Zeilen)

Das bedeutet aber nicht, daß man 60 (27 + 23) Testfälle definieren muß. Da uns der Ursache-Wirkungs-Graph bei der Auswahl spezieller Operandenwerte genügend Freiheit läßt, können die Grenzwertbedingungen in die Testfälle eingefügt werden, die aus dem Ursache-Wirkungs-Graphen entstanden sind. In unserem Beispiel kann man alle Grenzwerte erfassen, indem man einige der 37 ursprünglichen Testfälle umschreibt, und benötigt dazu keinen einzigen zusätzlichen Testfall. So kommen wir zu einer kleinen, aber wirkungsvollen Menge von Testfällen, die beide Zielvorstellungen erfüllt.

Das Verfahren des Ursache-Wirkungs-Graphen ist mit etlichen Testprinzipien aus Kap. 2 konsistent. Die Festlegung der erwarteten Ausgabedaten der Testfälle (Testfallergebnisse) ist eine inhärente Eigenschaft dieser Methode (jede Spalte in der Entscheidungstabelle zeigt die erwarteten Wirkungen).

Außerdem wird der Tester gezwungen, auf unerwünschte Nebeneffekte zu achten. Spalte 1 (Test) verlangt z.B., daß die Wirkung 91 vorhanden und daß die Wirkungen 92–97 nicht vorhanden sein sollten.

Der schwierigste Aspekt dieser Technik liegt in der Umsetzung des Graphen in die Entscheidungstabelle. Dieses algorithmische Verfahren muß sich aber ohne weiteres mit Hilfe eines Programmes durchführen lassen; die IBM-Corporation verfügt über etliche, allerdings geschützte Programme dieser Art.

Ein weiteres Beispiel des Ursache-Wirkungs-Graphen findet man in [2].

Fehlererwartung (Error Guessing)

Es wurde oft festgestellt, daß einige Menschen eine natürliche Begabung zum Programmtesten besitzen. Ohne Verwendung einer speziellen Methode, wie der Grenzwertanalyse oder des Ursache-Wirkungs-Graphen, scheinen sie über eine Spürnase zum Entdecken von Fehlern zu verfügen.

Man kann dies folgendermaßen erklären: sie praktizieren – öfter unbewußt – eine Technik des Testfallentwurfs, die man als Fehlererwartung (error guessing) bezeichnen könnte. Sie vermuten auf Grund ihrer Erfahrung und Intuition bestimmte wahrscheinliche Fehlerarten in einem Programm und entwerfen dann Testfälle, um diese Fehler aufzuzeigen.

Es ist schwer, ein Verfahren für diese Technik anzugeben, da das großenteils ein intuitiver und ad-hoc-Prozeß ist. Prinzipiell legt man eine Liste möglicher Fehler oder fehlerträchtiger Situationen an und definiert dann damit Testfälle. Das Auftreten einer Null in einer Ein- oder Ausgabe ist beispielsweise eine fehlerträchtige Situation. Deshalb beschreibt man Testfälle, in denen spezielle Eingabewerte Null sind und bestimmte Ausgabewerte auf Null setzen. Ist eine variable Anzahl von Ein- oder Ausgabewerten möglich (z.B. Anzahl der Einträge in einer

Liste), so stellen die Fälle „kein" oder „ein" fehlerträchtige Situationen dar (kein Eintrag, gerade ein Eintrag in der Liste). Als nächstes kann man versuchen, die Überlegungen des Programmierers nachzuvollziehen, die dieser beim Lesen der Spezifikation gehabt haben mag (z. B. in der Spezifikation vergessene Punkte, zufällig oder weil der Designer glaubte, sie wären offensichtlich).

Da keine Prozedur angegeben werden kann, ist die nächstbeste Alternative, die Idee der Fehlererwartung zu diskutieren, und das am besten auch durch Aufführen von Beispielen. Beim Testen einer SORT-Unterroutine sind folgende Situationen zu klären:

1. Die Eingabeliste ist leer.
2. Die Eingabeliste enthält einen Eintrag.
3. Alle Einträge in der Eingabeliste haben den gleichen Wert.
4. Die Eingabeliste ist schon sortiert.

Mit anderen Worten, man zählt solche Spezialfälle auf, die beim Programmentwurf übersehen worden sein können.

Wenn man eine Unterroutine für binäres Suchen (binary search) testet, kann man die Situationen untersuchen, wo 1) nur ein Eintrag in der zu durchsuchenden Tabelle vorhanden ist, 2) die Tabellengröße eine Potenz von 2 (z.B. 16) ist und 3) die Tabellengröße eins kleiner und eins größer als die Zweierpotenz ist (z.B. 15, 17).

Betrachten Sie das Programm MTEST in dem Abschnitt über Grenzwertanalyse. Die folgenden zusätzlichen Tests fallen einem ein, wenn man die Fehlererwartungstechnik benutzt:

1. Akzeptiert das Programm „blanks" (Leerstellen) als Antwort?

2. Ein Satz vom Typ 2 (Antwort) erscheint in der Menge der Sätze vom Typ 3 (Student).

3. Ein Satz ohne eine 2 oder 3 in der letzten Spalte erscheint nicht als Anfangssatz.

4. Zwei Studenten haben den gleichen Namen oder die gleiche Nummer.

5. Da der Zentralwert (Median) unterschiedlich berechnet wird, abhängig davon, ob die Anzahl der Elemente gerade oder ungerade ist, testet man das Programm für eine gerade und eine ungerade Anzahl von Studenten.

6. Das Feld „Anzahl der Fragen" hat einen negativen Wert.

Als Fehlererwartungstest für das DISPLAY-Kommando aus dem vorigen Abschnitt könnte man

1. DISPLAY 100-   (2. Operand unvollständig)
2. DISPLAY 100.   (2. Operand unvollständig)
3. DISPLAY 100-10A 42 (zusätzlicher Operand)
4. DISPLAY 000-0000FF (führende Nullen)

angeben.

Die Strategie

Die Testfall-Entwurfmethoden, die in diesem Kapitel diskutiert wurden, kann man zu einer gemeinsamen Strategie kombinieren. Der Grund dafür sollte jetzt verständlich sein: jede Methode trägt einige nützliche Testfälle bei, aber keine kann allein eine Menge vollkommener Testfälle liefern.

Eine vernünftige Strategie ergibt sich aus folgenden Punkten:

1. Beginnen Sie mit dem Ursache-Wirkungs-Graphen, wenn die Spezifikation Kombinationen von Eingabebedingungen enthält.

2. Verwenden Sie auf jeden Fall die Grenzwertanalyse. Erinnern Sie sich daran, daß dies eine Analyse der Eingabe- und Ausgabegrenzen ist. Die Grenzwertanalyse liefert eine Menge von ergänzenden Testbedingungen, von denen aber — wie im Abschnitt über Ursache-Wirkungs-Graphen erwähnt — viele oder alle in den Ursache-Wirkungs-Graphen eingebaut werden können.

3. Legen Sie die gültigen und ungültigen Äquivalenzklassen für die Ein- und Ausgabe fest, und ergänzen Sie diese Testfälle, wenn nötig.

4. Verwenden Sie die Fehlererwartungstechnik, um weitere Testfälle hinzuzufügen.

5. Untersuchen Sie die Programmlogik im Hinblick auf die Menge der Testfälle. Verwenden Sie nach Bedarf die Techniken zur Erfassung aller Entscheidungen, Bedingungen, Entscheidungen/Bedingungen oder aller Vielfachbedingungen (das letzte ist das vollständigste Kriterium). Wird dieses Kriterium durch die Testfälle aus den Punkten 1—4 nicht erfüllt, und ist eine Erfüllung nicht unmöglich (d.h. bestimmte Kombinationen von Bedingungen sind wegen der Art des Programms nicht zu erreichen), so fügen Sie genügend Testfälle hinzu, um dieses Kriterium zu erfüllen.

Wiederum wird die Verwendung dieser Strategie keine Garantie dafür sein, daß alle Fehler entdeckt werden, aber es hat sich herausgestellt, daß das ein vernünftiger Kompromiß ist. Es stellt außerdem ein beträchtliches Stück harter Arbeit dar, aber niemand hat behauptet, daß Testen leicht sei.

Literatur

1. W. R. Elmendorf, ''Cause-Effect Graphs in Functional Testing'', TR-00.2487, IBM Systems Development Division, Poughkeepsie, N. Y., 1973.
2. G. J. Myers, *Software Reliability: Principles and Practices*. New York: Wiley-Interscience, 1976.

Kapitel 5

Modultest

Bis jetzt haben wir die Mechanik des Testens und auch die Größe der Testobjekte mehr oder weniger übergangen. Umfangreiche Programme (etwa 500 Anweisungen und mehr) erfordern beim Aufbau des Tests aber eine Spezialbehandlung. In diesem Kapitel wollen wir den ersten Schritt beim Testen großer Programme behandeln: den Modultest. Kap. 6 beschäftigt sich dann mit den restlichen Aufgaben.

Im Modultest (Unittesting) betrachtet man ein individuelles Unterprogramm, eine Unterroutine oder eine Prozedur in einem Programm. Es wird also zuerst nicht das Programm als Ganzes getestet, sondern man beginnt mit kleineren Einheiten des Programms. Dafür gibt es drei Gründe: erstens ist der Modultest ein Weg, die kombinatorischen Schwierigkeiten beim Testen in den Griff zu bekommen; zweitens erleichtert der Modultest die Aufgabe der Fehlerbehebung (Lokalisieren und Korrigieren eines entdeckten Fehlers), da man einen Fehler einem bestimmten Modul zuordnen kann. Schließlich ergibt sich durch den Modultest eine Parallelität beim Testen, da jetzt die Möglichkeit besteht, mehrere Module gleichzeitig zu testen.

Die Aufgabe des Modultests ist ein Vergleich der Modulfunktion mit einer funktionellen oder Schnittstellenspezifikation, die das Modul definiert. Um nochmals auf das Ziel aller Tests hinzuweisen, gilt es hier nicht, die Übereinstimmung des Moduls mit seiner Spezifikation zu zeigen, sondern, daß das Modul seiner Spezifikation widerspricht. Der Modultest wird nach drei Gesichtspunkten diskutiert: die Art, wie Testfälle entworfen werden, die Reihenfolge, in der Module getestet und integriert werden sollen, und einige praktische Hinweise über die Durchführung des Tests.

Testfallentwurf
Wenn man Testfälle für den Modultest entwirft, muß man folgende Unterlagen zur Verfügung haben: die Spezifikation und den Sourcecode des Moduls. Überlicherweise definiert die Spezifikation die Eingabe- und Ausgabeparameter des Moduls und seine Funktion.

Der Entwurf von Testfällen läßt sich folgendermaßen beschreiben: analysieren Sie die Modullogik mit Hilfe einer oder mehrerer Whitebox-Methoden und ergänzen Sie diese Testfälle mit Blackbox-Methoden bezüglich der Modulspezifikation.

Da die Methoden des Testfallentwurfs bereits in Kap. 4 beschrieben wurden, soll hier ihre Anwendung durch ein Beispiel illustriert werden. Wir wollen ein Modul mit dem Namen BONUS testen. Das Modul hat die Aufgabe, dem Gehalt der Beschäftigten aus den Abteilungen mit dem größten Umsatz 200,– $ hinzuzurechnen. Beträgt jedoch das Gehalt des Betreffenden 15.000,– $ oder mehr, oder ist er Manager, so soll das Gehalt nur um 100,– $ erhöht werden.

Die Eingabedaten des Moduls sind in Bild 5.1 als Tabellen gezeigt. Wenn das Modul seine Funktion korrekt ausführt, so gibt es einen Returncode gleich 0 zurück. Enthält die Beschäftigten- oder Abteilungstabelle keine Einträge, so ist der Fehlercode gleich 1. Gibt es in mindestens einer der ausgewählten Abteilungen keine Mitarbeiter, so ist der Fehlercode gleich 2 zu setzen.

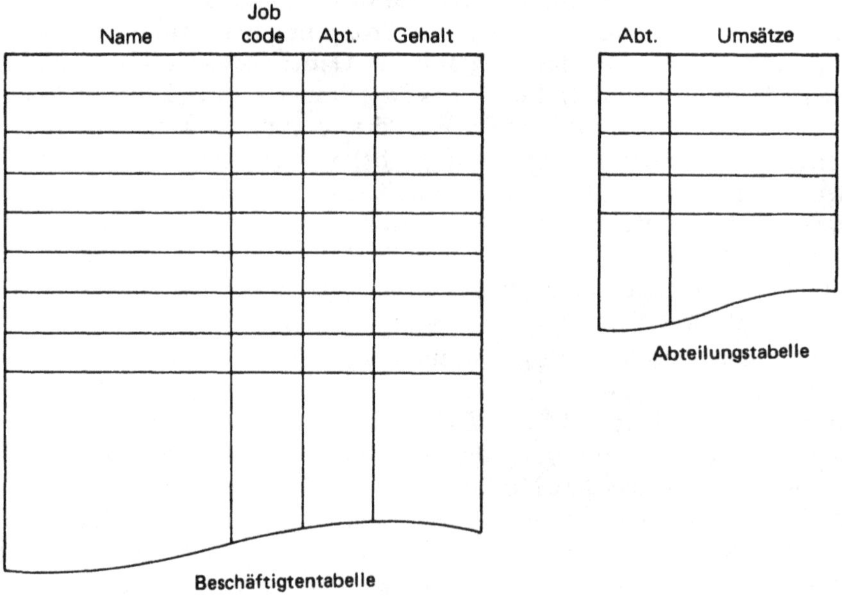

Bild 5.1   Eingabedaten für das Modul BONUS

Der Sourcecode des Moduls ist in Bild 5.2 wiedergegeben. ESIZE und DSIZE sind Eingabeparameter und enthalten die Anzahl der Einträge in den Mitarbeiter- und Abteilungstabellen. Der Modul ist zwar in PL/I geschrieben, aber die folgende Diskussion ist weitgehend sprachenunabhängig; die Techniken sind auch auf Programme in anderen Sprachen anwendbar. Da die PL/I-Logik im Modul recht einfach ist, sollte sie auch für Leser verständlich sein, die nicht mit PL/I vertraut sind.

```
BONUS: PROCEDURE(EMPTAB,DEPTTAB,ESIZE,DSIZE,ERRCODE);
DECLARE 1 EMPTAB (*),
          2 NAME CHAR(6),
          2 CODE CHAR(1),
          2 DEPT CHAR(3),
          2 SALARY FIXED DECIMAL(7,2);
DECLARE 1 DEPTTAB (*),
          2 DEPT CHAR(3),
          2 SALES FIXED DECIMAL(8,2);
DECLARE (ESIZE,DSIZE) FIXED BINARY;
DECLARE ERRCODE FIXED DECIMAL(1);
DECLARE MAXSALES FIXED DECIMAL(8,2) INIT(0); /*MAX. SALES IN DEPTTAB*/
DECLARE (I,J,K) FIXED BINARY;                /*COUNTERS*/
DECLARE FOUND BIT(1);       /*TRUE IF ELIGIBLE DEPT. HAS EMPLOYEES*/
DECLARE SINC FIXED DECIMAL(7,2) INIT(200.00); /*STANDARD INCREMENT*/
DECLARE LINC FIXED DECIMAL(7,2) INIT(100.00); /*LOWER INCREMENT*/
DECLARE LSALARY FIXED DECIMAL(7,2) INIT(15000.00); /*SALARY BOUNDARY*/
DECLARE MGR CHAR(1) INIT('M');

 1   ERRCODE=0;
 2   IF(ESIZE<=0)|(DSIZE<=0)
 3     THEN ERRCODE=1;                    /*EMPTAB OR DEPTTAB ARE EMPTY*/
 4     ELSE DO;
 5           DO I = 1 TO DSIZE;           /*FIND MAXSALES AND MAXDEPTS*/
 6             IF(SALES(I)>=MAXSALES) THEN MAXSALES=SALES(I);
 7           END;
 8           DO J = 1 TO DSIZE;
 9             IF(SALES(J)=MAXSALES)      /*ELIGIBLE DEPARTMENT*/
10               THEN DO;
11                   FOUND='0'B;
12                   DO K = 1 TO ESIZE;
13                     IF(EMPTAB.DEPT(K)=DEPTTAB.DEPT(J))
14                       THEN DO;
15                           FOUND='1'B;
16                           IF(SALARY(K)>=LSALARY)|(CODE(K)=MGR)
17                             THEN SALARY(K)=SALARY(K)+LINC;
18                             ELSE SALARY(K)=SALARY(K)+SINC;
19                           END;
20                   END;
21                   IF(¬FOUND) THEN ERRCODE=2;
22               END;
23           END;
24         END;
25   END;
```

Bild 5.2 Modul BONUS

Unabhängig davon, welche Teststrategie (Logic-Coverage) verwendet werden soll, ist der erste Schritt, die bedingten Entscheidungen im Programm zu notieren. In diesem Programm sind alle IF- und DO-Anweisungen des Kandidaten dafür anzusehen. Bei der Durchsicht des Programms stellt man fest, daß alle DO-Anweisungen einfache Iterationen sind, jede Iterationsgrenze ist gleich oder größer als der Anfangswert (d.h. jeder Schleifenkörper wird wenigstens einmal ausgeführt), und der einzige Ausgang aus allen Schleifen läuft über die DO-Anweisung. Die DO-Anweisungen in diesem Programm erfordern also keine besondere Aufmerksamkeit, da jeder Testfall, der eine DO-Anweisung anspricht, schließlich eine Verzweigung in beiden Richtungen durchlaufen hat (d.h. Ausführen des Schleifenkörpers und Überspringen des Schleifenkörpers). Daher müssen nur die folgenden Befehle analysiert werden.

```
 2 IF (ESIZE <=0) I (DSIZE <=0)
 6 IF (SALES (I) > = MAXSALES)
 9 IF (SALES (J) = MAXSALES)
13 IF (EMPTAB.DEPT (K) = DEPTTAB.DEPT (J))
16 IF (SALARY (K) > = LSALARY) I (CODE (K) = MGR)
21 IF (¬ FOUND)
```

Bei der gegebenen geringen Anzahl von Entscheidungen sollten wir wahrscheinlich die Vielfachentscheidungsstrategie wählen; in dem vorliegenden Beispiel werden wir aber alle Teststrategien (logic coverage criteria) anwenden, um ihre Wirkung zu untersuchen (mit Ausnahme der Strategie: Test aller Befehle – statement coverage, deren Nutzen immer sehr begrenzt ist).

Um die Entscheidungsstrategie (decision coverage) zu erfüllen, benötigen wir genügend Testfälle, um beide Zweige der sechs Entscheidungen zu durchlaufen. Die erforderlichen Eingangssituationen, um alle Entscheidungsausgänge zu erreichen, sind in Tabelle 5.1 aufgeführt. Da zwei der Ausgänge immer erreicht werden, müssen zehn Situationen durch Testfälle erzeugt werden. Um die Tabelle 5.1 zu konstruieren, muß man die Ausgangszustände der Entscheidungen durch die Programmlogik zurückverfolgen, um die entsprechenden Eingangssituationen zu bestimmen. Die Entscheidung 16 z.B. wird nicht für *jeden* Mitarbeiter aufgerufen, der die Bedingungen erfüllt; der Mitarbeiter muß einer ausgewählten Abteilung angehören.

Die zehn interessanten Situationen in Tab. 5.1 können durch zwei Testfälle in Bild 5.3 erfaßt werden. Jeder Testfall schließt die Defini-

Test-fall	Eingabe					Erwartete Ausgabe			
1	ESIZE = 0 alle anderen Eingaben sind irrelevant					ERRCODE = 1 ESIZE, DSIZE, EMPTAB, und DEPTTAB sind unverändert			
2	ESIZE = DSIZE = 3 EMPTAB			DEPTTAB		ERRCODE = 2 ESIZE, DSIZE, und DEPTTAB sind unverändert EMPTAB			
	JONES	E	D42	21,000.00	D42	10,000.00	JONES	E	D42	21,100.00
	SMITH	E	D32	14,000.00	D32	8,000.00	SMITH	E	D32	14,000.00
	LORIN	E	D42	10,000.00	D95	10,000.00	LORIN	E	D42	10,200.00

Bild 5.3   Testfälle zur Erfassung aller Entscheidungen

Tab. 5.1   Ausgänge der Entscheidungen

Entscheidung	Ja-Zweig	Nein-Zweig
2	ESIZE oder DSIZE $\leq$ 0	ESIZE und DSIZE > 0
6	tritt immer mindestens einmal auf	Ordnung von DEPTTAP, so daß eine Abteilung mit kleinerem Umsatz hinter einer Abteilung mit höherem Umsatz erscheint
9	tritt immer mindestens einmal auf	Die Abteilungen haben nicht alle den gleichen Umsatz
13	Es gibt einen Mitarbeiter in einer ausgewählten Abteilung	Es gibt einen Angestellten, der nicht in einer ausgewählten Abteilung ist
16	Ein ausgewählter Mitarbeiter ist entweder Manager oder verdient LSALARY oder mehr	Ein ausgewählter Mitarbeiter ist nicht Manager und verdient weniger als LSALARY
21	Alle ausgewählten Abteilungen haben keine Mitarbeiter	Eine ausgewählte Abteilung hat wenigstens einen Mitarbeiter

tion der erwarteten Ausgabedaten mit ein, in Übereinstimmung mit den Prinzipien aus Kap. 2.

Obwohl diese beiden Testfälle die Forderungen nach Ausführung aller Entscheidungen (decision coverage) erfüllen, müssen offensichtlich nicht alle Fehlertypen in dem Modul entdeckt werden.

Test-fall	Eingabe		Erwartete Ausgabe		
1	ESIZE = DSIZE = 0 alle anderen Eingaben sind irrelevant		ERRCODE = 1 ESIZE, DSIZE, EMPTAB, und DEPTTAB sind unverändert		
2	ESIZE = DSIZE = 3 EMPTAB: JONES E D42 21,000.00; SMITH E D32 14,000.00; LORIN M D42 10,000.00	DEPTTAB: D42 10,000.00; D32 8,000.00; D95 10,000.00	ERRCODE = 2 ESIZE, DSIZE, und DEPTTAB sind unverändert EMPTAB: JONES E D42 21,100.00; SMITH E D32 14,000.00; LORIN M D42 10,100.00		

Bild 5.4   Testfälle zur Erfassung aller Bedingungen

Die Testfälle untersuchen z.B. nicht die Situationen, wo der Fehlercode = 0, ein Mitarbeiter Manager oder die Abteilungstafel leer ist (DSIZE $\leqslant$ 0).

Die Anwendung der Strategie der Ausführung aller Bedingungen (condition coverage) liefert einen Test, der eher zufriedenstellt. Hier benötigt man genügend Testfälle, um beide Ausgänge einer jeden Bedingung in einer Entscheidung zu erreichen. Die Bedingungen und die erforderlichen Eingangsdaten, um alle Ausgangsdaten zu erzeugen, sind in Tabelle 5.2 aufgeführt. Da zwei der Ausgänge immer erreicht werden, müssen 14 Situationen durch Testfälle erzeugt werden – und zwar wiederum nur durch zwei Testfälle, siehe Bild 5.4.

Die Testfälle in Bild 5.4 wurden entworfen, um auf ein Problem hinzuweisen. Da sie alle Ausgänge erreichen, erfüllen sie die Forderung der condition coverage; aber wahrscheinlich ist diese Testfallmenge schwächer als die in Bild 5.3, die die Forderungen der decision coverage erfüllen.

Der Grund ist, daß mit diesen Testfällen nicht alle Befehle ausgeführt werden; Anweisung 18 wird überhaupt nicht ausgeführt. Darüber hinaus leisten sie nicht viel mehr als die Testfälle in Bild 5.3. Sie erzeugen nicht die Ausgabesituation ERRCODE = 0. Stünde in Anweisung 2 fälschlicherweise (ESIZE = 0) & (DSIZE = 0), so würde dieser Fehler nicht entdeckt werden. Eine alternative Menge von Testfällen könnte natürlich diese Probleme lösen; als Tatsache bleibt aber, daß die beiden Testfälle in Bild 5.4 die Forderung des condition coverage erfüllen.

Die große Schwäche der Testfälle in Bild 5.4 könnte man durch die Verwendung der decision/condition coverage Strategie vermeiden. Dafür müßte man genügend Testfälle entwerfen, so daß man alle Ausgänge aller Bedingungen *und* Entscheidungen mindestens einmal durchläuft. Das kann man erreichen, indem man Jones zum Manager und Lorin zum Mitarbeiter macht. Dadurch kommt man zu beiden Ausgängen der Entscheidung 16 und veranlaßt so die Ausführung von Anweisung 18.

Damit gibt es jedoch ein Problem: der Testfall ist im wesentlichen nicht besser als die Testfälle in Bild 5.3. Wenn der Compiler bei der Entwicklung eines Oder-Ausdrucks in dem Moment haltmacht, in dem er einen wahren Operanden feststellt, wird diese Modifikation im Ausdruck CODE (K) = MGR in Anweisung 16 niemals einen wahren Ausgang erreichen. Wurde in diesem Ausdruck bei der Codierung ein Fehler gemacht, so werden die Testfälle diesen Fehler nicht entdecken.

Die letzte Strategie, die untersucht werden soll, ist die Ausführung aller Mehrfachbedingungen (multicondition coverage). Diese Strategie erfordert genügend Testfälle, die alle möglichen Kombinationen der

Tab. 5.2 Ausgänge der Bedingungen

Ent-schei-dung	Bedingung	Ja-Zweig	Nein-Zweig
2	ESIZE $\leqslant 0$	ESIZE $\leqslant 0$	ESIZE > 0
2	DSIZE $\leqslant 0$	DSIZE $\leqslant 0$	DSIZE > 0
6	SALES (I) $\geqslant$ MAXSALES	tritt immer mind. einmal auf	Ordnung von DEPTTAB so, daß eine Abteilung mit kleinerem Umsatz hinter einer Abteilung mit höherem Umsatz erscheint
9	SALES (J) = MAXSALES	tritt immer mind. einmal auf	Nicht alle Abteilungen haben den gleichen Umsatz
13	EMPTAB. DEPT (K) = DEPTTAB. DEPT (J)	Es gibt einen Mitarbeiter in einer der ausgewählten Abteilungen	Es gibt einen Mitarbeiter der nicht in einer ausgewählten Abteilung ist.
16	SALARY (K) $\geqslant$ LSALARY	Ein ausgewählter Mitarbeiter verdient LSALARY oder mehr	Ein ausgewählter Mitarbeiter verdient weniger als LSALARY
16	CODE (K) = MGR	Ein ausgewählter Mitarbeiter ist Manager	Ein ausgewählter Mitarbeiter ist nicht Manager
21	$\neg$ FOUND	Eine ausgewählte Abteilung hat keinen Mitarbeiter	Eine ausgewählte Abteilung hat mindestens einen Mitarbeiter

Bedingungen in jeder Entscheidung mindestens einmal aufrufen. Ausgangspunkt dafür ist die Tabelle 5.2. Die Entscheidungen 6, 9, 13 und 21 haben jeweils zwei Kombinationen; die Entscheidungen 2 und 16 haben jeweils vier Kombinationen. Die Methode beim Testfallentwurf liegt darin, einen Testfall auszuwählen, der möglichst viele der Kombinationen erfaßt, einen anderen, der möglichst viele der verbleibenden erfaßt, usw. Eine Menge von Testfällen, die die Forderungen der multicondition coverage erfüllt, ist in Bild 5.5 aufgeführt. Diese Menge ist umfangreicher als die vorherigen Testfallmengen; das enthält gleichzeitig den Hinweis, daß wir diese Strategie am Anfang hätten auswählen sollen.

Der Leser sei ausdrücklich darauf hingewiesen, daß das Modul BONUS eine große Anzahl von Fehlern enthalten könnte, die selbst von den Testfällen nicht entdeckt würden, die die Forderungen der multicondition coverage erfüllen. Kein Testfall erzeugt z.B. die Situation, wo ERRCODE mit dem Wert 0 zurückkommt; so bleibt der Fehler, daß Anweisung 1 vergessen wurde, unentdeckt. Wenn LSALARY fälschlicherweise mit $ 15.000,01 initialisiert wurde, so wird dieser Fehler nicht bemerkt. Steht in Anweisung 16 SALARY (K)>LSALARY anstatt von SALARY (K)> = LSALARY, so wird dieser Fehler nicht gefunden. Ebenso hängt die Entdeckung von off-by-one-Fehlern größtenteils vom Zufall ab, z.B. davon, ob der letzte Eintrag in DEPTTAB oder EMPTAB korrekt behandelt wurde.

Bis hierher sollten zwei Punkte klar geworden sein. Die Strategie der multicondition coverage ist den anderen Strategien überlegen, und keine der Teststrategien ist gut genug, um als einzige Methode für die Entwicklung von Modultests zu dienen.

Im nächsten Schritt werden daher die Tests in Bild 5.5 durch eine Menge von Blackbox-Tests ergänzt. Zu diesem Zweck ist im folgenden die Schnittstellenbeschreibung von BONUS mit aufgeführt.

BONUS, ein PL/I-Modul, erhält fünf Parameter mit den symbolischen Namen EMPTAB, DEPTTAB, ESIZE, DSIZE und ERRCODE. Die Attribute dieser Parameter sind

```
DECLARE 1  EMPTAB (*),              /*INPUT AND OUTPUT*/
           2 NAME CHARACTER (6),
           2 CODE CHARACTER (1),
           2 DEPT CHARACTER (3),
           2 SALARY FIXED DECIMAL (7,2);
DECLARE 1  DEPTTAB (*),                        /*INPUT*/
           2 DEPT CHARACTER (3),
           2 SALES FIXED DECIMAL (8,2);
DECLARE (ESIZE, DSIZE) FIXED BINARY;           /*INPUT*/
DECLARE ERRCODE FIXED DECIMAL (1);            /*OUTPUT*/
```

Das Modul erwartet diese Attribute für die übergebenen Argumente. ESIZE und DSIZE beschreiben die Anzahl der Einträge in EMPTAB und DEPTTAB. Über die Reihenfolge der Einträge in EMPTAB und DEPTTAB werden keine Annahmen gemacht. Die Funktion des Moduls ist es, das Gehalt (EMPTAB. SALARY) der Mitarbeiter anzuheben, die in einer Abteilung beschäftigt sind, die den größten Umsatz (DEPTTAB. SALES) gemacht hat. Beträgt das Gehalt eines

entsprechenden Mitarbeiters $ 15.000 oder mehr, oder ist der Mitarbeiter Manager (EMPTAB. CODE = 'M'), so beträgt die Zulage $ 100; wenn nicht, erfolgt eine Zulage von $ 200.
Es wird vorausgesetzt, daß das erhöhte Gehalt in das Feld EMPTAB. SALARY paßt. Wenn ESIZE und DSIZE nicht größer Null sind, wird ERRCODE auf 1 gesetzt und es erfolgt keine weitere Aktion. In allen anderen Fällen wird die Funktion vollständig ausgeführt. Wird jedoch eine Abteilung entdeckt, die maximalen Umsatz gemacht hat, aber keine Mitarbeiter hat, so wird die Verarbeitung zwar fortgesetzt, aber ERRCODE erhält den Wert 2; in den anderen Fällen wird 0 gesetzt.

Diese Spezifikation ist nicht für die Anwendung des Ursache-Wirkungs-graphen geeignet (es gibt keine unterscheidbare Menge von Eingabebedingungen, deren Kombinationen untersucht werden müßten); deshalb wird die Grenzwertanalyse angewendet. Als Eingabegrenzwerte ergeben sich

1. EMPTAB hat einen Eintrag
2. EMPTAB hat die Maximalzahl von Einträgen (65.535)
3. EMPTAB hat keinen Eintrag
4. DEPTTAB hat einen Eintrag
5. DEPTTAB hat 65.535 Einträge
6. DEPTTAB hat keinen Eintrag
7. Eine Abteilung mit Maximalumsatz hat einen Mitarbeiter
8. Eine Abteilung mit Maximalumsatz hat 65.535 Mitarbeiter
9. Eine Abteilung mit Maximalumsatz hat keinen Mitarbeiter
10. Alle Abteilungen in DEPTTAB haben die gleichen Umsätze
11. Die Abteilung mit dem Maximalumsatz steht als erster Eintrag in DEPTTAB.
12. Die Abteilung mit dem Maximalumsatz steht als letzter Eintrag in DEPPTAB.
13. Ein ausgewählter Mitarbeiter steht als erster Eintrag in EMPTAB.
14. Ein ausgewählter Mitarbeiter steht als letzter Eintrag in EMPTAB.
15. Ein ausgewählter Mitarbeiter ist Manager.
16. Ein ausgewählter Mitarbeiter ist kein Manager.
17. Ein ausgewählter Mitarbeiter ist kein Manager und hat ein Gehalt von $ 14.999,99.
18. Ein ausgewählter Mitarbeiter ist kein Manager und hat ein Gehalt von $ 15.000 .
19. Ein ausgewählter Mitarbeiter ist kein Manager und hat ein Gehalt von $ 15.000,01.

Die Ausgabe-Grenzwerte sind

20. ERRCODE = 0

21. ERRCODE = 1

22. ERRCODE = 2

23. Das erhöhte Gehalt eines ausgewählten Mitarbeiters beträgt $ 99.999,99 (Maximum)

Eine weitere Testbedingung ergibt sich durch die Methode der Fehler-erwartung (errorguessing):

24. Dem Eintrag einer Abteilung mit Maximalumsatz ohne Mitarbeiter in DEPTTAB folgt ein Eintrag einer anderen Abteilung mit Maxi-malumsatz, die aber Mitarbeiter hat.

Dieser Testfall soll feststellen, ob das Modul fälschlicherweise die Verarbeitung der Eingabedaten beendet, wenn es auf eine Situation mit ERRCODE = 2 trifft.

Bei der Beurteilung dieser 24 Bedingungen erweisen sich die Testfälle 2, 5 und 8 als nicht praktikabel. Da sie außerdem Bedingungen reprä-sentieren, die niemals auftreten (gewöhnlich eine gefährliche Annahme, aber hier doch anscheinend sicher), werden sie hier nicht weiter beach-tet. Im nächsten Schritt müssen die restlichen 21 Bedingungen mit der Menge der bestehenden Testfälle (Bild 5.5) verglichen werden, um festzustellen, welche Grenzwerte noch nicht erfaßt wurden.

Test-fall	Eingabe	Erwartete Ausgabe
1	ESIZE = 0 DSIZE = 0 alle anderen Eingaben sind irrelevant	ERRCODE = 1 ESIZE, DSIZE, EMPTAB, und DEPTTAB sind unverändert
2	ESIZE = 0 DSIZE > 0 alle anderen Eingaben sind irrelevant.	wie oben
3	ESIZE > 0 DSIZE = 0 alle anderen Eingaben sind irrelevant.	wie oben
4	ESIZE = 5 DSIZE = 4 EMPTAB JONES M D42 21,000.00 WARNS M D95 12,000.00 LORIN E D42 10,000.00 TOY E D95 16,000.00 SMITH E D32 14,000.00 DEPTTAB D42 10,000.00 D32 8,000.00 D95 10,000.00 D44 10,000.00	ERRCODE = 2 ESIZE, DSIZE, und DEPTTAB sind unverändert. EMPTAB JONES M D42 21,100.00 WARNS M D95 12,100.00 LORIN E D42 10,200.00 TOY E D95 16,100.00 SMITH E D32 14,000.00

Bild 5.5 , Testfälle zur Erfassung aller mehrfachen Bedingungen

Dabei stellen wir fest, daß die Bedingungen 1, 4, 7, 10, 14, 17, 18, 19, 20, 23 und 24 Testfälle erfordern, die in Bild 5.5 nicht vorhanden sind.

Im nächsten Schritt werden zusätzliche Testfälle entworfen, um diese 11 Randbedingungen zu erfassen. Eine Möglichkeit besteht darin, diese Bedingungen mit den existierenden Testfällen zu mischen (d.h. durch Modifizierung von Testfall 4 in Bild 5.5); diese Methode ist aber nicht empfehlenswert, da sie unversehens die Strategie der multicondition coverage der bestehenden Testfälle zerstören könnte.

Der sicherste Weg ist daher, zusätzliche Testfälle zu den bereits bestehenden (Bild 5.5) zu definieren. Das Ziel dabei ist der Entwurf von möglichst wenigen Testfällen, die alle Randbedingungen erfassen. Die drei Testfälle in Bild 5.6 leisten das: Testfall 5 überdeckt die Bedingungen 7, 10, 14, 17, 18, 19 und 20; Testfall 6 berücksichtigt die Bedingungen 1, 4 und 23; und Testfall 7 erfaßt die Bedingung 24.

Test-fall	Eingang	Erwartete Ausgabe
5	ESIZE = 3 DSIZE = 2 EMPTAB ALLY | E | D36 | 14,999.99 BEST | E | D33 | 15,000.00 CELTO | E | D33 | 15,000.01 DEPTTAB D33 | 55,400.01 D36 | 55,400.01	ERRCODE = 0 ESIZE, DSIZE, und DEPTTAB sind unverändert EMPTAB ALLY | E | D36 | 15,199.99 BEST | E | D33 | 15,100.00 CELTO | E | D33 | 15,100.01
6	ESIZE = 1 DSIZE = 1 EMPTAB CHIEF | M | D99 | 99,899.99 DEPTTAB D99 | 99,000.00	ERRCODE = 0 ESIZE, DSIZE, und DEPTTAB sind unverändert. EMPTAB CHIEF | M | D99 | 99,999.99
7	ESIZE = 2 DSIZE = 2 EMPTAB DOLE | E | D67 | 10,000.00 FORD | E | D22 | 33,333.33 DEPTTAB D66 | 20,000.00 D67 | 20,000.00	ERRCODE = 2 ESIZE, DSIZE, und DEPTTAB sind unverändert EMPTAB DOLE | E | D67 | 10,200,00 FORD | E | D22 | 33,333.33

Bild 5.6   Ergänzende Testfälle der Grenzwertanalyse für das Modul BONUS

Als Voraussetzung gilt hier, daß die logic coverage oder Whitebox Testfälle in Bild 5.5 und die Blackbox Testfälle in Bild 5.6 einen vernünftigen Modultest für die Prozedur BONUS ermöglichen.

Inkrementelles Testen

Bei der Durchführung des Modultests gibt es zwei entscheidende Gesichtspunkte: den Entwurf einer Menge von effizienten Testfällen, der im vorigen Abschnitt diskutiert wurde, und die Art, wie die Module zusammengesetzt werden, um ein funktionierendes Programm zu erzeugen. Der zweite Punkt ist wichtig, weil er die folgenden Themen beeinflußt: die Definition der Modultestfälle, die verwendeten Testwerkzeuge, die Reihenfolge, in der die Module kodiert und getestet werden, die Kosten für die Erstellung von Testfällen und die Kosten für die Fehlerbehebung (Lokalisieren und Korrigieren der entdeckten Fehler). Kurz gesagt, diese Betrachtung ist von entscheidender Bedeutung. In diesem Abschnitt werden zwei Möglichkeiten diskutiert: inkrementelles und nicht inkrementelles Testen. Im nächsten Abschnitt werden wir dann zwei inkrementelle Methoden untersuchen: top down und bottom up Entwicklung oder Testen.

Folgende Frage wird hier untersucht: soll man ein Programm testen, indem man jedes Modul einzeln testet und dann die Module zusammensetzt, um das Programm zu erzeugen, oder soll man das nächste zu testende Modul mit den vorher getesteten Modulen kombinieren, bevor es getestet wird? Die erste Methode wird nichtinkrementelles oder big bang Testen/Integration genannt; die zweite Methode ist als inkrementelles Testen/Integration bekannt.

Das Programm in Bild 5.7 dient als Beispiel. Die Rechtecke stellen die sechs Module (Unterroutinen oder Prozeduren) des Programms dar.

Die Verbindungslinien zwischen den Modulen beschreiben die Steuerhierarchie des Programms; Modul A ruft die Module B, C und D, Modul B ruft Modul E usw.

Die traditionelle Methode des nichtinkrementellen Testens geht in folgender Weise vor. Zuerst wird jedes der sechs Module dem Modultest unterzogen, indem jedes Modul als eigenständige Einheit behandelt wird. Die Module können gleichzeitig oder nacheinander getestet werden, abhängig von der Umgebung (z.B. interaktive oder Stapelverarbeitung) und der Anzahl der beteiligten Mitarbeiter. Schließlich werden die Module zum Programm zusammengesetzt oder integriert.

Das Testen der Module erfordert ein spezielles Treibermodul und ein oder mehrere STUB-Module (s. unten). Um z.B. Modul B zu testen, müssen die entworfenen Testfälle Modul B aufrufen, indem die

Eingabeargumente von dem Treibermodul übergeben werden. Das ist ein kleines Modul, das zusätzlich erzeugt werden muß und das im Testobjekt Testfälle anstößt oder übergibt.

Alternativ kann ein Testwerkzeug benutzt werden. Das Treibermodul muß aber auch dem Tester die Ergebnisse aus Modul B zugänglich machen. Da Modul B das Modul E aufruft, muß es zusätzlich eine Möglichkeit geben, die Steuerung zu erhalten, wenn B das Modul E aufruft. Das erreicht man durch ein STUB-Modul, ein besonderes Modul mit dem Namen ‚E‘, das kodiert werden muß, um die Funktion des Moduls E zu simulieren. Nach dem vollständigen Test aller sechs Module werden diese zum Programm zusammengebunden.

Die zweite Methode ist das inkrementelle Testen. Dabei werden die Module nicht separat getestet, sondern man kombiniert das nächste, noch nicht getestete Modul mit dem anderen, bereits getesteten Modul.

Es wäre noch zu früh, eine Prozedur für den inkrementellen Test des Programms in Bild 5.7 anzugeben, da es eine ganze Anzahl von möglichen inkrementellen Methoden gibt. Die entscheidende Frage ist: sollen wir an der Spitze oder auf der untersten Ebene des Programms beginnen? Da dieser Punkt aber im nächsten Abschnitt diskutiert wird, wollen wir im Moment annehmen, daß wir ganz unten beginnen. Zuerst werden die Module E, C und F getestet, entweder gleichzeitig (d.h. drei Tester) oder nacheinander. Wir müssen für jedes Modul einen Treiber bereitstellen, aber keinen STUB. Als nächstes werden die Module B und D getestet, aber nicht separat, sondern jeweils in Verbindung mit den Modulen E bzw. F. Mit anderen Worten, um Modul B zu testen, wird ein Treiber erstellt, der die Testfälle aktiviert, und das Paar B + E wird getestet. Das Hinzufügen weiterer Module zu der Menge schon getesteter Module wird so lange forgesetzt, bis das letzte Modul (hier Modul A) getestet ist. Genauso gut hätte man aber auch von oben nach unten vorgehen können.

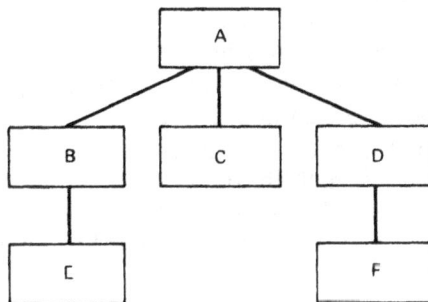

Bild 5.7 Programmbeispiel mit 12 Modulen

Einige Überlegungen sollten an diesem Punkt klar verständlich sein.

1. Nichtinkrementelles Testen erfordert mehr Arbeit. Für das Programm in Bild 5.7 müssen 5 Treiber und 5 STUBs vorbereitet werden (unter der Annahme, daß wir für das oberste Modul keinen Treiber benötigen). Der inkrementelle bottom-up Test benötigt 5 Treiber, aber keine STUBs. Ein inkrementeller topdown Test benötigt 5 STUBs aber keine Treiber. Es ist weniger Arbeit aufzuwenden, da vorher getestete Module verwendet werden, anstatt von Treibermodulen (wenn man von der Spitze aus startet) oder STUBs (wenn man von unten her kommt) in der nicht inkrementellen Methode.

2. Programmfehler, die bedingt sind durch nicht passende Schnittstellen oder falsche Annahmen zwischen den Modulen, werden durch die Anwendung des inkrementellen Tests eher entdeckt. Der Grund dafür liegt darin, daß Kombinationen von Modulen zu einem früheren Zeitpunkt im Softwarelebenszyklus gemeinsam getestet werden. Beim nichtinkrementellen Test aber „sieht" ein Modul das andere bis zum Ende des Prozesses nicht.

3. Die Fehlerbehebung sollte daher bei Anwendung des inkrementellen Tests leichter sein. Wenn wir annehmen, daß Fehler existieren, die sich auf Schnittstellen zwischen den Modulen beziehen, und diese Annahmen bestehen (aus Erfahrung gute Annahmen), dann werden diese Fehler bei Anwendung des nichtinkrementellen Tests nicht eher auftreten, als bis das gesamte Programm gebunden wurde. Dann haben wir aber Schwierigkeiten, den Fehler zu lokalisieren, denn er kann irgendwo im Programm liegen. Bei der Anwendung des inkrementellen Tests hingegen sollte ein Fehler dieses Typs leichter zu lokalisieren sein, da er wahrscheinlich mit dem zuletzt hinzugefügten Modul in Verbindung steht.

4. Inkrementelles Testen wird auch in einem strengeren Test resultieren. Wenn man Modul B testet, wird entweder Modul E oder A ausgeführt (abhängig davon, ob man von oben oder von unten beginnt). Obwohl E oder A schon vorher sorgfältig getestet worden sein sollten, kann vielleicht ihre Ausführung als Ergebnis des Tests von B eine neue Bedingung hervorrufen, die im eigentlichen Test von E oder A nicht berücksichtigt wurde. Andererseits wird bei Anwendung des nichtinkrementellen Testens auf Modul B nur B angesprochen. Mit anderen Worten, beim inkrementellen Testen übernehmen vorher gestestete Module die Rollen von STUBs oder Treibern, die man im nichtinkrementellen Test benötigt. Die aktuellen Module sind durch den vollständigen Test des letzten Moduls einer höheren Belastung ausgesetzt.

5. Man hat den Eindruck, bei der nichtinkrementellen Methode weniger Maschinenzeit zu verbrauchen. Wird Modul A in Bild 5.7 mit der inkrementellen bottomup Methode getestet, so werden die Module B, C, D, E und F wahrscheinlich auch aufgerufen werden, wenn man das Modul A ausführt. Das gleiche gilt für den inkrementellen topdown Test. Beim Test von Modul F können auch die Module A, B, C, D und E aktiviert werden; beim nichtinkrementellen Test von Modul F wird nur der Treiber für F und F selbst zum Ablauf gebracht. D.h. die Anzahl der Maschinenbefehle, die in einem Testlauf mit der inkrementellen Methode durchlaufen werden, ist offensichtlich größer als die Anzahl bei der nicht inkrementellen Methode.

Diese Aussage wird aber wieder abgeschwächt, da der nicht inkrementelle Test mehr Treiber und STUBs erfordert als der inkrementelle Test; außerdem ist auch Maschinenzeit für die Entwicklung von Treibern und STUBs erforderlich.

6. Am Beginn der Modultestphase gibt es mehr Gelegenheiten für parallele Aktivitäten, wenn man nichtinkrementelle Tests anwendet (d.h., alle Module können gleichzeitig getestet werden). Das kann bei einem großen Projekt von Bedeutung sein (viele Module und Entwickler), da die Mitarbeiterzahl eines Projekts zu Beginn der Modultestphase gewöhnlich ihren Maximalwert erreicht.

Zusammenfassend kann festgestellt werden, daß die Punkte 1–4 für den inkrementellen Test sprechen, während 5 und 6 Gegenargumente bringen. Der gegenwärtig in der Computerindustrie herrschende Trend (Hardwarekosten sinken, Laborkosten und Folgen aus Softwarefehlern steigen) und die Tatsache, daß die Reparaturkosten desto geringer sind, je eher ein Fehler gefunden wird, führen zu der Einsicht, daß die Punkte 1–4 an Bedeutung gewinnen, während Punkt 5 weniger wichtig wird. Punkt 6 erscheint als kleine, kaum bemerkbare Schwäche. Das führt uns zu dem Schluß, daß das inkrementelle Testen zu bevorzugen ist.

Topdown gegen bottomup Testen

Mit der Folgerung aus dem vorhergehenden Abschnitt werden zwei inkrementelle Methoden untersucht: topdpwn und bottomup Testen. Bevor diese Methoden diskutiert werden, sollen einige Mißverständnisse geklärt werden. Erstens werden die Begriffe „topdown Testen, topdown Entwicklung, topdown Entwurf" oft als Synonyme gebraucht. Topdown Testen und topdown Entwicklung sind Synonyme. Sie repräsentieren eine Strategie in der Reihenfolge von Codieren und

Testen, während topdown Entwurf etwas ganz anderes und Unabhängiges ist. Ein Programm, das in der topdown Methode entworfen wurde, kann in der nicht inkrementellen Strategie sowohl topdown als auch bottomup getestet werden..

Zweitens wird bottomup Testen oder bottomup Entwicklung oft fälschlicherweise mit dem nicht inkrementellen Testen gleichgesetzt. Denn der bottomup Test beginnt genauso wie der nichtinkrementelle Test (d.h. wenn die unteren oder Terminalmodule getestet werden). Wir sahen aber im vorigen Abschnitt, daß das bottomup Testen eine inkrementelle Strategie ist.

Schließlich, da beide Strategien inkrementell sind, werden hier die Vorteile des inkrementellen Testens nicht noch einmal wiederholt; nur die Unterschiede zwischen topdown und bottomup sollen diskutiert werden.

Topdown Testen

Die topdown Strategie beginnt mit dem Modul an der Spitze oder der Hauptroutine des Progamms. Danach gibt es keine Regel für die Auswahl des Moduls, das als nächstes zusätzlich getestet werden soll; als Regel für die Auswahl eines Moduls kann höchstens gelten, daß wenigstens eines der übergeordneten (rufenden) Module bereits getestet sein muß.

Bild 5.8 soll die Strategie illustrieren. A–L sind die 12 Module des Programms. Das Modul J soll die E/A Leseoperationen und Modul I die Schreiboperationen durchführen.

Im ersten Schritt wird das Modul A getestet. Zu diesem Zweck müssen STUB-Module (Rumpf-Module) implementiert werden, die für die Module B, C und D stehen. Unglücklicherweise wird die Erstellung der STUB-Module oft mißverstanden; häufig findet man Aussagen wie „ein STUB-Modul muß nur die Meldung ‚hier sind wir‘ abgeben“ und „in vielen Fällen besteht das Dummymodul (STUB) einfach aus einem Ausgang – ohne überhaupt etwas zu tun“. Für die meisten Situationen sind diese Aussagen falsch. Da Modul A das Modul B aufruft, erwartet A von B einige Aktionen; in den meisten Fällen ist das ein Ergebnis (z.B. Ausgabeparameter), das an A zurückgegeben wird. Wenn der STUB einfach die Steuerung zurückgibt oder eine Fehlermeldung ohne ein sinnvolles Ergebnis absetzt, wird Modul A fehlerhaft reagieren, nicht weil A einen Fehler hat, sondern weil bei der Simulation des entsprechenden Moduls durch den STUB ein Fehler auftritt. Auch die Übergabe eines eingebauten Ausgabeparameters aus dem STUB ist im allgemeinen ungenügend. Als Beispiel betrachte man die Aufgabe, einen STUB zu erstellen, der für eine Quadratwurzelroutine, eine Ta-

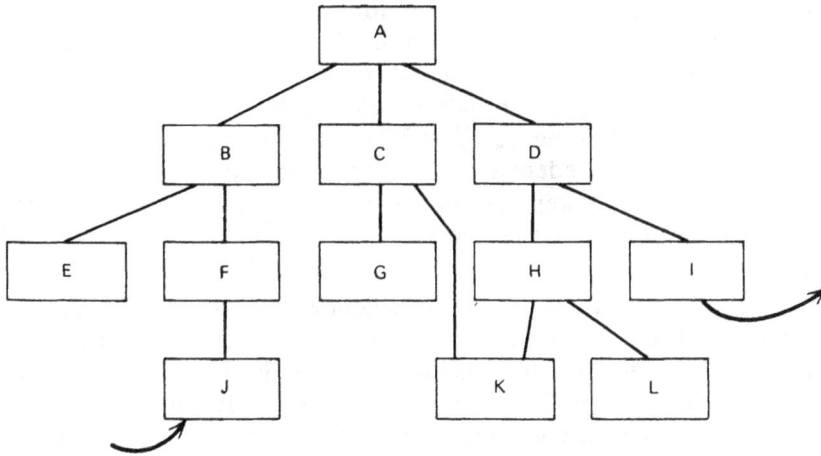

Bild 5.8 Programmbeispiel mit 12 Modulen

bellensuchroutine, eine „Suche entsprechenden Stammdateisatz"-Routine und ähnliches steht. Wenn der STUB einen fest eingebauten Ausgabeparameter zurückgibt, der aber nicht den speziellen Wert hat, den das rufende Modul bei diesem Aufruf erwartet, kann das rufende Modul einen Fehler bringen oder ein unverständliches Ergebnis liefern. Die Erstellung von STUBs ist also keine triviale Aufgabe.

Ein anderer wichtiger Gesichtspunkt, der in den meisten Diskussionen über das topdown Testen nicht einmal erwähnt wird, ist die Art, wie Testfälle auf das Programm angewendet werden. In unserem Beispiel ist die Frage: wie kann man Testfälle in Modul A zum Ablauf bringen? Da das oberste Modul in typischen Programmen weder Eingabeparameter erhält noch Ein-/Ausgabeoperationen durchführt, ist eine Antwort nicht sofort klar ersichtlich. Die Testdaten werden nämlich von einem oder mehreren seiner STUBs an das Hauptmodul (hier Modul A) übergeben.

Zur Verdeutlichung wollen wir annehmen, daß B, C und D folgende Funktionen ausführen:

B – Zusammenfassung der Transaktionsdatei lesen.
C – Bestimmen, ob Wochenbericht mit den Anteilen übereinstimmt.
D – Erzeugen des wöchentlichen Übersichtsberichts.

Ein Testfall für A entsteht, wenn Modul B eine Zusammenfassung der Transaktionsdatei liefert. STUB D mag Anweisungen enthalten, die seine Eingabeparameter auf dem Drucker oder auf dem Terminal ausgeben und so eine Überprüfung aller Testergebnisse ermöglichen.

In diesem Programm existiert ein weiteres Problem. Da das Modul A vermutlich B nur einmal aufruft, ergibt sich die Frage, wie man mehr als einen Testfall für A entwirft. Eine Lösung besteht darin, verschiedene Versionen von STUB B zu entwickeln, die alle unterschiedliche „eingebaute" Testdaten enthalten, die an Modul A zurückgegeben werden. Zur Ausführung der Testfälle wird das Programm mehrmals, d.h. mit den verschiedenen STUB-Versionen, zum Ablauf gebracht. Eine andere Möglichkeit besteht darin, die Testdaten in externen Dateien unterzubringen und sie von STUB B lesen und an A zurückgeben lassen.

Auf jeden Fall — auch die vorausgehende Diskussion zeigt das — ist offensichtlich die Entwicklung von STUB-Modulen schwieriger als es oft dargestellt wird. Auch ist es häufig wegen der Programmcharakteristik notwendig, einen Testfall mit mehreren STUBs zu versehen (d.h. wo das Modul Daten von mehreren Modulen zur Verarbeitung erhält).

Nach dem Test von A wird einer der STUBs durch ein aktuelles Modul ersetzt und weitere STUBs werden angehängt, die dieses Modul benötigt. Bild 5.9 z.B. mag die nächste Version des Programms darstellen.

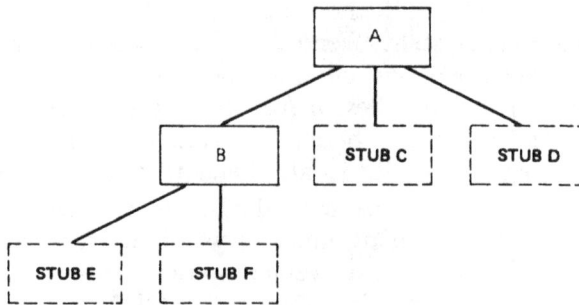

Bild 5.9 Zweiter Schritt beim topdown Test

Nach dem Test des obersten Moduls sind zahlreiche Sequenzen möglich, von denen einige in

A	B	C	D	E	F	G	H	I	J	K	L
A	B	E	F	J	C	G	K	D	H	L	I
A	D	H	I	K	L	C	G	B	F	J	E
A	B	F	J	D	I	E	C	G	K	H	L

aufgeführt sind.

Beim Paralleltest sind andere Folgen möglich. Nach dem Test von A z.B. könnten die Kombinationen A–B, A–C oder A–D getestet werden. Im allgemeinen gibt es keine optimale Reihenfolge, es können aber zwei Richtlinien angegeben werden.

1. Gibt es kritische Abschnitte im Programm (vielleicht Modul G), so sollte man die Reihenfolge so gestalten, daß diese Abschnitte so bald wie möglich dazugebunden werden. Ein „kritischer Abschnitt" kann ein komplexes Modul, ein Modul mit einem neuen Algorithmus oder ein Modul sein, das man für fehleranfällig hält.

2. Die E/A-Module sollten so bald wie möglich dazugebunden werden.

Der Sinn des ersten Punktes sollte klar sein, während Punkt 2 einer weiteren Erläuterung bedarf.

Erinnern Sie sich an das Problem mit den STUBs: einige mußten die Testdaten enthalten und andere mußten die Eingabedaten auf einen Drucker oder ein Terminal ausgeben. Doch sobald das Modul dazukommt, das die Eingabedaten des Programms aufnimmt, wird die Darstellung der Testfälle beträchtlich vereinfacht; ihr Format ist identisch zum Eingabeformat, das durch das ablauffähige Programm akzeptiert wird (z. B. aus einer Transaktionsdatei oder vom Terminal). In gleicher Weise erübrigt das Einbinden des Moduls, das für die Ausgabefunktion des Programms verantwortlich ist, die Kodierung der Ergebnisausgabe in STUBs. Die Module I und J seien für die Ein-/Ausgabe zuständig und Modul G sei eine kritische Funktion; als inkrementelle Reihenfolge kann man dann

A   B   F   J   D   I   C   G   E   K   H   L

wählen, was nach dem 6. Inkrement durch Bild 5.10 verdeutlicht wird.

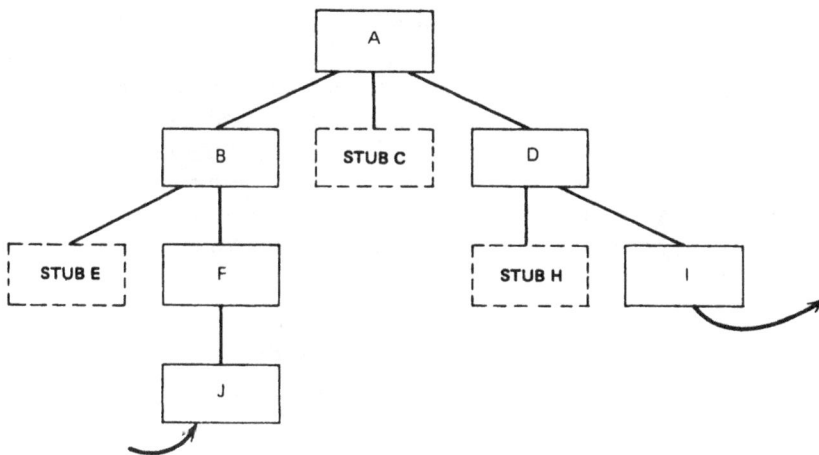

Bild 5.10 Zwischenzustand beim topdown Test

Hat man erst einmal den Zwischenzustand von Bild 5.10 erreicht, wird die Darstellung von Testfällen und die Überprüfung der Ergebnisse vereinfacht. Es gibt auch noch andere Vorteile. An diesem Punkt hat man ein arbeitsfähiges Programmskelett, d.h. eine Version, die wirkliche Ein- und Ausgaben durchführt, obwohl immer noch einige interne Funktionen durch STUBs simuliert werden. Die frühe Rahmenversion ermöglicht die Entdeckung von Denkfehlern und Problemen und die Vorführung des Programms für den Auftraggeber; sie dient als Beweis für die Korrektheit des Grobdesigns und, für manche, als moralischer Antrieb. Diese Punkte sind die wichtigsten Vorteile der Topdown-Strategie.

Andererseits lassen sich bei dieser Methode einige Schwächen feststellen. Wir wollen von Bild 5.10 ausgehen und STUB H durch Modul H ersetzen. An diesem Punkt (oder früher) sollten wir nach den oben beschriebenen Methoden Testfälle für Modul A entwerfen. Die Testfälle sind jedoch aktuelle Programmeingaben für Modul J. Daraus ergeben sich zwei Probleme. Erstens könnte es wegen der zwischen H und J liegenden Module (F, B, A und D) unmöglich sein, bestimmte Testfälle an J zu übergeben, die alle vordefinierten Situationen in H testen. Ist H z.B. das Modul BONUS aus Bild 5.2, so kann es wegen der Eigenschaft des Zwischenmoduls D unmöglich sein, einige der sieben Testfälle von Bild 5.5 und 5.6 zu erzeugen. Zweitens ist es oft eine gedanklich schwierige Aufgabe, solche Situationen in H – auch wenn es möglich ist, jede Situation zu testen – wegen der großen Entfernung zwischen A und dem Punkt, an dem die Testdaten in das Programm gelangen, zu testen und zu bestimmen, welche Daten in J eingegeben werden müssen, um bestimmte Situationen in A zu erzeugen.

Da die Ausgabedaten eines Tests von einem Modul kommen können, das recht weit von dem getesteten Modul entfernt ist, entsteht ein drittes Problem. Es kann schwierig werden – wenn nicht gar unmöglich –, eine Korrelation zwischen der Meldung und der Funktion im Modul herzustellen. In Bild 5.10 soll Modul E dazugebunden werden. Die Ergebnisse eines jeden Testfalls werden bestimmt, indem man die Ausgabe von Modul I überprüft. Wegen der dazwischenliegenden Module kann es aber schwierig sein, die wirklichen Ausgabedaten zu bestimmen (d.h. die Daten, die an B zurückgegeben werden).

Abhängig davon, wie die Topdown-Strategie angewendet wird, können sich zwei weitere Probleme ergeben. Gelegentlich glaubt man, einen Überlapp mit dem Programmentwurf zulassen zu können.

Wenn man z.B. dabei ist, das Programm in Bild 5.8 zu entwerfen, könnte man annehmen, daß nach dem Entwurf der ersten beiden Ebenen die Module A–D kodiert und getestet werden können, während der Entwurf auf den tieferen Ebenen vorangeht. Wie der Verfasser anderweitig [1] betont hat, ist das gewöhnlich eine unkluge Entscheidung. Der Programmentwurf ist ein iterativer Prozeß: beim Entwurf auf tieferer Ebene der Programmstruktur kann es wünschenswert sein, Änderungen oder Verbesserungen in darüberliegenden Modulen vorzunehmen. Wurden die höheren Ebenen bereits kodiert und getestet, so werden die geplanten Verbesserungen höchstwahrscheinlich verworfen werden — eine unkluge Entscheidung auf dem langen Weg.

Schließlich tritt oft noch ein Problem in der Praxis auf: ein Modul wird nicht vollständig ausgetestet, bevor man zum nächsten Modul geht; und zwar aus zwei Gründen: wegen der Schwierigkeit, Testdaten in STUB-Module einzubetten und weil gewöhnlich die höheren Ebenen eines Programms Ressourcen für die tiefer liegenden Ebenen darstellen. In Bild 5.8 erfordert der Test von Modul A mehrere Versionen des STUBs für Modul B. In der Praxis besteht die Tendenz zu sagen: „Da das eine beträchtliche Menge Arbeit erfordert, will ich jetzt nicht alle Testfälle von A durchführen. Ich will warten, bis ich Modul J in das Programm binde; zu dieser Zeit ist die Darstellung der Testfälle leichter, und ich werde dann den Test von Modul A beenden." Natürlich werden wir zu diesem Zeitpunkt nicht daran denken, den Rest von Modul A zu testen. Da oft höhere Ebenen für tiefer liegende Ebenen Ressourcen darstellen (z.B. Öffnen einer Datei), ist es manchmal schwer festzustellen, ob die Ressourcen korrekt bereitgestellt wurden (z.B. ob eine Datei mit den richtigen Attributen eröffnet wurde), bis endlich die tieferliegenden Module getestet sind.

Bottomup Testen

Im nächsten Schritt wird die inkrementelle Bottomup-Teststrategie untersucht. Vereinfacht ausgedrückt, ist das bottomup Testen das Gegenteil von topdown Testen; die Vorteile des topdown Testens werden zu Nachteilen des bottomup Testens und umgekehrt. Wegen dieser Tatsache ist die Diskussion des bottomup Testens kürzer.

Die Bottomup-Strategie startet mit den Terminalmodulen des Programms (Module, die keine anderen Module mehr aufrufen). Nach dem Test dieser Module gibt es wiederum keinen optimalen Weg, das nächste Modul beim inkrementellen Testen auszuwählen; als Regel gilt: alle untergeordneten (gerufenen) Module müssen schon getestet sein, wenn das darüber liegende (rufende) Modul zum Test ausgewählt wird.

In Bild 5.8 werden zuerst einige oder alle Module E J G K L und I seriell oder parallel getestet. Jedes Modul benötigt dafür ein spezielles Treibermodul mit eingebauten Testeingaben, das das zu testende

Modul aufruft und die Ausgabedaten zugänglich macht (oder die aktuelle Ausgabe mit der erwarteten Eingabe vergleicht).

Mehrere Versionen des Treibermoduls, wie bei den STUBs, werden nicht benötigt, da das Treibermodul das Testobjekt iterativ aufrufen kann. In den meisten Fällen sind Treibermodule leichter zu erzeugen als STUB-Module.

Wie oben beeinflußt die kritische Natur eines Moduls die Reihenfolge des Testens. Haben wir die Module D und F als die kritischen Module erkannt, so wird sich Bild 5.11 als Zwischenzustand des inkrementellen bottomup Tests ergeben. Im nächsten Schritt können E und dann B getestet werden, indem man B mit den bereits getesteten Modulen E, F und J verbindet.

Nachteilig bei der Bottomup-Strategie wirkt die Tatsache, daß ein Programmskelett nicht frühzeitig zur Verfügung steht. Tatsächlich gibt es kein ablauffähiges Programm, bis nicht das letzte Modul (Modul A) gebunden ist − und das ist dann das vollständige Programm. Obwohl die E/A-Funktionen vor der Integration des gesamten Programms getestet werden können (die E/A-Module werden in Bild 5.11 verwendet), gibt es die Vorteile eines vorläufigen Programmskeletts nicht.

Die Probleme, die bei der Topdown-Methode das Erzeugen aller Testsituationen erschweren oder unmöglich machen, treten hier nicht auf. Wenn man das Treibermodul als Testsonde betrachtet, so wird die Sonde direkt am Testobjekt angebracht; es gibt keine dazwischen liegenden Module, die man zu beachten hätte. Einige Probleme aus der Topdown-Methode treten hier nicht auf. Ein zeitliches Überlappen von Entwurf und Test ist nicht möglich, da der Bottomup-

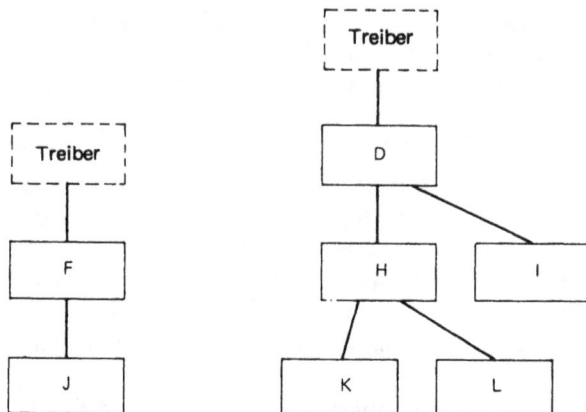

Bild 5.11   Zwischenzustand beim bottomup Test

Test erst beginnen kann, wenn die untersten Module entworfen worden sind. Ebenso beginnt man nicht mit dem Test eines anderen Moduls, wenn man den vorhergehenden Test nicht abschließen kann, weil es Schwierigkeiten in der Testdatenerstellung bei mehreren Versionen eines STUBs gibt.

Ein Vergleich

Unglücklicherweise ist der Vergleich zwischen Topdown- und Bottom-up-Methode nicht so einfach wie die Gegenüberstellung der inkrementellen und nichtinkrementellen Strategie. In Tabelle 5.3 werden die relativen Vor- und Nachteile beider Methoden gegenübergestellt (ohne den oben diskutierten Vorteil, den beide miteinander teilen – den Vorteil des inkrementellen Tests). Der erste Pluspunkt beider Methoden erscheint als entscheidender Faktor, aber es gibt keinen eindeutigen Hinweis darauf, daß größere Mängel in einem typischen Programm an der Spitze häufiger auftreten als ganz unten. Der sicherste Weg für eine Entscheidung ist die Gewichtung der Faktoren in Tabelle 5.3 bezüglich des speziellen zu testenden Programms. Ohne ein solches Programm scheinen die ernsten Folgen des vierten Nachteils des Topdown-Tests und die Verfügbarkeit von Testwerkzeugen, die den Bedarf an Treibern, aber nicht an STUBS beheben, der Bottomup-Teststrategie den Vorzug zu geben.

Topdown- und Bottomup-Tests sind nicht die einzig möglichen inkrementellen Strategien. Referenz [2] beschreibt drei weitere Strategien.

Durchführung des Tests

Als letzter Teil des Modultests bleibt noch die wirkliche Durchführung des Tests, für die im folgenden einige Hinweise und Richtlinien gegeben werden.

Wenn bei einem Testfall die aktuellen Ergebnisse eines Moduls nicht mit den erwarteten übereinstimmen, so gibt es zwei mögliche Erklärungen: entweder enthält das Modul einen Fehler oder die erwarteten Ergebnisse sind nicht korrekt (der Testfall ist falsch). Um diese Unklarheiten zu vermeiden, sollten die Testfälle überprüft oder inspiziert werden, bevor der Test ausgeführt wird (d.h. die Testfälle sollten „getestet" werden).

Die Verwendung automatischer Testwerkzeuge kann die Schwierigkeit des Testprozesses teilweise vermindern; Werkzeuge dieser Art werden in Kap. 8 behandelt. Es existieren z.B. Testwerkzeuge, die die

Tab. 5.3   Vergleich zwischen Topdown- und Bottomup-Test

Topdown-Test

Vorteile	Nachteile
1. Vorteilhaft, wenn Fehler häufiger in den oberen Modulen auftreten.	1. STUB-Module müssen erstellt werden
2. Sind die E/A Funktionen erst einmal integriert, wird die Darstellung von Testfällen einfacher.	2. STUB-Module sind häufig komplizierter als sie anfangs erscheinen
3. Frühes Programmskelett erlaubt Vorführungen und hebt die Moral	3. Vor der Integration der E/A Funktionen kann die Darstellung von Testfällen schwierig sein.
	4. Testfälle zu erzeugen, kann unmöglich oder sehr schwierig sein.
	5. Beobachtung der Testausgabe ist schwieriger.
	6. Verführt den Programmierer zu glauben, man könnte Entwurf und Test überlappen
	7. Veranlassung zum Verschieben des vollständigen Tests bestimmter Module

Bottomup-Test

1. Vorteilhaft, wenn größere Mängel bei den untergeordneten Modulen auftreten	1. Treibermodule müssen erzeugt werden
2. Testbedingungen sind leichter zu erzeugen	2. Das Programm als Ganzes existiert nicht, bevor nicht das letzte Modul dazugebunden wurde
3. Überprüfen der Testergebnisse ist leichter	

Erstellung von Treibermodulen unnötig machen. Werkzeuge für die Steuerflußanalyse bestimmen Pfade durch das Programm, entdecken Anweisungen, die niemals ausgeführt werden können (nicht erreichbarer Code), und Situationen, wo eine Variable benutzt wird, bevor ihr ein Wert zugewiesen wurde.

Wenn man den Modultest vorbereitet, ist es hilfreich, die in Kap. 2 diskutierten psychologischen und ökonomischen Prinzipien noch einmal zu überdenken. Die Definition des erwarteten Resultats ist notwendiger Teil eines Testfalls — wie schon weiter oben betont wurde. Bei der Ausführung eines Testfalls sollte man auf Seiteneffekte achten (ein Modul tut etwas, was es gar nicht soll). Im allgemeinen sind solche Situationen schwer zu entdecken, aber einige lassen sich dennoch nach Durchführung des Testfalls durch Überprüfung der Eingabedaten bestimmen, die sich nicht geändert haben sollten. Testfall 7 in Bild 5.6 verlangt als Teil der erwarteten Ergebnisse, daß ESIZE, DSIZE und DEPTTAB unverändert bleiben. Nach der Durchführung des Testfalls müssen nicht nur die Ausgabedaten auf Korrektheit überprüft werden, sondern es sollte auch untersucht werden, ob nicht ESIZE, DSIZE und DEPTTAB fälschlicherweise verändert wurden.

Die psychologischen Probleme, die der Programmierer beim Test seines Programms hat, treten auch beim Modultest auf. Die Programmierer sollten nicht ihre eigenen Module testen, sondern diese lieber mit anderen Kollegen austauschen; der Programmierer des rufenden Moduls ist immer ein guter Kandidat zum Testen eines Moduls. Dies gilt allerdings nur für das Testen; die Fehlerbehebung sollte immer durch den Autor erfolgen. Vermeiden Sie Wegwerftestfälle; dokumentieren Sie die Testfälle in einer solchen Form, daß sie wieder verwendet werden können. Erinnern Sie sich an das unlogisch wirkende Phänomen in Bild 2.2.

Wenn eine ungewöhnlich hohe Anzahl von Fehlern in einer Untermenge der Module entdeckt wurde, ist es wahrscheinlich, daß diese Module weitere noch nicht entdeckte Fehler enthalten. Solche Module sollten weiteren Modultests und möglicherweise einem zusätzlichen Walkthrough oder einer Codeinspektion unterworfen werden. Erinnern Sie sich schließlich daran, daß das Ziel des Modultests nicht die Demonstration des korrekten Verhaltens eines Moduls ist, sondern zu zeigen, daß Fehler im Modul vorhanden sind.

Literatur

1.   G. J. Myers, *Composite/Structured Design*. New York: Van Nostrand Reinhold, 1978.
2.   G. J. Myers, *Software Reliability: Principles and Practices*. New York: Wiley-Interscience, 1976.

Kapitel 6

High-Order Testing

Man kann sagen, daß nach dem Modultest eines Programms der Testprozeß gerade erst beginnt, besonders, wenn das Programm als Produkt
verkauft werden soll oder sehr umfangreich ist. Ein Grund dafür ist die
folgende Definition eines Softwarefehlers [1]:

Ein Softwarefehler ist vorhanden, wenn das Programm nicht das tut,
was der Benutzer vernünftigerweise von ihm erwartet.

Auch wenn offensichtlich ein perfekter Modultest durchgeführt
werden könnte, gäbe das in keiner Weise eine Garantie dafür, daß man
alle Softwarefehler gemäß dieser Definition gefunden hätte. Es ergibt
sich daher die Notwendigkeit für eine weitere Testart.

Ein zweiter Grund für das „high-order" Testing beruht auf einer Voraussetzung, die den Ursprung von Softwarefehlern beschreibt [1]:
Softwareentwicklung ist hauptsächlich ein Prozeß der Informations-
vermittlung über das endgültige Programm und der Übersetzung dieser
Informationen aus einer Form in die andere; die überwältigende Mehrheit der Softwarefehler sind Pannen, Fehlern und Störungen während
der Vermittlung und der Übersetzung der Informationen zuzuordnen.

Diese Auffassung der Softwareentwicklung ist in Bild 6.1 dargestellt,
einem Modell für die Entwicklungsstufen eines Softwareprodukts.
Der Ablauf kann in sieben Schritten dargestellt werden.

1. Die Wünsche des Programmbenutzers werden in schriftlicher
   Form als Anforderungen (requirements) festgelegt — die Produkt-
   ziele.

2. Durch die Abwägung von Machbarkeit und Kosten, Auflösung
   widersprüchlicher Anforderungen und Festlegung von Priori-
   täten werden die Anforderungen in eine geeignete Leistungsbeschreibung übersetzt.

3. Die Leistungsbeschreibung wird in eine präzise Produktspezifika-
   tion transformiert, wobei man das Produkt als black box ansieht
   und nur seine Schnittstellen und Wechselwirkungen mit der Umgebung (d.h. dem Endbenutzer: Eingabe/Ausgabe) betrachtet.

   Diese Beschreibung heißt E/A-Spezifikation.

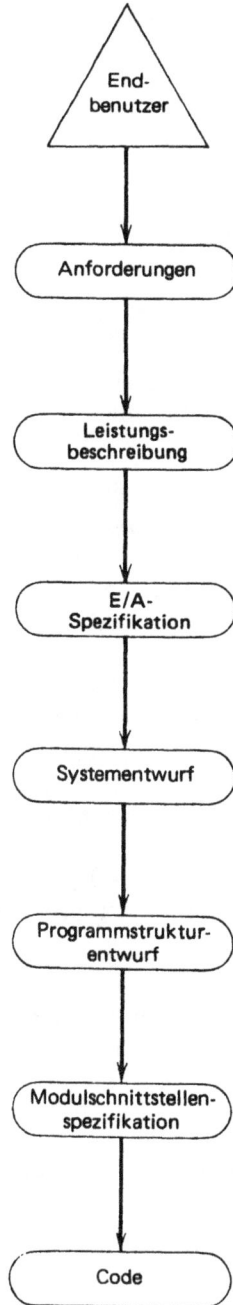

Bild 6.1   Der Softwareentwicklungsprozeß

4. Ist das Produkt ein System (z.B. Betriebssystem, Flugleitsystem, Datenbanksystem, Personalsystem) und kein Programm (z.B. Compiler, Lohn- und Gehaltsprogramm, Textaufbereitungssystem), so ist der nächste Schritt der Systementwurf (system design): er gliedert das System in individuelle Programme, Komponenten oder Subsysteme und definiert ihre Schnittstellen.

5. Die Programmstruktur wird durch Spezifikation der Modulfunktionen, Hierarchie der Module und Schnittstellen zwischen ihnen beschrieben.

6. Eine genaue Beschreibung eines Moduls erhält man durch die Angabe seiner Schnittstellen und Funktionen.

7. Durch einen oder mehrere Zwischenschritte wird die Modulschnittstellenspezifikation in den Quellcodealgorithmus des Moduls übersetzt.

Betrachtet man diese Darstellung einmal von einer anderen Seite, so kann man etwa folgende Verbindungen herstellen:
Die Anforderungen (requirements) geben an, warum das Programm benötigt wird; die Leistungsbeschreibung (objectives), was das Programm, und wie gut, tun soll; die externe Spezifikation ist die genaue Darstellung des Programms für den Benutzer; und die Dokumentation mit den darauffolgenden Prozessen beschreibt immer detaillierter, wie das Programm konstruiert wird.

Mit der Prämisse, daß diese sieben Schritte Kommunikation, Verständnis und Übersetzung von Informationen mit einschließen, und der Prämisse, daß die meisten Softwarefehler durch eine mangelhafte Umsetzung der Informationen entstehen, lassen sich drei komplementäre Verfahren angeben, um diese Fehler zu vermeiden und/oder zu entdecken. Das erste Verfahren ist bestrebt größere Genauigkeit in den Entwicklungsprozeß zu bringen, so daß man viele Fehler vermeiden kann.

Das zweite Verfahren führt am Ende eines jeden Prozesses einen eigenen Verifikationsschritt durch, um möglichst viele Fehler zu lokalisieren, bevor man zum nächsten Prozeß kommt. Dieses Verfahren ist in Bild 6.2 illustriert. Die externe Spezifikation z.B. wird verifiziert, indem man sie mit dem Ergebnis der vorhergehenden Stufe vergleicht (Leistungsbeschreibung), wobei eine Rückkopplung der entdeckten Fehler auf die vorhergehende Stufe erfolgt. Die Methoden der Codeinspektion und des Walkthrough aus Kap. 3 werden beim Verifikationsschritt am Ende der 7. Stufe angewendet.

Das dritte Verfahren besteht darin, daß man unterschiedliche Testverfahren auf den einzelnen Entwicklungsstufen anwendet, d.h. jeder Testprozeß ist für einen speziellen Übersetzungsschritt zuständig und damit auf eine spezielle Klasse von Fehlern ausgerichtet, s.

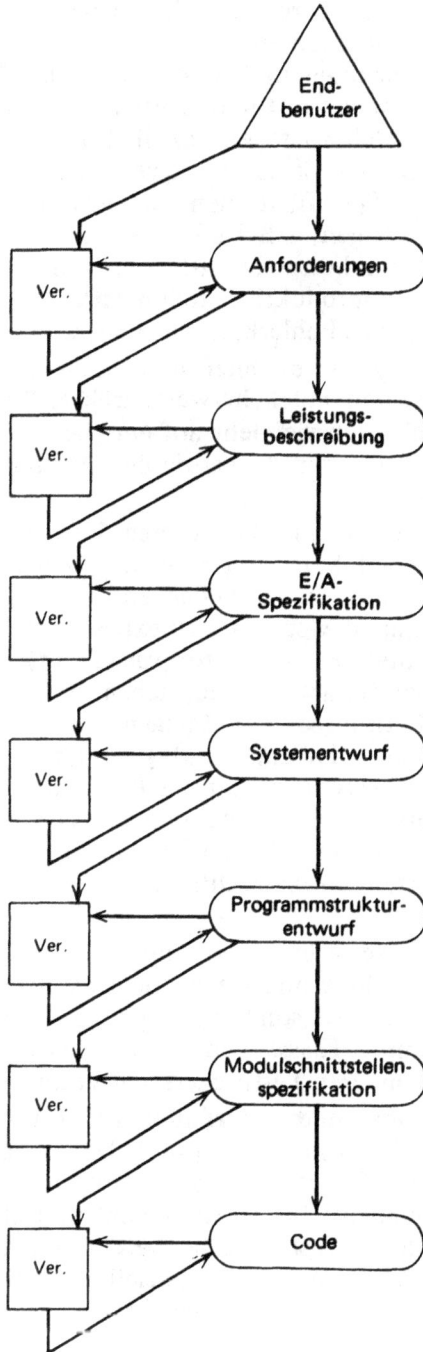

Bild 6.2   Der Entwicklungsprozeß mit Zwischenschritten für die Verifikation

Bild 6.3. Der Testzyklus wird nach dem Modell des Entwicklungszyklus strukturiert. Mit anderen Worten, man muß eine 1:1 Abbildung zwischen Entwicklung und Test herstellen können. Das Ziel eines Modultests z.B. ist es, Unstimmigkeiten zwischen den Programmmodulen und ihren Schnittstellenspezifikationen aufzudecken. Der Zweck des Funktionstests ist es, zu zeigen, daß ein Programm nicht mit seinen externen Spezifikationen übereinstimmt. Das Ziel des Systemtests ist es, zu zeigen, daß das Produkt mit einer ursprünglichen Leistungsbeschreibung inkonsistent ist. Der Vorteil dieser Struktur liegt darin, daß man unproduktive, redundante Tests vermeidet und davor bewahrt wird, ganze Fehlerklassen zu übersehen.

Man sollte z.B. den Systemtest nicht einfach als „Testen des ganzen Systems" bezeichnen und möglicherweise frühere Tests wiederholen; der Systemtest bezieht sich vielmehr auf eine bestimmte Fehlerklasse und wird an einer bestimmten Kategorie der Dokumentation im Entwicklungsprozeß gemessen.

Wie schon früher bemerkt, sind die Formen des „high-order" Testens in Bild 6.3 sehr gut auf Softwareprodukte anwendbar (Programme, die auf Grund eines Vertrags entstanden sind, oder Programme für die allgemeine Anwendung, im Gegensatz zu experimentellen Programmen oder Programmen, die nur ihr Autor verwendet). Programme, die nicht als Produkte zu betrachten sind, haben oft keine formalen Anforderungen und Leistungsbeschreibungen; für solche Programme dürfte der Funktionstest der einzige „high order" Test sein. Der Bedarf an „high order" Tests steigt mit der Programmgröße. Der Grund dafür liegt darin, daß in großen Programmen das Verhältnis von Entwurfsfehlern (Fehler, die in früheren Entwicklungsstufen entstanden sind) zu Codierungsfehlern beträchtlich höher liegt als in kleinen Programmen.

Die Folge der Testprozesse in Bild 6.3 impliziert nicht notgedrungen eine Zeitfolge. Da der Systemtest z.B. nicht als „der Test nach dem Funktionstest" definiert ist, sondern als ein eigenständiger Test, der sich auf eine bestimmte Klasse von Fehlern bezieht, kann er wohl zeitlich teilweise mit anderen Testprozessen überlappen.

In diesem Kapitel werden die Verfahren des Funktions-, System-, Abnahme- und Installationstests diskutiert. Der Integrationstest wird nicht behandelt, da er oft nicht als eigener Testschritt angesehen wird; und beim „inkrementellen" Testen ist er implizit Teil des Modultests. Die Diskussionen dieser Testprozesse werden kurz, allgemein und meistens ohne Beispiele sein, da die speziellen Techniken der „high order" Tests stark von den getesteten Programmen abhängen. Die Charakteristik eines Systemtests (die Art der Testfälle, wie sie entworfen wurden, die benutzten Testwerkzeuge) für ein Betriebssystem zum Beispiel unterscheidet sich beträchtlich von einem Sy-

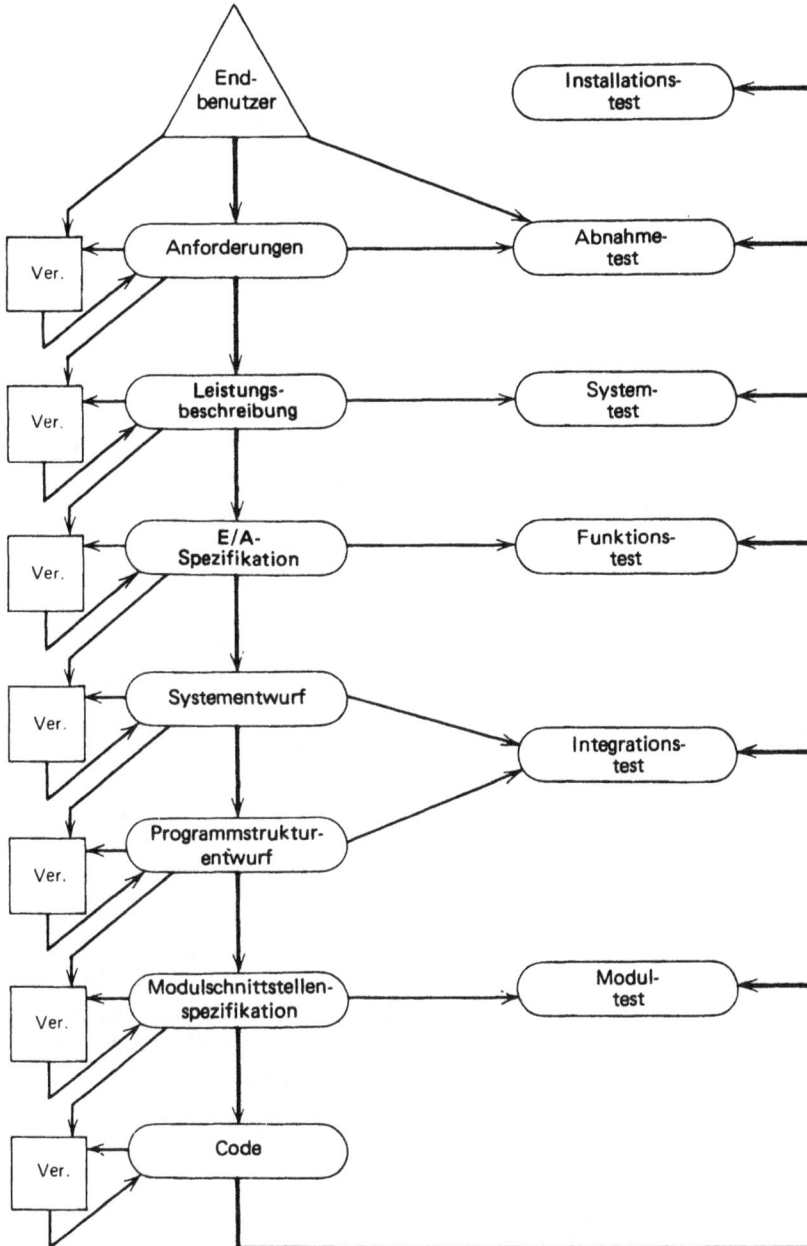

Bild 6.3   Die Korrespondenz zwischen Entwicklungs- und Testprozeß

stemtest für einen Compiler, ein Steuerprogramm für einen Kern-
reaktor oder ein Datenbankanwenderprogramm. Die restlichen Abschnitte in diesem Kapitel erläutern Planung, Organisationsgesichts-
punkte und die wichtige Frage, wann der Test abgebrochen werden
soll.

Funktionstest

Im Funktionstest versucht man Unstimmigkeiten zwischen dem Programm und seiner externen Spezifikation aufzudecken (s. Bild 6.3).
Eine externe Spezifikation ist eine genaue Beschreibung des Pro-
grammverhaltens aus der Sicht der Umgebung (z.B. des Benutzers).

Der Funktionstest ist gewöhnlich blackbox-orientiert, solange er nicht
auf kleine Programme angewendet wird. Dann bezieht man sich auf
den vorangegangenen Modultest, um die benötigten Informationen
für eine Teststrategie zu erhalten.

Zur Durchführung eines Funktionstests wird die Spezifikation analysiert, um Testfälle zu definieren. Die Methoden der Äquivalenzklassenbildung, der Grenzwertanalyse, des Ursache-Wirkungsgraphen
und des errorguessing sind für den Funktionstest besonders geeignet.
Tatsächlich verkörpern die Beispiele in Kapitel 4 Funktionstests.
Die Beschreibungen der Fortran-Anweisung DIMENSION, des Programms für das Zusatzhonorar und des DISPLAY-Kommandos sind
Beispiele externer Spezifikationen (das sind aber keine ganz realistischen Programme; eine echte externe Spezifikation für das Zusatz-
honorarprogramm z.B. würde eine präzise Beschreibung des For-
mats für den Ausdruck enthalten).

Viele der Richtlinien aus Kapitel 2 passen besonders gut auf den
Funktionstest. Achten Sie auf die Funktionen, die die größte Anzahl
von Fehlern hatten; diese Information ist wichtig, da sie darauf hin-
weist, daß diese Funktionen wahrscheinlich noch mehr nicht entdeckte Fehler enthalten. Erinnern Sie sich daran, einen besonderen Augen-
merk auf ungültige und unerwartete Eingabebedingungen zu richten.
Die Definition der erwarteten Ergebnisse sollte ein wesentlicher Teil
eines Testfalls sein. Schließlich gilt es, wie immer, nochmals zu betonen, daß es die Aufgabe des Funktionstests ist, Fehler aufzuzeigen,
und nicht zu demonstrieren, daß das Programm mit seinen externen
Spezifikationen übereinstimmt.

Systemtest

Der Systemtest ist das am meisten mißverstandene und schwierigste
Testverfahren. Der Systemtest ist nicht der Testprozeß der Funktio-

nen des gesamten Systems oder Programms, da dies redundant zu dem Funktionstest wäre. Vielmehr hat der Systemtest einen speziellen Zweck, s. Bild 6.3: das System oder Programm mit seiner usrpünglichen Leistungsbeschreibung zu vergleichen. Damit ergeben sich zwei Implikationen:

1. Der Systemtest beschränkt sich nicht auf „Systeme". Ist das Produkt ein Programm, so ist der Systemtest der Prozeß, in dem man versucht zu zeigen, daß das Programm nicht mit seiner Leistungsbeschreibung übereinstimmt.

2. Ein Systemtest ist per definitionem unmöglich, wenn während des Projekts keine bewertbare Leistungsbeschreibung des Produkts entstanden ist.

Beim Suchen nach Unstimmigkeiten zwischen dem Programm und seiner Leistungsbeschreibung sollte man sein Hauptaugenmerk auf Übersetzungsfehler richten, die beim Entwurf der externen Spezifikation gemacht wurden. Das macht den Systemtest zu einem äußerst wichtigen Testprozeß, da dieser Schritt im Entwicklungsprozeß gewöhnlich die meisten und schwerstwiegenden Fehler bringt. Das impliziert aber auch – anders als beim Funktionstest –, daß die externe Spezifikation nicht als Basis zur Definition von Systemtestfällen verwendet werden kann, da dadurch der Sinn das Systemtests verfälscht würde. Andererseits kann die Leistungsbeschreibung per se nicht verwendet werden, Testfälle zu definieren, da sie definitionsgemäß keine exakte Beschreibung der Programmschnittstellen enthält. Dies Dilemma läßt sich lösen, wenn man die Benutzerdokumentation des Programms benutzt. Systemtestfälle werden durch die Analyse der Leistungsbeschreibung entworfen und mit Hilfe der Analyse der Benutzerdokumentation formuliert. Dadurch ergibt sich ein nützlicher Seiteneffekt: das Programm wird nicht nur mit seiner Leistungsbeschreibung verglichen, sondern auch mit der Benutzerdokumentation und diese wiederum mit der Leistungsbeschreibung, s. Bild 6.4.

In Bild 6.4 deutet der linke Pfeil den Vergleich zwischen dem Programm und seiner Leistungsbeschreibung an. Das ist die zentrale Aufgabe des Systemtests, und dafür sind keine Testfallentwurfsmethoden bekannt. Deshalb ist das der schwierigste Teil des Tests überhaupt. Der Grund dafür liegt darin, daß die Leistungsbeschreibung festlegt, was ein Programm leisten soll und wie gut, daß sie aber nichts über die Darstellung der Programmfunktionen aussagt. Die Leistungsbeschreibung für das DISPLAY-Kommando in Kap. 4 könnte folgendermaßen aussehen:

Es wird ein Kommando benötigt, das den Hauptspeicherinhalt am Terminal sichtbar macht. Seine Syntax soll mit der Syntax aller anderen Systemkommandos konsistent sein. Der Benutzer soll in

Leistungsbeschreibung
des Programms

Benutzerdokumentation

System-
test

Programm

E/A-Spezifikation

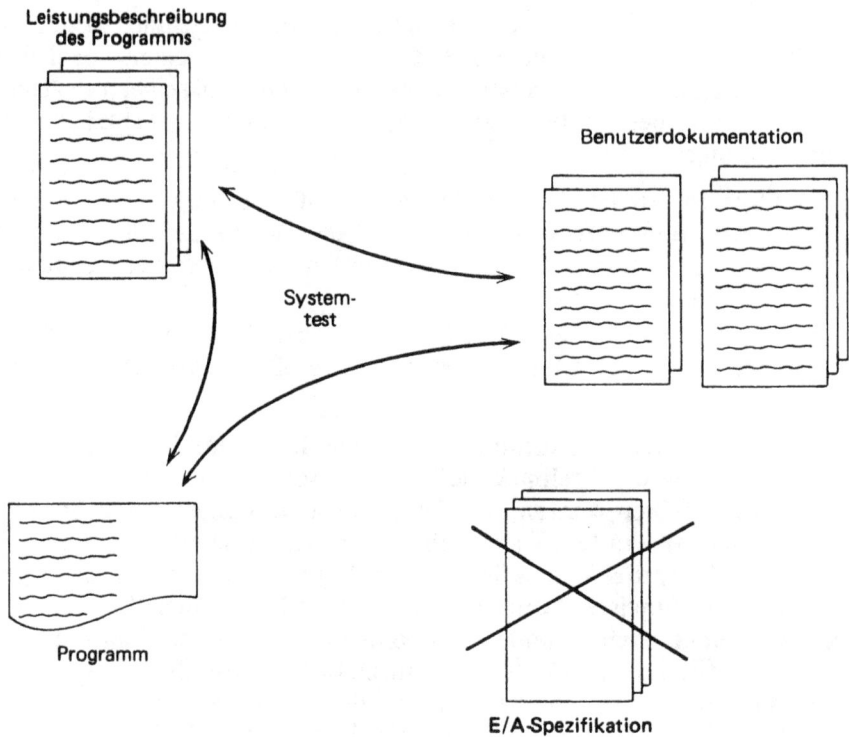

Bild 6.4   Der Systemtest

der Lage sein, den Bereich der Speicherstellen über einen Adreß-
bereich, eine Adresse und einen Zähler anzugeben. Für die Operanden des Kommandos sollen vernünftige Standardwerte vorgesehen
werden.

Die Ausgabe soll in mehreren Zeilen mit mehreren Worten/Zeile
(hexadezimal) und Leerstellen dazwischen am Bildschirm erscheinen. Jede Zeile soll die Adresse des ersten Worts in dieser Zeile enthalten. Das Kommando ist ein „triviales" Kommando, d.h. unter
normaler Last soll die Antwort innerhalb von zwei Sekunden erscheinen, und es soll keine offensichtliche Zeitlücke zwischen zwei
Zeilen geben. Ein Programmfehler im Kommandoprozessor soll im
schlimmsten Fall eine Nichtausführung des Kommandos verursa-
chen; die System- und Benutzerarbeit dürfen davon nicht berührt
werden. Der Kommandoprozessor sollte nach der Freigabe höchstens einen vom Benutzer entdeckten Fehler enthalten.

Trotz dieser Leistungsbeschreibung läßt sich keine Methode erkennen,
daraus eine Menge von Testfällen abzuleiten, es sei denn, die vage,
aber nützliche Richtlinie, Testfälle zu entwerfen, um zu zeigen, daß

das Programm mit keinem Satz der Leistungsbeschreibung übereinstimmt. Daher wird hier ein anderer Weg zum Testfallentwurf beschritten; es wird keine Methode beschrieben, sondern bestimmte Kategorien von Systemtestfällen werden diskutiert. Wegen der fehlenden Methodologie verlangt der Systemtest ein beträchtliches Maß an Kreativität; tatsächlich erfordert der Entwurf von guten Systemtestfällen mehr Kreativität, Intelligenz und Erfahrung als der Entwurf des Systems oder Programms.

Die 15 Kategorien der Testfälle werden weiter unten diskutiert. Damit ist aber nicht gesagt, daß man alle 15 Kategorien auf jedes Programm anwenden kann; trotzdem sollten alle 15 Kategorien beim Testfallentwurf untersucht werden, um nichts zu übersehen.

Vollständigkeit

Die bekannteste Art des Systemtests ist die Untersuchung, ob alle Programmelemente (oder Funktionen; das Wort Funktion wird hier aber nicht verwendet, um Verwechslungen mit dem Funktionstest zu vermeiden) tatsächlich implementiert wurden, die in der Leistungsbeschreibung aufgeführt wurden. Das Verfahren besteht darin, die Leistungsbeschreibung Satz für Satz durchzugehen und festzustellen, ob das Programm das „Was" erfüllt, wenn ein Satz ein „Was" spezifiziert (z.B. „die Syntax soll konsistent sein . . .", „der Benutzer soll in der Lage sein, den Speicherbereich anzugeben . . ."). Diese Art des Testens kann häufig ohne Rechner durchgeführt werden. Ein gedanklicher Vergleich der Leistungsbeschreibung mit der Benutzerdokumentation ist manchmal ausreichend.

Volumen

Eine zweite Art des Systemtests ist das Programm einem umfangreichen Datenvolumen auszusetzen. Ein Compiler sollte z.B. mit einem unsinnig großen Quellprogramm zur Übersetzung belastet werden. Ein Linkage Editor (Binder) kann mit einem Programm konfrontiert werden, das Tausende von Modulen enthält.

Ein Simulator für elektrische Schaltkreise erhält einen Schaltkreis mit Tausenden von Komponenten.

Die Auftragswarteschlange eines Betriebssystems wird bis zum Rand gefüllt.

Wenn ein Programm Dateien behandeln soll, die sich auf mehreren Datenträgern befinden (z.B. Bandspulen), müssen genügend Daten erzeugt werden, die das Programm veranlassen, von einem Datenträger auf den anderen überzugehen. Mit anderen Worten, die Aufgabe des Volumentests ist es, zu zeigen, daß das Programm nicht in der

Lage ist, die Datenvolumina zu behandeln, die in der Leistungsbeschreibung gefordert werden.

Da aber der Volumentest in Maschinenzeit und Personalbelastung
offensichtlich sehr aufwendig ist, darf man hier nicht übertreiben.
Jedes Programm sollte jedoch mindestens einigen Volumentests unterzogen werden.

Last (Stress)

Im Streßtest wird das Programm einer schweren Last oder Bean-
spruchung unterzogen. Das darf nicht mit dem Volumentest verwech-
selt werden; eine kurze Belastung ist ein Spitzenvolumen an Daten
über eine kurze Zeitspanne. Die Beurteilung einer Schreibmaschinenkraft kann als Analogie gesehen werden. Beim Volumentest stellt man
fest, ob die Schreibmaschinenkraft mit einem umfangreichen Bericht
zurechtkommt; im Streßtest will man wissen, ob die Typistin 50 Worte pro Minute schafft.

Da der Streßtest die Zeit involviert, ist er auf viele Programme nicht
anwendbar, z.B. auf einen Compiler oder auf ein Gehaltsprogramm
im Stapelbetrieb. Auf Programme jedoch, die unter wechselnder Belastung arbeiten, oder auf Dialog-, Echtzeit- und Prozeßsteuerprogram-
me ist diese Testform anwendbar.

Wenn ein Flugleitsystem die Aufgabe hat, 200 Flugzeuge in seinem
Bereich zu überwachen, so wird es einem Streßtest ausgesetzt, indem
man die Existenz von 200 Flugzeugen simuliert. Da es keinen Grund
gibt, ein 201-tes Flugzeug daran zu hindern, in diesen Bereich einzu-
fliegen, muß ein weiterer Streßtest die Reaktion des Systems auf
dieses unerwartete Flugzeug untersuchen. Ein zusätzlicher Streßtest
müßte den gleichzeitigen Einflug vieler Flugzeuge in diesen Bereich
simulieren.

Ein Betriebssystem ist zur Unterstützung von maximal 15 simultanen
Jobs ausgelegt (multiprogrammed); im Streßtest versucht man dann,
15 Jobs gleichzeitig laufen zu lassen. Wenn ein Timesharingsystem
bis zu 64 Terminals unterstützt, so unterwirft man das System dem ex-
tremen Druck, bei dem 64 Terminalbenutzer gleichzeitig versuchen,
sich in das System einzuschalten. (Das ist keine unmögliche Situation,
die „niemals auftritt"; im täglichen Leben entsteht eine solche Situation nach einem Systemcrash (Systemzusammenbruch), bei dem es
dem Operator gelingt, das System sofort wieder hochzufahren). Einen
Flugsimulator für das Pilotentraining überlaste man derart, indem man
die Systemreaktionen auf folgende Aktionen bestimmt:

Steuerruder links, Schub verringern, Senken der Klappen, Anheben
der Nase, Fahrwerk ausfahren, Anschalten der Landelichter und nach
links ziehen, alles zur gleichen Zeit. (Für einen solchen Test ist ein

vierhändiger Pilot erforderlich, oder realistischer zwei Testspezialisten im Cockpit.) Ein Prozeßsteuersystem wird einem Streßtest unterzogen, indem man alle überwachten Prozesse dazu bringt, alle Signale gleichzeitig zu erzeugen. Der Streßtest für ein Telefonvermittlungssystem erzeugt eine große Anzahl gleichzeitiger Telefonanrufe.

Obwohl viele Streßtests Bedingungen darstellen, die das Programm wahrscheinlich während seiner Laufzeit erfährt, stellen andere Streßtests wirklich „kommt niemals vor"-Situationen dar, aber das heißt nicht, daß diese Tests nicht nützlich wären. Wenn ein Fehler durch solche „unmöglichen" Bedingungen entdeckt wird, so war der Test erfolgreich, da die gleichen Fehler wahrscheinlich auch in realistischen, weniger streßbehafteten Situationen aufträten.

Benutzerfreundlichkeit

Eine weitere wichtige Kategorie von Systemtestfällen beschäftigt sich mit Problemen der Benutzerfreundlichkeit.

Da es die Computerindustrie unglücklicherweise versäumt hat, die Benutzerfreundlichkeit von Programmsystemen zu untersuchen und den Begriff genauer festzulegen, ist die Analyse der Benutzerfreundlichkeit eine höchst subjektive Angelegenheit.

In der folgenden Aufzählung sind einige Punkte enthalten, die man testen könnte.

1. Ist jede Benutzerschnittstelle der Intelligenz, der Ausbildung und den Umwelteinflüssen des Endbenutzers angepaßt?

2. Sind die Programmausgaben sinnvoll, nicht irreführend, ohne Computerkauderwelsch usw.?

3. Sind die Fehlerdiagnosen (z.B. Fehlermeldungen) klar und einfach, oder benötigt man einen Doktor der Informatik, um sie zu verstehen?
   Produziert das Programm vielleicht Meldungen wie „IEKOZZA OPEN ERROR ON FILE 'SYSIN' ABENDCODE = IOZ"?

4. Zeigt die Gesamtmenge der Benutzerschnittstellen ein einheitliches Konzept [2]; sind Syntax, Konventionen, Semantik, Format, Stil und Abkürzungen konsistent und gleichartig?

5. Ist bei einem System, wo es auf Genauigkeit ankommt (z.B. bei einem Onlinebankensystem) genügend Redundanz in der Eingabe vorhanden (z.B. Kontonummer *und* Benutzername)?

6. Enthält das System zu viele Optionen oder Optionen, die wahrscheinlich nicht verwendet werden?

7. Gibt das System eine sofortige Quittung auf alle Eingaben?

8. Läßt sich das Programm leicht anwenden? Erfordert z.B. die Ein-

gabe eines Kommandos eines Timesharingsystems den wiederhol-
ten Wechsel zwischen Klein- und Großbuchstaben?

Sicherheit

Da die Gesellschaft ein wachsendes Interesse an Datensicherheit zeigt,
haben viele Programme eine spezielle Sicherheitsleistungsbeschreibung.
Der Sicherheitstest ist der Versuch, Testfälle zu entwerfen, die die
Sicherheitsprüfungen des Programms in Frage stellen. Man versucht
z.B. Testfälle zu erdenken, die den Speicherschutzmechanismus eines
Betriebssystems unterlaufen. Man versucht den Datenschutzmechanis-
mus einer Datenbank zu unterlaufen. Ein Weg, solche Testfälle zu er-
sinnen, ist das Studium bekannter Sicherheitsprobleme in ähnlichen
Systemen und Testfälle zu entwerfen, die ähnliche Probleme in dem
aktuellen System aufzeigen könnten. Es existieren z.B. Beschreibungen
[3, 4] bekannter Sicherheitslöcher in Betriebssystemen.

Leistung (Performance)

Viele Programme haben eigene Leistungsbeschreibungen für die Leistung oder Effizienz, wobei solche Eigenschaften wie Antwortzeit und
Durchsatzraten bei bestimmter Arbeitslast und Konfiguration gemeint
sind.

Da es wiederum die Aufgabe eines Systemtests ist, zu zeigen, daß das
Programm nicht mit seiner Leistungsbeschreibung übereinstimmt,
müssen Testfälle erdacht werden, die den Versuch machen, zu zeigen,
daß das Programm bezüglich dieser Anforderung die Leistungsbeschreibung nicht erfüllt.

Speicher

Gelegentlich gibt es Programme mit einer Leistungsbeschreibung über
den Speicher, die z.B. den Anteil des vom Programm belegten Haupt-
und Sekundärspeichers und die Größe der erforderlichen temporären
Dateien angibt. Testfälle müssen erdacht werden, um zu zeigen, daß
diese Leistungsbeschreibung des Speichers nicht erfüllt wird.

Konfiguration

Programme wie Betriebssysteme, Datenbanken und Vermittlungs-
systeme unterstützen eine Vielfalt von Hardwarekonfigurationen
(z.B. Typen und Anzahl von E/A-Geräten und Kommunikationsver-
bindungen, unterschiedliche Speichergrößen). Oft ist die Anzahl der
möglichen Konfigurationen zu groß, um ein Programm mit jeder
möglichen Konfiguration zu testen; das Programm sollte jedoch wenigstens mit jedem Typ eines Hardwaregerätes und mit der Minimal- und

Maximalkonfiguration getestet werden. Kann das Programm selbst konfiguriert werden (z.B. Komponenten des Programms können weggelassen oder in getrennten Prozessoren plaziert werden), so sollte jede mögliche Konfiguration des Programms getestet werden.

Kompatibilität/Konversion

Die meisten Programme, die entwickelt werden, sind nicht vollständig neu; oft sind sie Ersatz für ein fehlerhaftes System, entweder für ein Datenverarbeitungssystem oder für ein Manualsystem. Solche Programme haben oft eigene Leistungsbeschreibungen, die sich auf die Verträglichkeit mit dem vorhandenen System und auf Konversionsprozeduren beziehen. Beim Testen des Programms gegen diese Leistungsbeschreibungen geht es wieder darum zu zeigen, daß die Anforderungen der Verträglichkeit nicht erfüllt wurden und daß die Konversionsprozeduren nicht funktionieren.

Installation

Einige Kategorien von Softwaresystemen haben komplizierte Prozeduren für die Installation des Systems (z.B. die Systemgenerierung, oder „SYSGEN" in IBM-Betriebssystemen). Das Testen dieser Installationsprozeduren ist Teil des Systemtests.

Zuverlässigkeit

Das Ziel allen Testens ist natürlich die Verbesserung der endgültigen Zuverlässigkeit des Programms, aber man muß sich besondere Zuverlässigkeitstests überlegen, wenn die Leistungsbeschreibung des Programms spezifische Forderungen über die Zuverlässigkeit enthält. Möglicherweise lassen sich Zuverlässigkeitskriterien sehr schwer testen. Das Vermittlungssystem TSPS von Bell System läßt z.B. nur eine Ausfallzeit von weniger als zwei Stunden in 40 Betriebsjahren zu; man kennt kein Verfahren, diese Eigenschaften in einer vorgegebenen Testzeit von Monaten oder auch Jahren zu testen. Wird jedoch eine mittlere Zeit zwischen Fehlern gefordert (mean time to failure, MTTF = 20 Stunden) oder eine bestimmte Anzahl von Fehlern im Betrieb (z.B. darf das Programm nicht mehr als 12 verschiedene Fehler nach der Kundenfreigabe aufweisen), so sind etliche mathematische Modelle verfügbar, die eine Aussage darüber zulassen, inwieweit solche Anforderungen erfüllt werden können.

Fehlerbehandlung

In der Leistungsbeschreibung von Betriebssystemen, Datenbanken, Vermittlungssystemen u.ä. stehen oft Forderungen nach einer Fehlerbehandlung (Wiederherstellung; engl. recovery), die festlegen, wie sich das Programm nach Programmierfehlern, Hardwarefehlern oder Datenfehlern verhalten soll. Eine Forderung an den Systemtest ist es, zu zeigen, daß diese Fehlerbehandlungen nicht funktionieren. Programmierfehler können gezielt in das Betriebssystem eingebaut werden, um festzustellen, ob es sich wieder erholt. Hardwarefehler (z.B. Fehler der Speicherparität, E/A Gerätefehler) können simuliert werden. Datenfehler (z.B. Rauschen auf einer Verbindung, ungültiger Pointer in einer Datenbank) können gezielt erzeugt oder simuliert werden, um die Systemreaktion zu analysieren.

Wartbarkeit

Es gibt auch eine Leistungsbeschreibung für die Wartbarkeit eines Programms. Alle Anforderungen dieser Art müssen getestet werden. Sie sollten die Wartungshilfen im System beschreiben (z.B. Speicherabzugprogramme, Diagnostikprogramme), die mittlere Zeit zum Beheben eines aufgetretenen Problems angeben, die Wartungsprozeduren aufführen und die Qualität der internen Logik dokumentieren.

Dokumentation

Im Systemtest muß auch die Genauigkeit der Benutzerdokumentation überprüft werden, s. Bild 6.4. Mit Hilfe der Benutzerdokumentation beurteilt man die Darstellung der früheren Systemtestfälle (nach der Erstellung eines bestimmten Streßtests wird mit Hilfe der Benutzerdokumentation der aktuelle Testfall definiert). Die Benutzerdokumentation sollte aber ebenso einer Inspektion unterzogen werden (ähnlich, wie im Konzept der Codeinspektion in Kap. 3), um sie bezüglich Genauigkeit und Klarheit zu untersuchen. Jedes in der Dokumentation aufgeführte Beispiel sollte in einen Testfall umgesetzt und ausgeführt werden.

Vorschriften

Viele Programme sind Teile größerer, nicht vollautomatischer Systeme; diese Programme sind durch Vorschriften miteinander verbunden, die von Hand ausgeführt werden müssen. Jede Vorschrift, die einen Operator, einen Datenbankverwalter oder einen Terminalbenutzer erfordert, sollte während des Systemtests ausgeführt und überprüft werden.

Durchführung des Systemtests

Bei der Planung des Systemtests ergibt sich die äußerst wichtige Frage: wer soll den Test durchführen? Um die Frage negativ zu beantworten:

1. der Systemtest soll auf keinen Fall von dem Autor durchgeführt werden,
2. von allen Testphasen ist das diejenige, die definitiv nicht von der Abteilung durchgeführt werden soll, die für die Entwicklung des Programms verantwortlich war.

Der erste Punkt ergibt sich aus der Tatsache, daß der Tester, der den Systemtest durchführt, sich in die Lage des Benutzers versetzen muß, was ein gutes Verständnis des Benutzerverhaltens, der Umgebung des Benutzers und der Art, wie das Programm benutzt werden wird, voraussetzt. Als Tester bieten sich dann ein oder mehrere Endbenutzer an. Da der typische Endbenutzer jedoch kaum die Fähigkeit oder Erfahrung mitbringt, alle beschriebenen Testverfahren durchzuführen, so wird sich ein ideales Testteam aus folgenden Teilnehmern zusammensetzen:

Einige professionelle Systemtestexperten (Leute, die ihr Leben damit verbringen, Systemtests durchzuführen), ein oder zwei repräsentative Benutzer, ein Fachmann für Benutzerfreundlichkeit und die Mitarbeiter, die den Grobentwurf und die Systemanalyse durchgeführt haben. Die Teilnahme dieser Mitarbeiter verstößt nicht gegen das früher empfohlene Prinzip, nicht das eigene Programm zu testen, da das Programm in der Zwischenzeit wahrscheinlich schon durch viele Hände gegangen ist. Die ursprünglichen Designer haben also keine hinderlichen psychologischen Bindungen mehr an das Programm, was uns weiter oben zur Aufstellung dieses Prinzips veranlaßte.

Der zweite Punkt ergibt sich aus der Tatsache, daß ein Systemtest eine Aktivität ist, bei der alles erlaubt ist. Die Entwicklungsabteilung hat psychologische Bindungen an das Programm, die einer solchen Aktivität widersprechen. Die meisten Entwicklungsabteilungen sind außerdem daran interessiert, daß der Systemtestprozeß möglichst ausgeglichen und innerhalb des Zeitrahmens vor sich geht; sie haben eigentlich keine Veranlassung , zu zeigen, daß das Programm nicht mit seiner Leistungsbeschreibung übereinstimmt. Der Systemtest wenigstens sollte durch eine unabhängige Gruppe ausgeführt werden, die wenige oder keine organisatorische Bindungen zur Entwicklungsabteilung hat. Der vielleicht ökonomischste Weg, einen Systemtest durchzuführen (ökonomisch in dem Sinn, mit einem vorgegebenen Budget die meisten Fehler zu finden oder bei der Auffindung der gleichen Anzahl von Fehlern mit weniger Geld auszukommen) ist ein Untervertrag mit einer Fremdfirma. Dieser Punkt wird im letzten Abschnitt dieses Kapitels diskutiert.

Abnahmetest

Mit einem Blick auf Bild 6.3 erkennt man, daß der Abnahmetest der

Prozeß ist, in dem man das Programm mit den ursprünglichen Anforderungen und den laufenden Bedürfnissen seines Endbenutzers vergleicht. Diese Testart ist unüblich in dem Sinn, daß gewöhnlich der Benutzer den Test durchführt und daß die Entwicklungsorganisation dafür gewöhnlich keine Verantwortung trägt. Im Falle eines Kontraktes über das Programm führt die vertragsnehmende (Benutzer-) Organisation den Abnahmetest durch, indem sie die Programmoperation mit dem ursprünglichen Vertrag vergleicht. Wie bei anderen Testphasen erweist sich auch hier als bester Weg Testfälle zu entwerfen, um zu zeigen, daß das Programm dem Kontrakt nicht entspricht; sind diese Testfälle nicht erfolgreich, so wird das Programm aktzeptiert. Im Falle eines Programmprodukts (z. B. ein Betriebssystem von einem Hersteller, ein Compiler, ein Datenbanksystem einer Firma) führt der mündige Benutzer zuerst einen Abnahmetest durch, um festzustellen, ob das Produkt seinen Bedürfnissen entspricht.

Installationstest

Der letzte Testprozeß in Bild 6.3 ist der Installationstest. Seine Position im Bild ist etwas ungewöhnlich, da er nicht, wie die anderen Testverfahren, zu einer bestimmten Phase des Entwicklungsprozesses gehört. Diese Art des Testens wird außerdem nur selten angewendet, da keine Softwarefehler entdeckt werden sollen, sondern Installationsfehler.

Beim Einrichten von Softwaresystemen muß der Benutzer etliche Optionen auswählen. Dateien und Bibliotheken müssen eingerichtet und geladen werden, eine funktionsfähige Hardwarekonfiguration muß vorhaden sein, eine Verbindung zwischen den Programmen muß hergestellt werden. Der Installationstest hat das Ziel, alle Fehler, die während der Installation gemacht wurden, zu beseitigen.

Installationstests sollten von der Abteilung erstellt werden, die für die Entwicklung des Systems zuständig war, und als Teil des Systems mitgeliefert werden; der Test wird dann nach der Installation des Systems durchgeführt. Unter anderem sollte dadurch folgendes sichergestellt werden: es wurden kompatible Optionen ausgewählt, alle Teile des Systems sind vorhanden, alle Dateien wurden erstellt und haben den richtigen Inhalt, die Hardwarekonfiguration stimmt mit den Anforderungen des Systems überein.

Testplanung und -durchführung

Wenn man bedenkt, daß das Testen großer Systeme die Definition, Ausführung und Überprüfung tausender Testfälle, die Handhabung tausender Module, die Korrektur tausender Fehler und die Beschäftigung von vielleicht hundert Mitarbeitern zur gleichen Zeit über einen Zeitraum von einem Jahr oder mehr beinhaltet, so kann man sich vorstellen, daß man einem richtigen Projektmanagementproblem beim Planen, Überwachen und Steuern des Testprozesses gegenübersteht. Tatsächlich ist das Problem so umfangreich, daß man dem Management des Softwaretestens allein ein ganzes Buch widmen könnte. In diesem Abschnitt sollen einige dieser Überlegungen zusammengefaßt werden.

Der Hauptfehler bei der Planung des Testprozesses wurde bereits in Kapitel 2 angesprochen: man nimmt sillschweigend an, daß man keine Fehler findet.

Ein zweites, vielleicht wichtigeres Problem ergibt sich aus der falschen Einstellung zum Testen: man plant einen Test unter der Annahme, keine Fehler zu finden. Es ist aber kaum verständlich, wie man mit dieser Einstellung einen wirksamen Test durchführen kann. (Ziel eines jeden Tests bleibt es immer, Fehler zu finden).

Daher ist die Planung des Testprozesses ein entscheidender Teil der Softwareentwicklung; folgende Komponenten bestimmen einen guten Testplan:

1. *Zielvorstellung.* Die Zielvorstellung einer jeden Testphase muß definiert sein.

2. *Abschlußkriterium.* Die Kriterien für den Abschluß einer jeden Testphase müssen beschrieben sein. Im nächsten Abschnitt wird dieses Problem diskutiert.

3. *Zeitplan.* Für jede Phase wird ein Zeitplan benötigt, in dem festgelegt wird, wann die Testfälle entworfen, beschrieben und ausgeführt werden.

4. *Verantwortlichkeiten.* Die Mitarbeiter, die die Testfälle entwerfen, beschreiben, ausführen und überprüfen und die Mitarbeiter, die die entdeckten Fehler beheben, müssen in jeder Phase benannt werden. Da unglücklicherweise in großen Projekten oftmals Diskussionen darüber entstehen, ob bestimmte Testergebnisse einen Fehler darstellen (z.B. Zweideutigkeiten oder fehlende Definitionen in den Spezifikationen), muß ein Schlichter bestimmt werden.

5. *Testfallbibliotheken und Standards.* In einem großen Projekt sind systematische Methoden des Entwerfens, Beschreibens und Speicherns von Testfällen notwendig.

6. *Werkzeuge.* Die erforderlichen Testwerkzeuge müssen beschrieben werden; außerdem muß ein Plan dafür vorhanden sein, wer sie entwickelt oder benutzt, wie sie angewendet und wann sie benötigt werden.

7. *Rechenzeit.* Das ist ein Plan für die in jeder Testphase benötigte Rechenzeit.

8. *Hardwarekonfiguration.* Ist eine spezielle Hardwarekonfiguration oder sind bestimmte Geräte notwendig, so muß ein Plan über diese Anforderungen, ihre Verwirklichung und den Zeitpunkt des Einsatzes vorhanden sein.

9. *Integration.* Teil des Testplans ist die Definition, wie man die Programmteile zusammensetzt (z.B. inkrementelles Topdown-Testen). Ein System mit größeren Subsystemen oder Programmen könnte inkrementell zusammengesetzt werden (z.B. mit der topdown oder der bottomup Methode, aber dabei sind als Elemente Programme oder Subsysteme zu betrachten, und nicht Module); dann ist ein Systemintegrationsplan notwendig. Dieser Plan definiert die Reihenfolge der Integration, die funktionelle Beschaffenheit einer jeden Version des Systems und die Verantwortlichkeiten bei der Erstellung eines „Gerüsts" (Code, der nicht vorhandene Komponenten simuliert).

10. *Vorgaben.* Es müssen Vorgaben gemacht werden, die die verschiedenen Aspekte des Testfortschritts berücksichtigen und die eine Lokalisierung der fehleranfälligen Module ermöglichen und Abschätzungen über die Entwicklung bezüglich Zeitplan, Ressourcen und Beendigungsmerkmalen erlauben.

11. *Fehlerbehebung.* Es müssen Mechanismen für die Fehlermeldung, -verfolgung und das Einbringen der Korrektur in das System definiert werden. Zeitplan, Verantwortlichkeiten, Werkzeuge und Rechenzeit müssen ebenfalls Teil des Plans für die Fehlerbehebung sein.

12. *Regressionstest.* Der Regressionstest ist die Phase, die man nach einer funktionellen Verbesserung oder einer Reparatur eines Programms durchführt. Man versucht festzustellen, ob die Änderungen das Programm in anderen Teilen in irgendeiner Weise beeinflussen. Dabei läßt man gewöhnlich einige der vorher definierten Testfälle nochmals ablaufen. Der Regressionstest ist wichtig, da Änderungen und Fehlerkorrekturen besonders fehleranfällig sind, und zwar wesentlich stärker als der ursprüngliche Code (etwa der gleiche Grund, warum die meisten Druckfehler einer Zeitung durch Änderungen in letzter Minute entstehen, während sie im Originaltext nicht vorhanden waren). Auch für den Regressionstest ist ein Plan notwendig (wer, wie, wann).

Kriterien für die Beendigung des Tests

Es ist äußerst schwierig, die Frage nach dem Zeitpunkt des Testabbruchs zu beantworten; denn man ist nie sicher, ob der eben entdeckte

Fehler wirklich der letzte ist. Man kann tatsächlich niemals annehmen, alle Fehler gefunden zu haben, solange man von kleinen Programmen absieht. Wenn man dieses Dilemma kennt und sich der Tatsache bewußt ist, daß der Test aus ökonomischen Gründen letztlich doch beendet werden muß, so fragt man sich, ob man dieses Problem nur nach Gutdünken löst oder ob es einige vernünftige Endekriterien gibt.

In der Praxis wendet man gewöhnlich folgende, meist bedeutungslose und widersprüchliche Regeln an:

Der Test wird beendet, wenn

1. die geplante Testzeit abgelaufen ist

2. alle Testfälle ohne Fehler durchgeführt wurden.

Die erste Forderung ist völlig sinnlos, da sie durch absolutes Nichtstun erfüllt werden kann (d.h. sie stellt keinerlei Maß für die Qualität des Testens dar). Die zweite Forderung ist ebenfalls nutzlos, da sie über die Qualität der Testfälle keine Aussage macht. Außerdem verführt sie den Tester dazu, unbewußt Testfälle zu definieren, die mit geringer Wahrscheinlichkeit zu Fehlern führen. Wie wir in Kapitel 2 festgestellt haben, sind die Menschen äußerst zielorientiert: sagt man einem Tester, er sei mit seiner Aufgabe fertig, sobald er mit seinen Testfällen keine Fehler mehr findet, so wird er unbewußt Testfälle definieren, die ihn zu diesem Ziel führen und ihn davon abhalten, nützliche, intelligente und destruktive Testfälle zu entwerfen.

Es gibt andere, nützlichere Kriterien für die Beendigung des Testens. Man kann einmal die Beendigung auf die Verwendung spezieller Methoden beim Testfallentwurf beziehen, was sicher nicht die beste Methode ist. Beispielsweise kann man den Abbruch des Modultests durch folgendes Verfahren festlegen.

Die Testfälle werden abgeleitet aus

1. der Erfüllung des Kriteriums für die Erfassung aller Mehrfachbedingungen und

2. einer Grenzwertanalyse der Modulschnittstellenspezifikation;

und alle resultierenden Testfälle erweisen sich schließlich als nicht erfolgreich (d.h. es tritt kein Fehler auf).

Man könnte den Funktionstest als abgeschlossen betrachten, wenn die folgenden Bedingungen erfüllt wurden:

Die Testfälle werden abgeleitet aus

1. dem Ursache-Wirkungs-Graphen

2. der Grenzwertanalyse und

3. der Fehlererwartung (error guessing)

und alle resultierenden Testfälle erweisen sich schließlich als nicht erfolgreich (d.h. es tritt kein Fehler auf).

Obwohl diese Verfahren den oben erwähnten überlegen sind, gibt es drei Probleme.

Erstens sind sie in einer Testphase nicht sinnvoll, in der es keine spezifischen Methoden wie in der Systemtestphase gibt. Zweitens ist das eine subjektive Beurteilung, da man in keiner Weise garantieren kann, daß der Anwender eine bestimmte Methode (z.B. die Grenzwertanalyse) richtig und exakt genug angewendet hat. Drittens, anstatt dem Anwender ein Ziel zu geben und ihm die Entscheidung zu überlassen, wie er es am besten erreicht, tut man das Gegenteil; die Testfallentwurfsmethoden werden vorgeschrieben, aber es wird kein Ziel gesetzt. In manchen Testphasen mag dieses Vorgehen sinnvoll sein, aber es sollte nur angewendet werden, wenn der Tester in der Vergangenheit seine Fähigkeiten bewiesen hat, Testfallentwurfsmethoden erfolgreich anzuwenden.

Eine weitere, vielleicht die wertvollste Methode, ist die Festlegung der Endekriterien im positiven Sinn. Da das Ziel des Testens die Fehlerentdeckung ist, sollte man das Endekriterium als die Entdeckung einer vorgegebenen Anzahl von Fehlern beschreiben. Man kann z.B. verlangen, daß ein Modultest erst nach der Entdeckung von drei Fehlern abgebrochen wird. Ein Systemtest soll erst nach Entdeckung und Beseitigung von 70 Fehlern oder einer Zeitdauer von drei Monaten beendet werden, abhängig davon, was eher eintritt.

Dieses Vorgehen unterstützt unsere Vorstellung vom Testen. Es treten zwei Probleme auf, die aber zu überwinden sind. Das erste ist die Festlegung der Anzahl der Fehler, die entdeckt werden sollen, wozu man folgende Punkte beachten muß:

1. Eine Abschätzung der Gesamtzahl der Fehler im Programm.
2. Eine Abschätzung darüber, welcher Anteil dieser Fehler durch das Testen überhaupt gefunden werden kann.
3. Schätzungen darüber, welcher Anteil an Fehlern in speziellen Designprozessen entstand, und wann, d.h. in welcher Testphase, diese Fehler entdeckt werden können.

Zu einer groben Abschätzung der Gesamtfehlerzahl gelangt man auf verschiedene Weise: einmal kann man seine Erfahrung mit früheren Programmen einsetzen. Weiterhin gibt es auch eine Vielzahl von Modellen für die Schätzung der Fehlerzahl (z.B. [1], Kap. 18). Bei einigen dieser Modelle wird vorausgesetzt, daß die Programme über einen längeren Zeitraum getestet werden. Die Zeitspanne zwischen zwei Fehlern muß bestimmt werden und dient als Eingabeparameter für eine Formel.

Ein anderes Modell verlangt, daß man ein Programm mit einer bekannten, aber nicht publik gemachten Anzahl von Fehlern versieht und weitertestet; zu einem bestimmten Zeitpunkt wird dann das Verhältnis der bekannten Fehler zu der Anzahl neu aufgetretener Fehler bestimmt (seeding).

Bei einem anderen Verfahren werden zwei Testteams unabhängig voneinander für eine bestimmte Zeitspanne mit dem Test beauftragt. Anschließend werden die Fehler untersucht, die jedes Team für sich und die beide gemeinsam gefunden haben. Daraus schließt man dann auf die Gesamtzahl der Fehler.

Eine weitere Methode verwendet für die Schätzung Durchschnittswerte aus der Industrie. Die Fehlerzahl beträgt in einem typischen Programm nach Abschluß der Codierung (bevor ein Codewalkthrough oder eine Inspektion durchgeführt wurde) etwa 4–8 Fehler pro 100 Befehle.

Schätzung 2 (prozentualer Anteil der Fehler, die durch Testen überhaupt gefunden werden können) macht eine etwas willkürliche Annahme, wobei die Natur des Programms und die Konsequenzen nicht entdeckter Fehler in Betracht gezogen werden.

Der gegenwärtige Mangel an Informationen, wie und wann Fehler entstehen, macht Schätzung 3 zur schwierigsten. Vorhandene Daten weisen darauf hin, daß in großen Programmen etwa 40% der Fehler im Code und im Logikdesign zu finden sind, und daß der Rest in vorhergehenden Entwurfsprozessen entsteht. Obwohl der Leser bei der Anwendung dieses Kriteriums auf ein bestimmtes Programm seine eigenen Vorstellungen entwickeln muß, wollen wir hier ein einfacheres Beispiel beschreiben. Nehmen wir an, wir wollen ein Programm mit 10.000 Befehlen testen. Die Fehlerzahl, die nach den Codeinspektionen übrigbleibt, wird auf 5 pro 100 Anweisungen geschätzt; unser Ziel ist die Entdeckung von 98% der Codier- und Logikfehler und von 95% der Entwurfsfehler. Die Gesamtzahl der Fehler beläuft sich damit auf etwa 500. Davon sollen etwa 200 Codier- und Logikdesignfehler und 300 Entwurfsschwächen sein. Die Aufgabe besteht also darin, 196 Codier- und Logikdesignfehler und 285 Entwurfsfehler zu entdecken. Die Tabelle 6.1 zeigt, wann man diese Fehler plausiblerweise finden kann.

Tab. 6.1 Schätzung des Zeitpunkts, zu dem die Fehler gefunden werden

	Codierungs- und logische Entwurfsfehler	Entwurfsfehler
Modultest	65%	0%
Funktionstest	30%	60%
Systemtest	3%	35%
Total	98%	95%

Wenn man eine Zeitspanne von vier Monaten für den Funktionstest und von drei Monaten für den Systemtest ansetzt, so kann man die Endekriterien folgendermaßen formulieren:

1. Der Modultest wird beendet, wenn 130 Fehler entdeckt und korrigiert worden sind (65% der geschätzten 200 Codier- und Logikdesignfehler).

2. Der Funktionstest ist beendet, wenn 240 Fehler (30% von 200 plus 60% von 300) entdeckt und korrigiert wurden oder wenn die vier Monate für den Funktionstest abgelaufen sind, je nachdem welches Ereignis später eintritt. (Der Grund für den letzten Satz: haben wir in kurzer Zeit 240 Fehler gefunden, so ist das wahrscheinlich ein Hinweis dafür, daß wir die Gesamtzahl der Fehler unterschätzt haben; daher sollte der Funktionstest nicht zu früh abgebrochen werden.)

3. Der Systemtest ist beendet, wenn 111 (3% von 200 plus 35% von 300) Fehler entdeckt und korrigiert wurden oder wenn die drei Monate abgelaufen sind.

Ein anderes Problem ergibt sich bei dieser Art der Beurteilung durch eine Überschätzung der Fehler. Was soll man unternehmen, wenn im obigen Beispiel zu Beginn des Funktionstests weniger als 240 Fehler übriggeblieben sind? Mit unseren Kriterien können wir niemals den Funktionstest beenden. Es ist ein eigenartiges Problem, wenn man darüber nachdenkt.

Unser „Problem": wir haben nicht genug Fehler; das Programm ist zu gut. Man könnte das als „Nicht"problem bezeichnen, da es von der Art ist, wie es viele Leute gern hätten. Ein bißchen gesunder Menschenverstand kann hier aber weiterhelfen. Werden in vier Monaten keine 240 Fehler entdeckt, so kann der Projektmanager einen Outsider anstellen, der die Testfälle analysieren und beurteilen muß. Er hat festzustellen, ob das Problem durch unpassende Testfälle oder durch einen Mangel an Fehlern im Programm bedingt wird.

Die dritte Art des Endekriteriums erscheint — oberflächlich betrachtet — als zu leicht. Hier wird aber eine Menge an Urteilsvermögen und Intuition verlangt. Dabei muß man die Anzahl der gefundenen Fehler gegen die Zeit auftragen, in der sie gefunden wurden. Bei Studium der Kurvenform kann man oft entscheiden, ob man den Test fortsetzt oder beendet und dann mit der nächsten Testphase fortfährt.

Ein Programm soll einem Funktionstest unterzogen werden; die pro Woche gefundenen Fehler werden in ein Diagramm eingetragen. Wenn die Form der Kurve nach sieben Wochen mit der linken Darstellung in Bild 6.5 übereinstimmt, so wäre es unklug, den Funktionstest abzubrechen, selbst wenn die Anzahl der gefundenen Fehler mit der Forderung übereinstimmt. Da wir in der siebten Woche in Hochstimmung sind (weil wir viele Fehler finden), ist es am vernünftig-

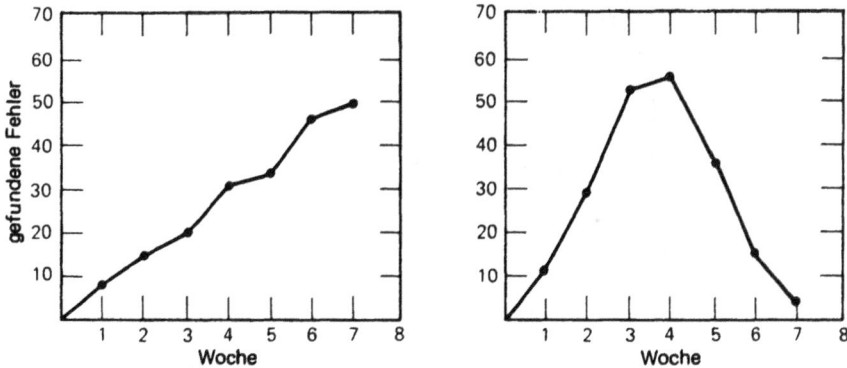

**Bild 6.5   Bestimmung des Testabbruchs durch die Zahl
der pro Zeiteinheit gefundenen Fehler**

sten, den Funktionstest fortzusetzen und nötigenfalls zusätzliche Testfälle zu definieren.

Nimmt die Kurve andererseits eine Form an wie in der Darstellung rechts von Bild 6.5, so läßt sich vermuten, daß die Effizienz der Fehlererkennung deutlich zurückgegangen ist. Der Funktionstest hat damit seine Grenzen erreicht und sollte am besten beendet werden; eine neue Testart muß das alte Verfahren ersetzen (z.B. Systemtest). (Natürlich sind auch andere Faktoren zu berücksichtigen: war z.B. der Abfall in der Effizienz der Fehlerentdeckung durch einen Mangel an Rechenzeit bedingt oder durch fehlende Testfälle).

Wenn man vergißt, die entdeckten Fehler in das entsprechende Diagramm einzutragen, so ergibt sich eine Darstellung wie in Bild 6.6. Der Graph zeigt drei Testphasen eines extrem großen Softwaresystems [5]; er entstand als Teil der post-mortem-Analyse des Projekts.

Daraus läßt sich ganz klar erkennen, daß das Projekt nach Abschnitt 6 nicht auf eine andere Testphase hätte umgestellt werden sollen. Während Abschnitt 6 war die Fehlerentdeckungsrate recht gut (für den Tester: je höher die Rate, desto besser), aber die Umstellung auf eine zweite Phase zu diesem Zeitpunkt verursachte einen signifikanten Einbruch in der Fehlerentdeckungsrate.

Eine Kombination der drei oben aufgeführten Verfahren dürfte wahrscheinlich als bestes Endekriterium zu betrachten sein. Im Modultest ist wahrscheinlich das erste Kriterium das beste, besonders weil in den meisten Projekten die in dieser Phase entdeckten Fehler nicht formell weiter verfolgt werden.

Man sollte verlangen, daß eine bestimmte Menge an Testfallentwurfsmethoden zur Anwendung kommen. In der Funktions- und Systemtestphase sollte folgendes Endekriterium angewendet werden: Der

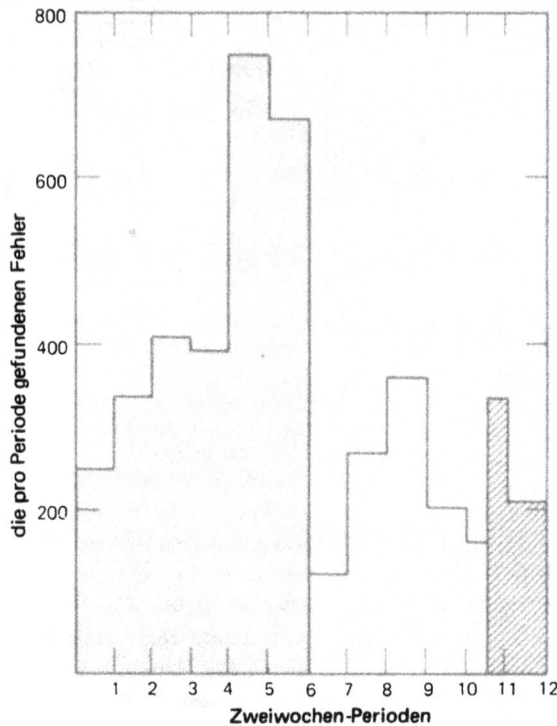

Bild 6.6   Post-mortem-Studie des Testprozesses bei einem großen Projekt

Test wird abgebrochen, wenn eine vorher definierte Anzahl an Fehlern entdeckt wurde oder wenn die geplante Zeit abgelaufen ist, je nachdem, welches Ereignis später eintritt; vorausgesetzt wird eine Analyse des Fehlergraphen, aufgetragen über der Zeit, die darauf hindeutet, daß der Test unproduktiv wurde.

Die unabhängige Testagentur

Weiter oben und in Kap. 2 wurde betont, daß es eine Organisation vermeiden sollte, ihre eigenen Programme zu testen. Die Begründung dafür war, daß eine Organisation, die für die Entwicklung eines Programms verantwortlich ist, Schwierigkeiten beim objektiven Testen ihres eigenen Programmes hat. Innerhalb der Struktur der Firma sollte die Testgruppe möglichst weit von der Entwicklergruppe angesiedelt sein. Tatsächlich sollte die Testgruppe besser überhaupt nicht zu der gleichen Firma gehören, sonst unterliegt sie nämlich dem gleichen Managementdruck wie die Entwicklungsabteilung.

Was man machen kann, zeigen Anregungen der amerikanischen Luftwaffe: wird ein Kontrakt mit einer externen Firma zur Entwicklung von Software abgeschlossen, so wird eine zweite Firma mit dem Testen dieser Software beauftragt [6]. Die Luftwaffe verfügt nun über eine eigene, organisatorisch getrennte Testabteilung (Air Force Test and Evaluation Center) und hat letzthin externe Vertragspartner beschäftigt, die von dem ersten Vertragspartner unabhängig waren [7].

Offensichtlich war dieser Schritt erfolgreich, wie die folgende Angabe zeigt [8]:

„Einer der erfolgreichsten Versuche, die die Luftwaffe bis heute zur Verbesserung der Zuverlässigkeit von Software unternommen hat, besonders bei der äußerst kritischen Echtzeitsoftware, war die Beschäftigung einer unabhängigen Softwarefirma zur Durchführung der Analyse, des Testens und der allgemeinen Beurteilung".

Folgende Vorteile führt man üblicherweise an: erhöhte Motivation zum Testen, eine gesunde Konkurrenz zu der Entwicklungsabteilung, der Einfluß des Managements der Entwicklungsabteilung auf eine Testabwicklung wird beseitigt, Vorteile aus spezialisierten Kenntnissen, die eine unabhängige Testabteilung für das Problem mitbringt. Wenn diese Einstellung anhält, so ergeben sich hier Gelegenheiten für Unternehmer die daran interessiert sind, eine einzigartige und neue Beschäftigung in der Datenverarbeitung zu finden.

Literatur

1. G. J. Myers, *Software Reliability: Principles and Practices*. New York: Wiley –Interscience, 1976.
2. F. P. Brooks, Jr., *The Mythical Man-Month: Essays on Software Engineering*. Reading, Mass.: Addison-Wesley, 1975.
3. W. S. McPhee, "Operating System Integrity in OS/VS2", *IBM Systems J. 13* (3), 230–252 (1974).
4. P. L. Pinchuk, "TRW Evaluation of a Secure Operating System", *Data Security and Data Processing, Volume 6, Evaluation and Installation Experiences: Resource Security System*. White Plains, N.Y.: IBM, 1974, G320–1376.
5. C. R. Craig et al., "Software Reliability Study", RADC-TR-74-250, TRW Corp., Redundo Beach, Cal., 1974.
6. M. Shelley, "Computer Software Reliability: Fact or Myth?" TR-MMER/RM-73–125, Hill Air Force Base, Utah, 1973.
7. C. R. Magill, "The Role of an Independent Software Validation Agency", Report 76–1, Defense Systems Management School, Fort Belvoir, Va., 1976
8. R. H. Thayer und E. S. Hinton, "Software Reliability–A Method that Works", *Proceedings of the 1975 National Computer Conference*. Montvale, N. J.: AFIPS Press, 1975, pp. 877–883.

Kapitel 7

Fehlerbehebung (Debugging)

Mit den bisher gefundenen Definitionen kann die Fehlerbehebung im Programm als die Aktivität beschrieben werden, die nach erfolgreichen Testfällen durchgeführt werden muß. Genauer gesagt, ist die Fehlerbehebung ein zweiteiliger Prozeß, er beginnt mit Hinweisen auf die Existenz eines Fehlers (z.B. aus den Ergebnissen eines erfolgreichen Tests) und läßt sich als die Aktivität sehen, die man

1. zur Bestimmung der exakten Natur und der Lokalisierung des vermuteten Fehlers im Programm vornimmt und die
2. zur Behebung oder Reparatur des Fehlers führt.

Die Fehlerbehebung scheint in dem ganzen Softwareentwicklungsprozeß die Tätigkeit zu sein, die der Programmierer am meisten verabscheut. Die Gründe dafür könnten sein:

1. Ein Mitarbeiter, der in seinem eigenen Stil (nicht egoless [1]) programmiert, betrachtet es als Beleidigung, wenn ein Fehler entdeckt wird (d.h. er hat beim Entwurf oder bei der Codierung einen Fehler gemacht).
2. Von allen Aktivitäten in der Softwareentwicklung ist die Fehlerbehebung die intellektuell am meisten anstrengende Tätigkeit. Außerdem erfolgt sie gewöhnlich unter extremem Druck, der das Problem verschärft (er entsteht durch das Management oder ist selbst induziert, da man den Fehler so schnell wie möglich beheben will).
3. Ein Grund, warum die Fehlerbehebung so schwierig ist, liegt in der Art, wie die meisten Programme entworfen werden, und in der Natur der meisten Programmiersprachen: der Fehler kann quasi bei jedem Befehl auftreten. Ohne das Programm vorher untersucht zu haben, sind wir theoretisch nicht in der Lage, die Möglichkeit auszuschließen, daß ein numerischer Fehler in einem Programm zur Gehaltsberechnung durch einen Befehl verursacht wird, der in einem Unterprogramm den Operator auffordert, ein bestimmtes Papierformat in den Drucker einzulegen. Vergleichen Sie dieses Phänomen mit der Fehlerbehebung in einem physikalischen System, wie z.B. in einem Auto. Wenn ein Auto öfter stehenbleibt (das Symptom), so kann man ohne Schwierigkeiten und gezielt bestimmte Teile des Systems als Urheber ausschließen: (z.B. AM/FM-Radio, Tachometer, Zündschloß). Das Problem muß im Motor lie-

gen und wir können — aufgrund unserer Kenntnis über Motoren — die Wasserpumpe und den Ölfilter als Ursache ausschließen.

4. Verglichen mit anderen Tätigkeiten in der Softwareentwicklung gibt es auf dem Gebiet der Fehlerbehandlung kaum Forschung, Literatur und formale Anweisungen.

Obwohl dies ein Buch über das Testen und nicht über die Fehlerbehebung ist, muß dieser Prozeß erwähnt werden, da beide Vorgänge offensichtlich miteinander zusammenhängen. Von den beiden Tätigkeiten der Fehlerbehandlung (Lokalisieren des Fehlers und Korrigieren) erfordert die erste etwa 95% des Aufwands. Daher konzentriert sich dieses Kapitel auf die Lokalisierung des Fehlers, wenn irgendein Verdacht auf einen Fehler besteht (d.h. auf Grund eines Testergebnisses).

Fehlerbehebung mit der Holzhammermethode

Die gängigste Methode der Fehlerbehebung ist die ineffiziente „brutale" Methode. Warum sie so populär ist, liegt vielleicht darin, daß sie wenig Überlegung und Gedanken erfordert; sie ist aber die Methode mit dem geringsten Erfolg.

Man kann gewöhnlich drei Arten davon unterscheiden:

1. Fehlerbehebung mit einem Speicherabzug (DUMP).
2. Fehlerbehebung mit der bekannten Empfehlung, Druckanweisungen für die Protokollierung über das ganze Programm zu verstreuen.
3. Fehlerbehebung mit automatischen Werkzeugen.

Das Vorgehen über einen Speicherabzug (gewöhnlich eine Abbildung des gesamten Hauptspeichers in oktaler oder hexadezimaler Form) ist wahrscheinlich die ineffizienteste Methode.

Dabei entstehen folgende Probleme:

1. Es ist eine Beziehung zwischen den Speicherstellen und den Variablen im Sourceprogramm herzustellen.
2. Es fällt eine immense Datenmenge an, die analysiert werden muß, die aber nicht relevant ist.
3. Die Tatsache, daß ein DUMP ein statisches Abbild des Programms darstellt (d.h. er ist eine Momentaufnahme des Programmzustands); um aber Fehler zu finden, muß man die Dynamik des Programms kennen (d.h. Veränderungen des Zustandes in der Zeit).
4. Der DUMP entsteht selten zu dem Zeitpunkt, zu dem der Fehler auftritt. Der DUMP zeigt daher nicht den Zustand des Programms zum Zeitpunkt des Fehlers, die Aktionen, die zwischen dem Fehler und der Entstehung des DUMPs erfolgen, können die erforderlichen Informationen maskieren.

5. Bei der Analyse des DUMPs fehlen Methoden für das Auffinden der Fehlerursachen (was viele Programmierer dazu führt, mit glasigen Augen auf den DUMP zu starren und sehnsüchtig zu erwarten, daß der Fehler sich von selbst zeigt.

Das zweite Verfahren, Druckbefehle zur Protokollierung in das Programm einzubauen, ist nicht viel effizienter. Man kann jedoch die Werte von Variablen anzeigen und ist damit besser dran als bei der Verwendung von DUMPs, da hier Informationen über die Dynamik des Programms vorliegen. Auch ist die Beziehung zum Sourceprogramm leichter herzustellen. Es müssen allerdings auch einige Schwächen erwähnt werden.

1. Anstatt den Autor zu veranlassen, über das anstehende Problem nachzudenken, ist das eine „Treffer oder Nichttreffer"-Methode.

2. Es kann eine beträchtliche Datenmenge entstehen, die analysiert werden muß.

3. Der Autor kann sich veranlaßt sehen, das Programm zu ändern; solche Änderungen können den Fehler maskieren, kritische Zeitabhängigkeiten verändern oder neue Fehler in das Programm bringen.

4. Obwohl man das Verfahren in kleineren Programmen durchaus anwenden kann, dürften die Kosten dafür in großen Programmen immens steigen. Außerdem ist dieses Verfahren bei bestimmten Programmen nicht anwendbar (z.B. in Betriebssystemen, Prozeßsteuerprogrammen).

Das dritte Verfahren, die Verwendung automatischer Werkzeuge zur Fehlerbehebung ist ähnlich wie die zweite Methode; aber anstatt Befehle im Programm einzubauen, analysiert man die Dynamik des Programms, indem man Hilfsmittel der Programmiersprache oder spezielle interaktive Werkzeuge zur Fehlerbehebung verwendet. Typische Spracheigenschaft ist die Protokollierung von Befehlen, Unterroutinenaufrufen und/oder Änderungen bestimmter Variabler. Überlicherweise gibt es die Möglichkeit, „breakpoints" (Wiederanlaufpunkte) zu setzen, die es erlauben, das Programm momentan zu unterbrechen, wenn ein bestimmter Befehl angesprochen wird oder eine spezielle Variable verändert wird. Der Programmierer hat dann die Gelegenheit am Terminal den aktuellen Zustand des Programms festzustellen. Diese Methode ist wiederum eine „Treffer- oder Nichttreffer"-Methode und liefert in vielen Fällen eine ungeheure Datenmenge, die meist irrelevant ist.

Das gemeinsame Problem dieser „Hau-ruck"-Methoden ist, daß sie nicht zum Nachdenken anregen. Man kann die Fehlersuche mit der Lösung eines Mordfalls vergleichen. In fast allen Kriminalgeschichten wird das Rätsel durch eine sorgfältige Analyse der Indizien und durch

das Zusammensetzen anscheinend unbedeutender Einzelheiten gelöst
und nicht durch die Kontrolle von Straßenblöcken oder die Untersuchung von Eigentumsverhältnissen. Als Hinweis darauf, daß das im
wirklichen Leben vorkommt, kann man die New Yorker Ereignisse
der „Kaliber 44-Morde" zwischen 1976 und 1977 betrachten. Man er-
hielt durch die „Hauruck"-Methoden, wie künstlerische Steckbriefe
bei den Fluglinien und in den Zeitungen oder Einsatz einer großen
Anzahl von Polizisten auf den Straßen, keinerlei Hinweise; kleinere
Indizien, wie z.B. ein Parkausweis, führten dann zu einem Verdacht.
Außerdem gibt es experimentelle Untersuchungen an Studenten und
professionellen Programmierern [2, 3], die zeigen, daß solche Methoden
den Fehlersuchprozeß nicht unterstützen; durch die Anwendung dieser Methoden werden Geschwindigkeit und Genauigkeit beim Auffinden der Fehler nicht unterstützt. Man kann sie daher nur beim
Versagen aller anderen Hilfsmittel empfehlen oder sie als Unterstützung (und nicht als Ersatz) zu anderen intelligenteren Verfahren
einsetzen.

Fehlerbehebung durch Induktion

Man glaubt, daß die meisten Fehler durch sorgfältiges Nachdenken
lokalisiert werden können, in vielen Fällen, ohne überhaupt an den
Rechner zu gehen. Ein solcher Gedankenprozeß ist die Induktion,
wo man vom Besonderen auf das Allgemeine schließt. Man startet mit
Hinweisen (die Symptome des Fehlers, möglicherweise in den Ergebnissen eines oder mehrerer Testfälle) und sucht nach Verbindungen
zwischen den Symptomen; oft gelangt man so zu dem Fehler.
Das Vorgehen mit Hilfe der Induktion ist in Bild 7.1 gezeigt.
Die Schritte sind

1. *Lokalisieren der zugehörigen Daten.* Ein großer Fehler wird bei der
   Fehlersuche gemacht, wenn man nicht alle erreichbaren Daten oder
   Symptome für das Problem berücksichtigt. Als erstes zählt man
   alles auf, was man über den korrekten und inkorrekten Ablauf des
   Programms weiß (d.h. die Symptome, die die Existenz eines Fehlers vermuten lassen). Zusätzliche wertvolle Hinweise erhält man
   durch ähnliche, aber unterschiedliche Testfälle, die diese Symptome
   nicht hervorrufen.

2. *Organisieren der Daten.* Die Induktion impliziert den Schluß vom
   Besonderen auf das Allgemeine. Als zweiter Schritt ergibt sich eine
   Strukturierung der zugehörigen Daten, um die Beobachtung von
   Mustern zu erlauben. Von besonderer Wichtigkeit ist die Suche nach
   Unvereinbarkeiten (d.h. „der Fehler tritt nur auf, wenn der Benut-
   zer keinen ausreichenden Spielraum im accounting-Bereich hat").
   Eine besonders nützliche Organisationstechnik ist als „Die Metho-

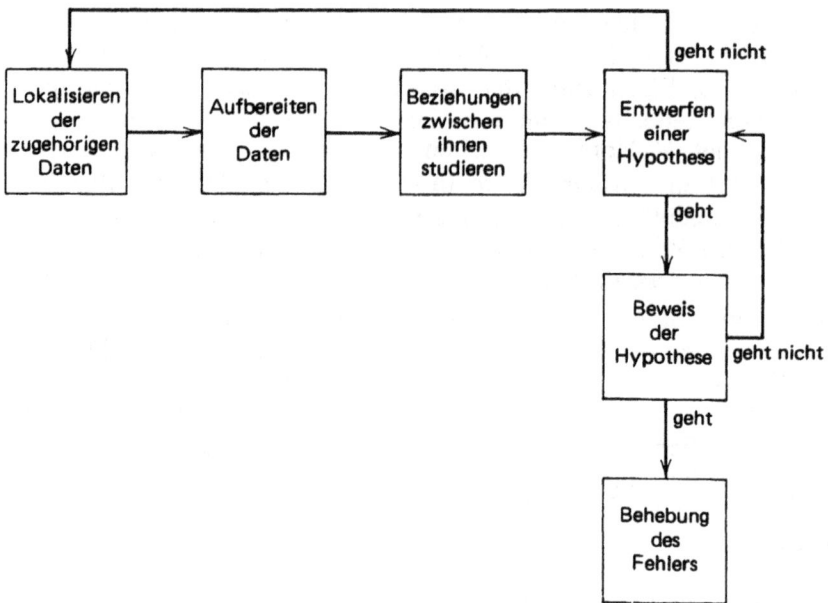

Bild 7.1   Der induktive Debuggingprozeß

de" [4] bekannt. Mit dem Muster in Bild 7.2 werden die erreichbaren Daten strukturiert. In den „Was"-Kästen werden die allgemeinen Symptome beschrieben, in den „Wo"-Kästen die Stellen aufgeführt, wo die Symptome beobachtet wurden, die „Wann"-Kästen
enthalten alles über die Zeit, zu der die Symptome auftreten, die
„bis zu welchem Umfang"-Kästen beschreiben Bereich und Größe
der Symptome. Beachten Sie die Spalten „ist" und „ist nicht"; sie
beschreiben die Unvereinbarkeiten, die schließlich zu einer Hypothese über den Fehler führen können.

3. *Stellen Sie eine Hypothese auf.* Die nächsten Schritte sind: Studium der Beziehungen zwischen den Indizien und Aufstellen einer
oder mehrerer Hypothesen über die Ursache des Fehlers, indem
man die Muster benutzt, die in der Struktur der Symptome sichtbar sein könnten. Wenn man keine Hypothese aufstellen kann, so
sind weitere Daten nötig, die man möglicherweise durch Definition und Ausführen zusätzlicher Testfälle erhält. Sind andere
Theorien möglich, so wählt man zuerst die wahrscheinlichste
Hypothese aus.

4. *Bestätigen Sie die Hypothese.* Häufig wird zu diesem Zeitpunkt ein
Fehler gemacht, der durch den Druck entsteht, unter dem die Fehlerbehandlung gewöhnlich durchgeführt wird: Man überspringt die-

?	Ist	Ist nicht
Was		
Wo		
Wann		
Bis zu welchem Umfang		

Bild 7.2   Eine Methode zur Strukturierung der Anhaltspunkte

sen Schritt, indem man gleich zum Schluß (conclusio) übergeht und versucht, das Problem zu beheben. Es ist jedoch äußerst wichtig, zu überprüfen, ob die Hypothese sinnvoll ist, bevor man zum nächsten Schritt geht. Das Ergebnis eines solchen Vorgehens ist oft nur die Behebung eines Symptoms des Problems, oder nur eines Teiles des Problems. Die Hypothese wird bestätigt, indem man sie mit den ursprünglichen Indizien oder Daten vergleicht und damit sicherstellt, daß diese Hypothese die Existenz der Indizien vollständig erklärt. Ist das nicht der Fall, so ist entweder die Hypothese falsch oder unvollständig, oder es sind mehrere Fehler vorhanden.

Betrachten wir als einfaches Beispiel einen Fehler in dem Prüfungsauswertungsprogramm aus Kap. 4. Dort scheint offensichtlich der Median der Punktezahlen in einigen, aber nicht allen Fällen inkorrekt zu sein. In einem bestimmten Testfall werden 51 Studenten beurteilt. Der Mittelwert der Punktezahlen wird mit 73.2 korrekt angegeben, während der Median zu 26 errechnet wird, obwohl man den Wert 82 erwartet. Aus der Untersuchung dieser und einiger anderer Testfälle entstand die Anordnung der Indizien in Bild 7.3.

Im nächsten Schritt soll eine Hypothese über den Fehler abgeleitet werden, indem man nach Mustern und Unvereinbarkeiten sucht. Wir können eine Unvereinbarkeit erkennen: der Fehler scheint nur in Testfällen aufzutreten, die sich mit einer ungeraden Zahl von Studenten beschäftigen. Das kann ein Zufall (Koinzedenz) sein, hier aber erscheint die Unvereinbarkeit als signifikant, da man den Median in Abhängigkeit davon berechnet, ob die Zahl der Elemente gerade oder ungerade ist.

?	Ist	Ist nicht
Was	Der Median in Report 3 ist falsch	Die Berechnung des Mittelwertes oder Standardabweichung
Wo	Nur in Report 3	In den anderen Berichten. Die Punktezahlen der Studenten scheinen korrekt berechnet zu sein.
Wann	Erschien in einem Testfall für 51 Studenten	Erschien nicht in den Testfällen für 2 und 200 Studenten
Bis zu welchem Umfang	Der ausgegebene Median betrug 26. Im Testfall für einen Studenten wurde der Median 1 ausgedruckt.	

Bild 7.3   Ein Beispiel zur Strukturierung der Anhaltspunkte

Befremdlich dabei ist auch, daß in solchen Fällen der berechnete Median immer kleiner gleich der Zahl der Studenten ist ($26 \leqslant 51$ und $1 \leqslant 1$). An diesem Punkt haben wir die Möglichkeit, den Test für 51 Studenten zu wiederholen und ihnen andere Punktezahlen als vorher zuzuordnen, um den Einfluß auf die Medianberechnung zu untersuchen: der Median hat immer noch den Wert 26. Der Kasten „ist nicht – bis zu welchem Umfang" kann daher mit „der Median scheint unabhängig von den tatsächlichen Punktezahlen zu sein" gefüllt werden. Obwohl dieses Ergebnis einen wertvollen Hinweis enthält, hätten wir auch ohne ihn den Fehler vermuten können. Aus den erreichbaren Daten läßt sich erkennen, daß der berechnete Median gleich ist der halben Zahl der Studenten, aufgerundet auf die nächste ganze Zahl. Mit anderen Worten: wenn man sich die Punktezahlen in einer sortierten Tabelle gespeichert vorstellt, so druckt das Programm die Nummer des Eintrags des mittleren Studenten und nicht seine Punktezahl aus. Wir verfügen so über eine gesicherte Hypothese über die genaue Natur des Fehlers. Die Hypothese sollte dann überprüft werden, indem man den Code untersucht oder einige zusätzliche Testfälle ausführt.

Fehlerbehebung durch Deduktion

Das Verfahren der Deduktion, s. Bild 7.4, geht von einigen allgemeinen Theorien oder Prämissen aus, um mit Hilfe von Eliminierung und Verfeinerung zu einem Schluß (Lokalisieren des Fehlers) zu kommen. Im

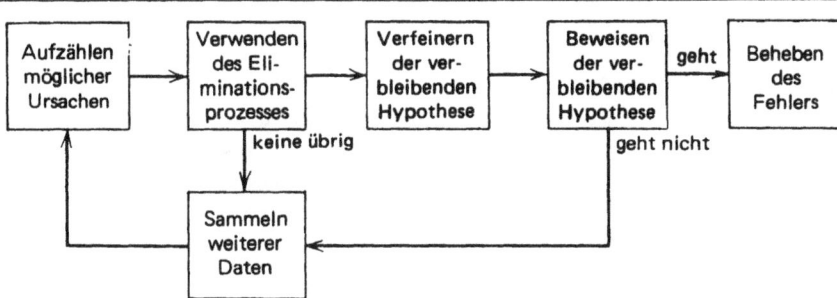

Bild 7.4   Der deduktive Debuggingprozeß

Gegensatz zur Induktion in einem Mordfall, wo man z.B. einen Verdacht aus den Indizien herleitet, beginnt man mit einer Menge von Verdächtigen und gelangt über Eliminierung (der Gärtner hat ein Alibi) und Verfeinerung (der Täter muß rote Haare haben) zum Schluß, daß es der Butler gewesen sein muß. Die Schritte sind

1. *Auflisten der möglichen Ursachen oder Hypothesen.* Im ersten Schritt wird eine Liste aller verständlichen Fehlerursachen zusammengestellt. Es müssen keine vollständigen Erklärungen sein; sie sind eher Theorien, mit denen man die erreichbaren Daten strukturiert und analysiert.

2. *Verwendung der Daten zur Eliminierung möglicher Ursachen.* Durch eine sorgfältige Analyse der Daten, insbesondere durch Aufspüren von Widersprüchen (Bild 7.2 kann hier verwendet werden) versucht man alle, bis auf eine der möglichen Ursachen zu eliminieren. Werden alle eliminiert, so sind zusätzliche Daten nötig (z.B. durch Definition weiterer Testfälle), um neue Theorien zu entwickeln. Bleibt mehr als eine Ursache übrig, so wählt man zuerst die wahrscheinlichste der Hypothesen aus.

3. *Verfeinern der restlichen Hypothese.* Die mögliche Ursache an diesem Punkt mag korrekt sein, aber es ist unwahrscheinlich, daß sie hinreichend genau ist, um den Fehler zu lokalisieren. Aus diesem Grund wird im nächsten Schritt mit Hilfe der vorhandenen Indizien die Theorie (z.B. Fehler bei der letzten Dateitransaktion in die Datei) zu einer genaueren Beschreibung verfeinert (z.B. „die letzte Transaktion in den Puffer wird durch die Dateiende-Anzeige überschrieben").

4. *Bestätigen der verbliebenen Hypothese.* Dieser äußerst wichtige Schritt ist identisch zu Schritt 4 in der Induktionsmethode.

Als Beispiel wollen wir annehmen, daß wir mit dem Funktionstest des DISPLAY-Kommandos aus Kap. 4 beginnen. Wir wählen vier aus den

Testfalleingabe	Erwartete Ausgabe	Tatsächliche Ausgabe
DISPLAY .E	000000 = 0000 4444 8888 CCCC	M1 INVALID COMMAND SYNTAX
DISPLAY 21–29	000020 = 0000 4444 8888 CCCC	000020 = 4444 8888 CCCC 0000
DISPLAY .11	000000 = 0000 4444 8888 CCCC 000010 = 0000 4444 8888 CCCC	000000 = 0000 4444 8888 CCCC
DISPLAY 8000–END	M2 STORAGE REQUESTED IS BEYOND ACTUAL STORAGE LIMITS	008000 = 0000 4444 8888 CCCC

Bild 7.5   Testfallergebnisse des DISPLAY-Kommandos

38 Testfällen aus, die mit dem Ursache-Wirkungs-Graphen entwickelt wurden. Als Teil des Verfahrens zur Erstellung der Eingabebedingungen wird der Speicher initialisiert: das erste, fünfte, neunte, ... Wort hat den Wert 0000, das zweite, sechste, ... Wort den Wert 4444, das dritte, siebente, ... Wort den Wert 8888 und das vierte, achte, ... Wort den Wert CCCC. D.h. jedes Speicherwort wird mit der niedrigstwertigen Hexadezimalziffer in der Adresse des ersten Bytes im Wort besetzt (z.B. die Werte der Stellen 23 FC, 23 FD, 23 FE und 23 FF sind C).

In Bild 7.5 sind die Testfälle, ihre erwarteten Ausgabedaten und die tatsächlichen Ausgabedaten zusammengestellt. Offensichtlich gibt es einige Probleme, da keiner der Testfälle das erwartete Resultat liefert (alle waren „erfolgreich"); aber wir wollen mit der Fehlerbehebung im ersten Testfall beginnen.

Durch das Kommando sollen ab Adresse 0 (der Defaultwert) E Speicherstellen (14 dezimal) ausgegeben werden. (Erinnern Sie sich an die Spezifikation: jede Ausgabe enthält vier Worte oder 16 Bytes pro Zeile).

Das Auflisten der möglichen Ursachen für die unerwartete Fehlermeldung könnte auf folgende Tatsachen führen:

1. Das Programm akzeptiert das Wort DISPLAY nicht.
2. Das Programm akzeptiert den Punkt nicht.
3. Das Programm läßt als ersten Operanden nicht den Defaultwert zu (d.h. es erwartet eine Speicheradresse, die vor dem Punkt steht).
4. Das Programm läßt als Bytezähler ein E nicht zu.

Der nächste Schritt ist der Versuch, Ursachen zu eliminieren. Werden alle eliminiert, so müssen wir unsere Liste erweitern. Bleibt mehr als eine Ursache übrig, so könnten zusätzliche Testfälle untersucht werden, um zu einer einzigen Hypothese zu kommen, oder man beginnt mit der wahrscheinlichsten Hypothese. In Bild 7.5 sind noch andere Testfälle aufgeführt:

Der zweite Testfall scheint die erste Hypothese zu widerlegen, und der dritte Testfall scheint den Hypothesen 2 und 3 zu widersprechen, obwohl er ein inkorrektes Resultat erzeugt.

Im nächsten Schritt wird die Hypothese 4 verfeinert. Sie scheint spezifisch genug zu sein, aber die Intuition mag uns dazu bringen, mehr dahinter zu vermuten, als was man auf den ersten Blick erkennt; es sieht eher aus wie ein Beispiel eines allgemeineren Fehlers. Wir könnten dann annehmen, daß das Programm keine speziellen Hexadezimalziffern (A–F) erkennt. Das Fehlen dieser Zeichen in den anderen Testfällen läßt dies als gangbare Erklärung zu.

Bevor wir jedoch zu einer Folgerung kommen, sollten wir erst jede erreichbare Information berücksichtigen. Der vierte Testfall könnte auf einen völlig anderen Fehler hindeuten oder einen Hinweis für den tatsächlichen Fehler liefern. Die größte gültige Adresse ist in unserem System mit 7FFF festgelegt: wie kommt es dazu, daß im vierten Testfall ein Speicherbereich angezeigt wird, der nicht zu existieren scheint? Die Tatsache, daß die dargestellten Werte die Initialwerte und kein Unsinn sind, könnte zu der Annahme führen, daß dieses Kommando irgend etwas aus dem Speicherbereich zwischen 0 – 7FFF ausgibt. Eine Erklärung könnte sein: das Programm behandelt die Operanden des Kommandos als Dezimalwerte (und nicht als Hexadeziamalwerte, wie es in der Spezifikation steht). Der dritte Testfall liefert dazu einen Hinweis; anstatt 32 Bytes des Speichers zu zeigen – der nächste Übertrag über 11 in hexadezimal (17 zur Basis 10) – liefert das Kommando 16 Speicherplätze, was mit unserer Hypothese übereinstimmt, daß die „11" als ein Dezimalwert behandelt wird. Daher lautet unsere verfeinerte Hypothese: das Programm behandelt den Bytezähler, die Operanden der Speicheradressen und die Speicheradressen in der Ausgabe als Dezimalwerte.

Im letzten Schritt muß diese Hypothese bestätigt werden. Wenn im vierten Testfall 8000 als Dezimalzahl interpretiert wird, so ist der entsprechende Hexadezimalwert gleich 1F40, was zu den gezeigten Ausgabedaten paßt. Zur weiteren Überprüfung wird Testfall 2 verwendet. Die Ausgabedaten sind inkorrekt, aber wenn 21 und 29 als Dezimalzählen behandelt werden, so würden die Speicherstellen 15 – 1D ausgegeben werden; dies stimmt mit dem falschen Ergebnis des Testfalls überein. Damit haben wir höchstwahrscheinlich den Fehler gefunden: das Programm behandelt die Operanden als Dezimalwerte und gibt die Speicheradressen als Dezimalzahlen aus, was der Spezifikation widerspricht.

Dieser Fehler scheint außerdem aber auch die Ursache für die fehlerhaften Resultate aller vier Testfälle zu sein. Ein bißchen Überlegung hat uns daher auf den Fehler geführt; dabei wurden noch drei andere Probleme gelöst, die auf den ersten Blick nichts damit zu tun haben.

Es sei darauf hingewiesen, daß sich der Fehler wahrscheinlich selbst an zwei Stellen im Programm manifestiert: in dem Teil, wo die Eingabebefehle interpretiert werden, und dort, wo die Speicheradressen als Ausgabedaten erscheinen.

Nebenbei, dieser Fehler, der wahrscheinlich durch ein Mißverständnis der Spezifikation entstanden ist, unterstreicht die Empfehlung, daß der Programmierer nicht versuchen soll, sein eigenes Programm zu testen. Wenn der Autor dieses Fehlers auch die Testfälle entwirft, so macht er dabei wahrscheinlich den gleichen Fehler. Mit anderen Worten, die vom Programmierer erwarteten Ausgabedaten wären nicht die, die in Bild 7.5 gezeigt werden; es wären die Ausgabedaten, die sich unter der Annahme ergeben, daß die Operanden Dezimalwerte sein sollen. Dieser fundamentale Fehler würde daher wahrscheinlich nicht entdeckt werden.

Fehlerbehebung durch Zurückverfolgung

Eine effiziente Methode, Fehler in kleinen Programmen zu lokalisieren, ist die Zurückverfolgung der inkorrekten Resultate durch die Logik des Programms bis man an den Punkt kommt, wo die Logik einen Fehler macht. Mit anderen Worten, man startet an dem Punkt im Programm, wo das falsche Ergebnis sichtbar wird (z.B. gedruckt wird); aus den beobachteten Ausgabedaten leitet man die Werte ab, die die Programmvariablen an diesem Punkt gehabt haben müssen. Dann läßt man das Programm in Gedanken rückwärts ablaufen und wendet wiederholt den Satz an: ,,Wenn das der Zustand des Programms (d.h. die Werte der Variablen) an diesem Punkt war, dann muß das der Zustand des Programms bis hierher gewesen sein''; damit kann man oft recht schnell den Fehler lokalisieren (d.h. die Stelle im Programm zwischen dem Punkt, wo der Zustand des Programms dem erwarteten Zustand entsprach, und dem Punkt, an dem zuerst ein unerwarteter Zustand auftrat).

Fehlerbehebung durch Testen

Die letzte ,,Denk''-Methode der Fehlerbehebung ist die Verwendung von Testfällen. Das klingt vielleicht etwas ungewöhnlich, da am Anfang des Kapitels zwischen Fehlerbehebung und Test unterschieden wurde. Man unterscheidet jedoch zwei Arten von Testfällen: Testfälle zum Testen, deren Zweck es ist, vorher unbekannte Fehler aufzudecken, und Testfälle für Fehlerbehebung, deren Zweck es ist, nützliche Informationen zur Lokalisierung eines vermuteten Fehlers zu liefern. Der Unterschied zwischen beiden liegt darin, daß die Testfälle zum Testen ,,fett'' sein sollen (man versucht viele Bedingungen mit einer kleinen Anzahl von Testfällen zu erfassen), Testfälle aber zur Fehlerbehebung sind „schlank" (man versucht nur eine einzige Bedingung oder wenige Bedingungen in jedem Testfall zu erfassen).

Mit anderen Worten, nach der Entdeckung eines Hinweises auf einen vermuteten Fehler verwendet man diese Methode, indem man Varianten des ursprünglichen Testfalls entwirft, um die Lokalisierung des Fehlers zu versuchen. In Wirklichkeit ist das keine ganz neue Methode; oft verwendet man sie in Verbindung mit der Induktionsmethode (um Informationen zu erhalten, die zur Aufstellung einer Hypothese und/ oder zur Bestätigung einer Hypothese benötigt werden) oder in Verbindung mit der Deduktionsmethode (um vermutete Ursachen auszuschließen, um die verbleibenden Hypothesen zu verfeinern und/oder die Hypothese zu bestätigen).

Prinzipien zur Fehlerbehebung

Ähnlich wie in Kap. 2 bei den Testarten werden in diesem Abschnitt etliche Prinzipien der Fehlerbehebung diskutiert, von denen viele psychologischer Natur sind. Wie in Kap. 2 sind viele der Fehlerbehebungsprinzipien intuitiv einsichtig, obwohl sie oft vergessen oder übersehen werden. Da die Fehlerbehandlung ein zweiteiliger Prozeß ist (Lokalisieren und Beheben des Fehlers), werden zwei Reihen von Prinzipien vorgestellt.

Prinzipien zum Fehlerlokalisieren

Denke!

Wie wir aus dem vorigen Abschnitt wissen, ist die Fehlerbehandlung ein Verfahren der Problemlösung. Die effizienteste Methode der Fehlerbehebung ist eine gedankliche Analyse der Informationen, die mit den Fehlerindizien zusammenhängen. Ein guter Diagnostiker sollte in der Lage sein, die Fehler zu lokalisieren, ohne den Computer zu verwenden.

Wenn Sie in eine Sackgasse geraten, überschlafen Sie das Problem erst einmal.

Das menschliche Unterbewußtsein ist gut zum Lösen von Problemen geeignet. Was wir oft als Inspiration betrachten, ist einfach das Unterbewußtsein, das an einem Problem arbeitet, während das Bewußtsein mit anderen Dingen beschäftigt ist, wie Essen, Spazierengehen oder Filme anschauen. Wenn Sie einen Fehler nicht innerhalb einer vernünftigen Zeitspanne (vielleicht 30 Minuten für ein kleines Programm, einige Stunden für ein großes Programm) lokalisieren können, legen Sie das Problem beiseite und beschäftigen sich mit etwas anderem, da die Effizienz des Denkens merklich nachläßt. Nachdem Sie für eine

Weile das Problem „vergessen" haben, wird entweder Ihr Unterbewußtsein das Problem gelöst haben oder Ihr Bewußtsein ist so frisch, daß es die Indizien weiter verfolgen kann.

Geraten Sie in eine Sackgasse,   schildern Sie das Problem einem Kollegen.

Dabei werden Sie wahrscheinlich einen neuen Gedanken haben. Tatsächlich gelingt es oft, eine Lösung zu finden, wenn man das Problem einem guten Zuhörer schildert – auch ohne dessen Unterstützung.

Verwenden Sie Werkzeuge zur Fehlerbehandlung nur als zusätzliches Hilfsmittel.

Und verwenden Sie die Werkzeuge als Unterstützung und nicht als Ersatz für das Denken. Wie weiter oben erwähnt, fördern Werkzeuge, wie DUMPs und Traces (Ablaufverfolger), ein ungeordnetes Vorgehen in der Fehlerbehandlung. Experimente zeigen, daß Leute, die solche Werkzeuge nicht verwenden, erfolgreicher bei der Fehlerbehandlung sind – auch wenn sie mit den Programmen nicht vertraut sind – als Leute, die sie verwenden [3].

Vermeiden Sie Experimente. Verwenden Sie diese nur als letztes Hilfsmittel.

Der gebräuchlichste Fehler, der von Neulingen bei der Fehlerbehandlung begangen wird, ist eine versuchsweise Änderung im Programm, um ein Problem zu lösen (z.B. „Ich weiß nicht, was falsch ist, so werde ich diese DO-Anweisung ändern und sehen, was passiert").

Dieses völlig planlose Vorgehen kann nicht als Fehlerbehandlung angesehen werden; es stellt einen Akt blinder Hoffnung dar. Es besteht nicht nur eine äußerst geringe Chance des Erfolgs, sondern das Problem wird oft dadurch verschärft, daß neue Fehler in das Programm eingebaut werden.

Prinzipien der Fehlerkorrektur

Wenn ein großer Fehler entdeckt wird, so sind noch weitere Fehler in der Umgebung zu vermuten.

Dies ist eine Umformulierung des Prinzips aus Kap. 2, wo festgestellt wird: findet sich in einem Programmabschnitt ein Fehler, so existiert dort mit einer gewissen Wahrscheinlichkeit ein weiterer Fehler. Mit anderen Worten: Fehler haben die Tendenz in Clustern aufzutreten. Bei der Korrektur eines Fehlers sollte man seine unmittelbare Umgebung genau untersuchen.

Beheben Sie den Fehler, und nicht nur ein Symptom davon.

Ein anderer häufiger Fehler ist es, die Symptome oder nur einen Teil eines Fehlers zu korrigieren, und nicht den Fehler selbst. Wenn die vorgeschlagene Korrektur nicht alle Indizien berücksichtigt, wird man nur einen Teil des Fehlers korrigieren.

Die Wahrscheinlichkeit, daß die Korrektur richtig ist, beträgt weniger als 100%.

Dieser Feststellung wird jedermann zustimmen, aber nur so lange, wie er nicht selbst einen Fehler korrigiert; dann kann man oft eine andere Reaktion erleben (z.B. „Ja, meistens, aber diese Korrektur ist so gering, daß sie richtig sein muß"). Code, der zur Korrektur eines Fehlers in ein Programm eingefügt wird, kann niemals als richtig angesehen werden. Die Korrekturen, Befehl für Befehl, sind wesentlich fehleranfälliger als der ursprüngliche Programmcode. Fehlerkorrekturen müssen daher getestet werden, und zwar wesentlich strenger als das Originalprogramm.

Die Wahrscheinlichkeit, daß die Korrektur richtig ist, sinkt mit Zunahme der Programmgröße.

Anders ausgedrückt, die Erfahrung hat gezeigt, daß das Verhältnis der durch die Korrektur eingebauten Fehler zu den ursprünglichen Fehlern mit der Programmgröße ansteigt. In einem häufig benutzten, großen Programm ist einer von sechs neu entdeckten Fehlern durch eine frühere Korrektur des Programms entstanden.

Achten Sie auf die Möglichkeit, daß eine Fehlerkorrektur einen neuen Fehler erzeugen kann.

Man hat nicht nur auf unrichtige Korrekturen zu achten, sondern auch darauf, ob eine zuverlässig erscheinende Korrektur nicht unerwünschte Nebeneffekte mit sich bringt und so einen neuen Fehler erzeugt. Es besteht nicht nur die Wahrscheinlichkeit, daß die Korrektur falsch ist, sondern auch die Wahrscheinlichkeit, daß ein neuer Fehler eingeführt wird. Daher muß nicht nur die Fehlersituation nach der Korrektur getestet werden, sondern es muß auch ein Regressionstest durchgeführt werden, um festzustellen, ob ein neuer Fehler entstanden ist.

Bei der Fehlerkorrektur sollte man sich zeitweise in die Designphase zurückversetzen.

Die Fehlerkorrektur ist eine Form des Programmentwurfs. Da die fehleranfällige Natur von Korrekturen bekannt ist, sollte man vernünftigerweise alle Prozeduren, Methoden und Formalismen aus dem Entwurfsprozeß auch bei der Fehlerbehebung anwenden. War z.B. im Projekt eine Codeinspektion vorgeschrieben, so ist es doppelt wichtig, daß auch nach der Korrektur eine Inspektion durchgeführt wird.

Verändern Sie den Sourcecode und nicht den Objektcode.

Bei der Fehlerbehandlung in großen Systemen, speziell in solchen, die in Assembler geschrieben sind, besteht gelegentlich die Tendenz, einen

Fehler direkt im Objectcode zu beheben (d.h. mit Hilfe eines „Super-zap"-Programms), mit der Absicht, den Sourcecode später zu verbessern (d.h. „wenn ich Zeit habe").

Mit diesem Vorgehen sind zwei Probleme verbunden:

1. gewöhnlich ist das ein Zeichen dafür, daß man eine „Fehlerbehebung durch Experimentieren" durchführt, und

2. der Sourcecode und der Objectcode stimmen nicht mehr überein, d.h. der Fehler kann bei einer Reassemblierung oder Recompilierung wieder auftreten.

Dieses Verfahren ist ein Hinweis für eine schlampige, unprofessionelle Fehlerbehebung.

Fehleranalyse

Bei der Fehlerbehandlung ist noch eine Tatsache zu erwähnen, die zusätzlich zur Fehlerbeseitigung in einem Programm einen weiteren wertvollen Effekt zeigt: sie kann uns etwas über die Natur der Softwarefehler sagen, über die wir noch zu wenig wissen. Informationen über die Natur der Softwarefehler stellen eine vorteilhafte Rückkopplung dar, um zukünftige Design- und Testprozesse zu verbessern.

Jeder Programmierer und jede Programmierorganisation kann sich wesentlich verbessern, wenn eine detaillierte Analyse der entdeckten Fehler, oder wenigstens einer Untermenge davon, durchgeführt wird. Es ist eine schwierige und zeitaufwendige Aufgabe, denn sie erfordert wesentlich mehr als eine künstliche Gruppierung wie

„X% der Fehler sind Logikentwurfsfehler" oder

„Y% der Fehler treten in IF-Statements auf".

Eine sorgfältige Analyse könnte sich mit folgenden Fragen beschäftigen:

1. Wann wurde der Fehler gemacht? Diese Frage ist am schwierigsten zu beantworten, da ein Zurückgehen durch die Dokumentation und Geschichte des Projekts erforderlich ist. Aber sie bringt auch den meisten Gewinn. Man muß die ursprüngliche Quelle und den Zeitpunkt des Fehlers lokalisieren. Z.B. könnte als ursprüngliche Quelle des Fehlers eine zweideutige Anweisung in der Spezifikation entdeckt werden, eine Korrektur eines früheren Fehlers oder ein Mißverständnis in der Benutzeranforderung.

2. Wer machte den Fehler? Wäre es nicht nützlich zu entdecken, daß 60% der Designfehler bei einem von zehn Systemanalytikern entstehen, oder daß ein Programmierer dreimal soviele Fehler macht als seine Kollegen?
(Nicht aus Gründen der Bestrafung, sondern der Ausbildung)

3. Was war falsch? Es ist nicht ausreichend, zu bestimmen, wann und durch wen der Fehler gemacht wurde; es ist auch wichtig zu wissen, warum der Fehler gemacht wurde. War der Mitarbeiter nicht in der Lage, klar zu schreiben? Gibt es bei dem Mitarbeiter Lücken in der Kenntnis der Programmiersprache? War es ein Tipp- oder Lochfehler? Eine ungültige Annahme? Ein Mangel in der Behandlung von ungültigen Eingabedaten?

4. Wie hätte der Fehler vermieden werden können? Was kann man im nächsten Projekt anders machen, um diese Art von Fehlern zu vermeiden? Die Antwort darauf trägt viel zur Lösung der Frage über Rückkopplung oder Lernvorgang bei.

5. Warum wurde der Fehler nicht eher entdeckt? Wenn der Fehler während der Testphase entdeckt wird, so sollte man untersuchen, warum der Fehler nicht schon in früheren Testphasen, Codeinspektionen und Designreviews entdeckt wurde.

6. Wie hätte der Fehler eher entdeckt werden können? Die Antwort auf diese Frage ist ein anderer Teil der Rückkopplung. Wie kann der Review- und Testprozeß verbessert werden, um diese Fehlerart früher in zukünftigen Projekten zu entdecken?

7. Wie wurde der Fehler entdeckt? Vorausgesetzt, der Fehler wurde nicht vom Endbenutzer entdeckt (sondern durch einen Testfall), so ist ein für uns günstiges Ereignis eingetreten: Wir haben einen erfolgreichen Testfall definiert. Warum war dieser Testfall erfolgreich? Können wir daraus etwas lernen, das zu weiteren erfolgreichen Testfällen führt, sei es für das gegenwärtige oder für zukünftige Programme?

Nochmals, der Analyseprozeß ist schwierig, aber die durch ihn gegebenen Antworten können bei der Verbesserung der Qualität späterer Projekte unschätzbare Dienste leisten.

Alarmierend ist allerdings, daß die überwiegende Mehrheit der Programmierer und Programmierorganisationen dieses Verfahren nicht anwendet.

Literatur

1. G. M. Weinberg, *The Psychology of Computer Programming*. New York: Van Nostrand Reinhold, 1971.
2. J. D. Gould und P. Drongowski, "A Controlled Psychological Study of Computer Program Debugging", RC-4083, IBM Research Division, Yorktown Heights, N.Y., 1972.
3. J. D. Gould, "Some Psychological Evidence on How People Debug Computer Programs", *Int. J. Man-Machine Stud.*, 7(2), 151–182 (1975).
4. A. R. Brown und W. A. Sampson, *Program Debugging*. London: Macdonald, 1973.

Kapitel 8

Testtools (Testwerkzeuge)
und andere Techniken

Der Entwurf von Testfällen wird als die entscheidende Aufgabe des Softwaretests angesehen – dieses Problem wurde bereits in vorangegangenen Kapiteln diskutiert. Wir wollen uns jetzt hauptsächlich mit diesem Thema befassen. Eine Frage ist zu klären: wie weit läßt sich der Testprozeß automatisieren? Unglücklicherweise wurde der Entwurf von Testfällen noch nicht automatisiert (z. B. existiert kein Programm, das eine Spezifikation als Input akzeptiert und einen Ursache-Wirkungsgraphen oder eine Grenzwertanalyse als Ausgabe erzeugt), aber es wurden bedeutende Fortschritte bei der Automatisierung anderer Aspekte des Testprozesses gemacht.

Dieses Kapitel liefert einen Überblick über automatische Test- und Debugging-(Fehlerbehebung) tools und über andere, damit verbundene Techniken und Ideen, die in früheren Kapiteln nicht behandelt wurden.

Der Student soll hier einen Überblick gewinnen, was bisher erreicht wurde und in welche Richtung die Forschung geht; für den Fachmann wurde eine Literatursammlung zusammengestellt, die ihn davor bewahren soll, „das Rad ein zweites Mal zu erfinden". Die Anzahl der Literaturzitate ist zwar recht umfangreich, stellt aber in keiner Weise eine vollständige Literatursammlung dar; es wurde vielmehr eine repräsentative Auswahl getroffen. Wenn der Leser eine komplettere Bibliographie für ein spezielles Gebiet sucht, sollte er eine oder zwei der neuesten Referenzen aus dem entsprechenden Abschnitt zu Rate ziehen.

Modultreiber

Die Notwendigkeit für die Erstellung von Modultreibern wurde in Kap. 5 diskutiert: wenn man ein Modul oder eine Unterroutine testet, muß man ein kleines Programm schreiben, das die Eingabe von Testdaten in das Modul ermöglicht. Anstatt solche Programme zu schreiben, bedient man sich der Modultreiber als Ersatz dafür; es wird eine Sprache bereitgestellt, in der die Testfälle definiert werden.

Es gibt sogar etliche Treiberwerkzeuge, die die Testfallergebnisse verifizieren, indem sie es dem Benutzer erlauben, die für den Test erwarteten Ergebnisse zu spezifizieren. Die Vorteile solcher Werkzeuge sind:

1. die Sprache reduziert den benötigten Aufwand und standardisiert die Erstellung der Testfälle,

2. die Testfälle können ohne Schwierigkeit wiederverwendet werden, wenn eine Änderung oder Korrektur im Modul durchgeführt wurde, und

3. die automatische Verifikation der Resultate motiviert den Programmierer die erwarteten Ausgabedaten explizit anzugeben und vermindert damit das Problem: „das Auge sieht, was es will", das in Kap. 2 diskutiert wurde.

Ein intelligentes Treiberwerkzeug ist AUT (Automated Unit Test) [1, 2, 8]. Man arbeitet mit AUT durch die Festlegung von Testfällen (Eingabe- und erwartete Ausgabedaten) in einer nichtprozeduralen Sprache und durch die Speicherung dieser Daten in einer Datenbank. Das Modul wird dann durch die Eingabe eines einzelnen Kommandos vom Terminal aus getestet. Damit wird der Testfall von AUT übersetzt, das Modul mit den entsprechenden Daten versorgt und der Test durchgeführt; die tatsächlichen Ausgabedaten werden mit den erwarteten verglichen, und jede Abweichung wird dem Benutzer mitgeteilt.

AUT kann auch als Ersatz für STUBs in einem topdown-Test verwendet werden, wobei man noch-nicht-existente Module definiert. Wenn das getestete Programm ein nichtexistentes Modul aufruft, fängt AUT diesen Aufruf ab, überprüft die Eingabedaten für das aufgerufene Modul, versucht einen Testfall mit den gleichen Eingabedaten in der Testdatenbank zu finden und erstellt im Speicher die erwarteten Daten, die im Testfall beschrieben wurden, d.h. AUT verwendet die Testfälle, um die Aktion nichtexistenter Module zu simulieren. MTS [3] und TESTMASTER sind andere Testtreiber, die man kommerziell beziehen kann. Ein weiteres Testwerkzeug, ein Übersetzer für die SIMPL-T-Sprache, in der man Eingabe- und die erwarteten Ausgabedaten in einer „Test"-Anweisung am Anfang des zu testenden Moduls beschreibt, ist verfügbar [4]; TPL/F und TPL/2.0 sind Sprachen zum Beschreiben von Modultreibern und Stümpfen (STUBs) für FORTRAN [5, 6, 8]; ein Treiber für Assembler wird in [7] beschrieben.

Literatur

1.   C. A. Heuermann, G. J. Myers und J. H. Winterton, "Automated Test and Verification", *IBM Tech. Disclosure Bull.* 17(7), 2030-2035 (1974).
2.   *Automated Unit Test (AUT) Program Description/Operation Manual*, SH20-1663. White Plains, N. Y.: IBM, 1975.
3.   *Module Testing System (MTS) Fact Book.* London, England; Management Systems and Programming Limited, 1972.

4. R. G. Hamlet, "Testing Programs with the Aid of a Compiler", *IEEE Trans. Software Eng.*, SE-3(4), 279–290 (1977).
5. D. J. Panzl, "Test Procedures: A New Approach to Software Verification", *Proceedings of the Second International Conference on Software Engineering*. New York: IEEE, 1976, pp. 477–485.
6. *Fortran Test Procedure Language–Programmer Reference Manual*. Schenectady, N.Y.: General Electric, 1977.
7. D. Itoh und T. Izutani, "FADEBUG-I, A New Tool for Program Debugging", *Record of the 1973 IEEE Symposium on Computer Software Reliability*. New York: IEEE, 1973, pp. 38–43.
8. D. J. Panzl, "Automatic Software Test Drivers", *Computer*, 11(4), 44–50 (1978).

Werkzeuge für eine statische Analyse

Die Analyse des statischen Flusses ist eine andere und aufregende Art von Testwerkzeugen. Sie wird durch ein Programm gesteuert, das ein anderes Programm auf Fehler hin untersucht, es aber nicht ausführt. Das kann man mit einer automatischen Codeinspektion vergleichen. Durch die Analyse des Programmsteuer- und Datenflusses kann man solche üblichen Fehler entdecken, wie die Referenz auf eine Variable, die keinen definierten Wert hat, wie inkonsistente Schnittstellen zwischen Modulen, wie Variable mit Werten, die niemals benutzt werden, wie nicht erreichbaren Code (Befehle, die niemals ausgeführt werden können) und wie die Verletzung von Programmierstandards. Beispielsweise ergibt die Analyse der FORTRAN-Unterroutine

```
SUBROUTINE S(A,B)
VOLT=A+B
B=VOLTS
RETURN
END
```

durch ein solches Werkzeug einen Hinweis auf die Referenz der nicht initialisierten Variable VOLTS und auf die Tatsache, daß VOLT nach der Berechnung nicht mehr angesprochen wird.

Das Werkzeuge ASES [1, 2] macht nicht erreichbaren Code kenntlich und protokolliert fehlerträchtige Programmiergewohnheiten (z.B. Sprung in eine DO-Schleife). RXVP [3] lokalisiert Referenzen auf nicht initialisierte Variablen in FORTRAN-Programmen, Inkonsistenzen zwischen aktuellen und formalen Parametern in Unterroutinen und Nenner in arithmetischen Ausdrücken, die möglicherweise Null werden können. Ein anderes FORTRAN-Werkzeug, AUDIT [4], entdeckt Referenzen auf nicht initialisierte Variable und Verletzungen des ANSI-FORTRAN-Standards.

FACES [5, 6], ein anderes FORTRAN-Tool, überprüft jede Unterroutinenschnittstelle auf konsistente Anzahl und Art der aktuellen und formalen Parameter, lokalisiert ALIGNMENT-Fehler in COMMON-

Blöcken und identifiziert fehleranfällige Programmier-Gewohnheiten (z.B. Übergabe einer Konstanten als Argument). Bei einer frühen Anwendung von FACES bei der NASA wurde etwa 1 Fehler pro 200 Anweisungen · eines großen FORTRAN-Programmes gefunden. Bei der Anwendung von FACES in der Softwareanalyse für den Raumtransporter (space shuttle) der NASA erwiesen sich 6.5% der Anweisungen als problematisch [7]. Ein ähnliches FORTRAN-Analyseprogramm ist DAVE [8−10]. Wendel und Kleir [11] bringen eine nützliche Diskussion über die Ziele von Werkzeugen für die statische Analyse.

Literatur

1. C. V. Ramamoorthy, R. E. Meeker und J. Turner, "Design and Construction of an Automated Software Evaluation System", *Record of the 1973 IEEE Symposium on Computer Software Reliability.* New York: IEEE, 1973, pp. 28−37.
2. R. E. Meeker und C. V. Ramamoorthy, "A Study in Software Reliability and Evaluation", Tech. Memo. No. 39, Electronics Research Center, University of Texas, 1973.
3. *RXVP User's Guide.* RM-1942, Santa Barbara, Cal.: General Research, 1975.
4. L. M. Culpepper, "A System for Reliable Engineering Software", *IEEE Trans. Software Eng.* SE-1(2), 174−178 (1975).
5. C. V. Ramamoorthy und S. F. Ho, "Fortran Automatic Code Evaluation System (FACES)", ERL-M466, University of California at Berkeley, 1974.
6. C. V. Ramamoorthy und S. F. Ho, "Testing Large Software with Automated Software Evaluation System", *IEEE Trans. Software Eng.,* SE-1(1), 46−58 (1975).
7. *NASA Software Specification and Evaluation System, Final Report.* Huntsville, Ala.: Science Applications, 1977 (NTIS N77-26828).
8. L. Osterweil und L. D. Fosdick, "Data Flow Analysis as an Aid in Documenting, Assertion, Generation, Validation, and Error Detection", CU-CS-055-74, University of Colorado, 1974.
9. L. J. Osterweil und L. D. Fosdick, "Some Experience with DAVE−A Fortran Program Analyzer", *Proceedings of the 1976 National Computer Conference.* Montvale, N.J.: AFIPS Press, 1976, pp. 909−915.
10. L. D. Fosdick und L. J. Osterweil, "Data Flow Analysis in Software Reliability", *Comput. Surveys,* 8(3), 305−330 (1976).
11. I. K. Wendel und R. L. Kleir, "Fortran Error Detection through Static Analysis", *Software Eng. Notes,* 2(3), 22−28 (1977).
12. R. E. Fairly, "Tutorial: Static Analysis and Dynamic Testing of Computer Software", *Computer,* 11(4), 14−23 (1978).

Monitore für den Testdeckungsgrad

Monitore über den Testdeckungsgrad sind Hilfen für „Whitebox"-Testaktivitäten. Sie steuern die Testprogramme während der Ausführung und liefern eine Statistik, inwieweit die Kriterien für die Erfassung aller Befehle und aller Entscheidungen erfüllt wurden (bisher wurden keine Tools entwickelt, die die Erfassung aller Bedingungen durchführen). Die meisten Tools verfügen über einen Preprozessor, der an bestimmten Punkten zusätzliche Befehle in den Sourcecode einfügt (z.B. Aufrufe spezieller Unterroutinen).

PET [1, 2] ist ein FORTRAN-Monitor, der die Häufigkeit angibt, mit der jeder Befehl und jede Verzweigung ausgeführt wurde. Ähnliche Aufgaben erfüllen RXVP [3], ebenfalls für FORTRAN-Programme, und FORTUNE, das von der Capex Corporation stammt.

JAVS erledigt ähnliche Aufgaben für JOVIAL-Programme [4].

Literatur

1. L. G. Stucki, "Automatic Generation of Self-Metric Software", *Record of the 1973 IEEE Symposium on Computer Software Reliability.* New York: IEEE, 1973, pp. 94–100.
2. L. G. Stucki, "New Directions in Automated Tools for Improving Software Quality", *in* R. T. Yeh, ed., *Current Trends in Programming Methodology, Vol. II, Programm Validation.* Englewood Cliffs, N.J.: Prentice-Hall, 1977, pp. 80–111.
3. *RXVP User's Guide.* RM-1942. Santa Barbara, Cal.: General Research, 1975.
4. E. F. Miller, "Methodology for Comprehensive Software Testing", RADC-TR-75-161, General Research Corp., Santa Barbara, Cal., 1975 (NTIS AD/A-013111).
5. C. V. Ramamoorthy, K. H. Kim und W. T. Chen, "Optimal Placement of Software Monitors Aiding Systematic Testing", *IEEE Trans. Software Eng.* SE-1(4), 403–411 (1975).
6. J. C. Huang, "Program Instrumentation and Software Testing", *Computer,* 11(4), 25–31 (1978).

Mathematische Beweise für die Korrektheit von Programmen

Ausgehend von der grundlegenden Aufgabe des Testens, Fehler zu finden, weil es unmöglich ist, Fehlerfreiheit zu zeigen, besteht offensichtlich der Wunsch nach einer Alternative zum Testen, mit der man zeigen kann, ob ein Programm fehlerfrei ist. Im Hochschulbereich entstand dabei der Begriff „Korrektheitsbeweis eines Programms".

Die übliche Methode des Korrektheitsbeweises von Programmen ist die Methode der induktiven Zusicherungen (inductive assertions). Das Ziel ist die Erstellung von Theoremen für das bewußte Programm, die die Fehlerfreiheit garantieren sollen. Dazu muß man Zusicherungen (Behauptungen) über die erwarteten Ergebnisse des Programms aufstellen. Die Zusicherungen werden in einem formalen, logischen System symbolisch dargestellt, normalerweise in einem System der Prädikatenlogik erster Ordnung. Dann lokalisiert man jede Schleife in dem Programm und definiert eine Zusicherung, die an einem bestimmten Punkt der Schleife eine Invariante (immer wahr) ist. Das Programm wird damit in eine Anzahl von Pfaden fester Länge unterteilt (alle möglichen Pfade zwischen zwei Zusicherungen). Man nimmt an jedem Ende eines Pfades die Zusicherung, führt sie auf dem Pfad mit Hilfe der Semantik durch die dazwischenliegenden Anweisungen aus, um die Zusicherung zu modifizieren, und erreicht schließlich das Ende des Pfades; hier existieren zwei Zusicherungen: die ursprüngliche und die, die aus der Zusicherung am entgegengesetzten Ende abgeleitet wurde. Man definiert dann ein Theorem, daß die ursprüngliche Zusicherung die abgeleitete Zusicherung impliziert, und versucht das Theorem zu beweisen.

Wie oben erwähnt, ist die Methode der induktiven Zusicherungen [1] die häufigste Beweistechnik. Wenn die Theoreme bewiesen werden können, dann wird die Aussage gemacht, daß das Programm fehlerfrei ist (d.h., es erfüllt die Ein- und Ausgabe-Zusicherungen), vorausgesetzt, daß das Programm beendet wird. Ein eigener Beweis ist dafür erforderlich, zu zeigen, daß das Programm schließlich immer zu einem Abschluß kommt [2].

Andere Beweistechniken sind die Methoden des Prädikatentransformers [3, 4], Teilziel ("subgoal")-Induktion [5], Berechnungsinduktion [6], Strukturinduktion [6, 7] und intermittierende Zusicherungen [8]. London [9] liefert einen guten Überblick mit einer Liste von 151 Referenzen.

Korrektheitsbeweis ist eine erregende Idee, die weitreichende Konsequenzen für die zukünftige Softwareentwicklung haben könnte; dabei gibt es aber genügend Probleme. Eines davon ist der immense Aufwand an geistiger Leistung. Bisher wurde daher noch kein umfangreiches Programm als korrekt bewiesen, noch wurden Beweistechniken auf kommerzielle Produktionsprogramme angewendet. Das andere Problem ist es, die Gültigkeit des Anspruches auf die Fehlerfreiheit zu garantieren. Das ist immer noch eine offene Frage und hängt stark davon ab, wie man „Fehler" definiert; aber — um objektiv zu bleiben — es gibt Studien, die auf Fehler in veröffentlichten Beweisen aufmerksam machen [10] und zeigen, wie unzulänglich Beweise sein können [11] und warum „bewiesene" Programme immer noch getestet werden müssen [12].

Literatur

1. R. W. Floyd, "Assigning Meaning to Programs", *Proceeding of the American Mathematical Society Symposium in Applied Mathematics, Volume 19*. Providence, R. I.: American Mathematical Society, 1967, pp. 19–31.
2. S. Katz und Z. Manna, "A Closer Look at Termination", *in* R. T. Yeh ed., *Current Trends in Programming Methodology, Volume II, Program Validation*. Englewood Cliffs, N.J.: Prentice-Hall, 1977, pp. 248–268.
3. S. K. Basu und R. T. Yeh, "Strong Verification of Programs", *IEEE Trans. Software Eng.*, SE-1(3), 339–346 (1975).
4. R. T. Yeh, "Verification of Programs by Predicate Transformation", *in* R. T. Yeh ed., *Current Trends in Programming Methodology, Volume II, Program Validation*. Englewood Cliffs, N.J.: Prentice-Hall, 1977, pp. 228–247.
5. J. H. Morris, Jr. und B. Wegbreit, "Program Verification by Subgoal Induction", *in* R. T. Yeh, ed., *Current Trends in Programming Methodology, Volume II, Program Validation*. Englewood Cliffs, N.J.: Prentice-Hall, 1977, pp. 197–237.
6. Z. Manna, S. Ness und J. Vuillemin, "Inductive Methods for Proving Properties of Programs", *Commun. ACM*, 16(8), 491–502 (1973).
7. C. Reynolds und R. T. Yeh, "Induction as the Basis for Program Verification", *IEEE Trans. Software Eng.* SE-2(4), 244–252 (1976).

8. Z. Manna und R. Waldinger, "Is 'Sometime' Sometimes Better than 'Always'?" *Commun. ACM*, **21**(2), 159–172 (1978).
9. R. L. London, "Perspective on Program Verification", *in* R. T. Yeh ed., *Current Trends in Programming Methodology, Volume II, Program Validation.* Englewood Cliffs, N.J.: Prentice-Hall, 1977, pp. 151–172.
10. S. L. Gerhart und L. Yelowitz, "Observations of Fallibility in Applications of Modern Programming Methodologies", *IEEE Trans. Software Eng.* SE-2(3), 195–207 (1976).
11. J. B. Goodenough und S. L. Gerhart, "Toward a Theory of Test Data Selection", *IEEE Trans. Software Eng.* SE-1(2), 156–173 (1975).
12. A. S. Tanenbaum, "In Defense of Program Testing, or Correctness Proofs Considered Harmful", *SIGPLAN Not.*, **11**(5), 64–68 (1976).
13. L. Robinson und K. N. Levitt, "Proof Techniques for Hierarchically Structured Programs", *in* R. T. Yeh, ed., *Current Trends in Programming Methodology, Volume II, Program Validation.* Englewood Cliffs, N.J.: Prentice-Hall, 1977, pp. 173–196.
14. C. A. R. Hoare, "Proof of a Program: FIND", *Commun. ACM*, **14**(1), 39–45 (1971).
15. L. Lampert, "Proving the Correctness of Multiprocess Programs", *IEEE Trans. Software Eng.*, SE-3(2), 125–143 (1977).
16. B. Wegbreit, "Constructive Methods in Program Verification", *IEEE Trans. Software Eng.* SE-3(3), 193–209 (1977).
17. D. Gries, "An Illustration of Current Ideas on the Derivation of Correctness Proofs and Correct Programs", *IEEE Trans. Software Eng.* SE-2(4), 238–244 (1976).
18. C. D. Allen, "The Application of Formal Logic to Programs and Programming", *IBM Systems J.* **10**(1), 2–38 (1971).
19. B. Elspas, K. N. Levitt, R. J. Waldinger und A. Waksman, "An Assessment of Techniques for Proving Program Correctness", *Comput. Surveys*, **4**(2), 97–147 (1972).

Werkzeuge für den automatisierten Korrektheitsbeweis von Programmen

Da der Prozeß des Korrektheitsbeweises eine Menge Formelmanipulationen und entsprechend langweilige Schreibarbeiten erfordert, bietet sich eine Erweiterung durch die Automatisierung von vielen Aktionen bei diesem Prozeß an. Das ursprüngliche Ziel war es, ein Programm zu entwickeln, das für das vorgelegte Testobjekt und dessen Ein- und Ausgabebehauptungen versucht, einen Korrektheitsbeweis durchzuführen. Die Programme für den Korrektheitsbeweis müßten also induktive Zusicherungen aufstellen, die nötigen Theoreme durch die Manipulation der Behauptungen mit der Semantik des Testobjekts generieren und diese Theoreme beweisen.

Gegenwärtige Bestrebungen haben dieses Ziel etwas aus den Augen verloren, hauptsächlich deswegen, weil die Erstellung der induktiven Behauptungen und der Beweis der Theoreme beträchtliche Intelligenz erfordert. Gegenwärtig sind daher diese Programme interaktive Tools, die bis zu einem Punkt laufen, an dem sie ein Hindernis entdecken, und dann den Benutzer um Hilfe angehen.

Eine Pioniertat auf diesem Gebiet ist ein vollautomatisierter Theoremgenerator und Beweistool für Programme, die in einer Untermenge von Algol geschrieben sind [1]. Das Beweissystem, das von Good, London und Bledsoe [2] entwickelt wurde, entspricht mehr der ge-

genwärtigen Entwicklungslinie. Beim Beweisen der Theoreme ist eine Zeitbegrenzung eingebaut. Wenn ein Theorem nicht innerhalb dieses Zeitabschnitts bewiesen werden kann, so wird der Benutzer aufgefordet, den unvollständigen Beweis zu überprüfen und das System mit Hinweisen zu versorgen, wie es weiter vorgehen soll.

Literatur

1. J. C. King, "A Program Verifier", Ph. D. dissertation, Carnegie-Mellon University, 1969.
2. D. I. Good, R. L. London und W. W. Bledsoe, "An Interactive Program Verification System", *IEEE Trans. Software Eng.* SE-1(1), 59–67 (1975).
3. J. C. King, "Proving Programs to be Correct", *IEEE Trans. Comput.* C-20(11), 1331–1336 (1971).
4. L. P. Deutsch, "An Interactive Program Verifier", Ph. D. dissertation, University of California at Berkeley, 1973.
5. B. Elspas, K. N. Levitt und R. J. Waldinger, "An Interactive System for the Verification of Computer Programs", Final report, Project 1891, Stanford Research Institute, Stanford, Cal., 1973.
6. R. S. Boyer und J. S. Moore, "Proving Theorems about LISP Functions", *J. ACM,* 22(1), 129–144 (1975).
7. S. M. German und B. Wegbreit, "A Synthesizer of Inductive Assertions", *IEEE Trans. Software Eng.* SE-1(1), 68–75 (1975).

Symbolische Ausführung

Die symbolische Ausführung ist ein Zwitter, eine Kreuzung zwischen Programmtesten und Korrektheitsbeweis. Das Testobjekt wird zwar ausgeführt, aber nur symbolisch. Das heißt, die Variablen können symbolische oder ebenso numerische Werte annehmen. Ein symbolischer Wert ist eine algebraische Darstellung (Identifier) oder ein Ausdruck, der symbolische und numerische Werte enthält. Wenn man beispielsweise das folgende Programmsegment durchführt

```
SUBROUTINE COMP(PRICE,RAGE,VAL)
SURC = .01
PRICE=PRICE*SURC/VAL
RANGE=PRICE*VAL*20 + 2
END
```

kann man den Eingabevariablen PRICE und VAL die algebraischen Werte A und B zuweisen. Nach der Durchführung sind die symbolischen Werte von PRICE, RANGE und VAL 0.01 A/B, 0.2 A + 2 und B. Mit anderen Worten heißt das, daß die Testfalleingaben symbolisch und die erwarteten symbolischen Ausgabedaten als eine Beziehung der Eingabedaten ausgedrückt werden können.

Das offensichtliche Problem bei diesem Werkzeug ist die Behandlung der Sprungbefehle, z.B. der IF-Anweisungen, wo ein Pfad abhängig

davon durchlaufen wird, welchen speziellen Wert die Variablen haben.
Wenn

IF (PRICE>0) . . .

angesprochen wird, kann die Lösung folgendermaßen aussehen. Wenn
das System weiß, daß PRICE > 0 ist oder ableiten kann, ob PRICE
> 0 ist, so durchläuft es den entsprechenden Pfad. Wenn nicht, so for-
dert es vom Benutzer Unterstützung. Wenn der Benutzer das System
instruiert, den „Ja"-Zweig zu nehmen, so fügt das System die Bedingung PRICE > 0 dem symbolischen Zustand des Programms hinzu
und führt den THEN-Zweig aus.

Das EFFIGY-System [1, 2] führt Programme symbolisch aus, die in
einer Untermenge von PL/I geschrieben sind; SELECT [3] macht das
gleiche für Programme in einer Untermenge aus LISP; DISSECT
[4–7] wurde für FORTRAN-Programme entwickelt. Ein anderes
System zur symbolischen Ausführung [8] ist ein Teil des DAVE-Sy-
stems, das schon im Abschnitt über die Analyse des statischen Flusses
erwähnt wurde.

Literatur

1. J. C. King, "A New Approach to Program Testing", *Proceedings of the 1975 International Conference on Reliable Software*. New York: IEEE, 1975, pp. 228–233.
2. J. C. King, "Symbolic Execution and Program Testing", *Commun. ACM*, 19(7), 385–
   394 (1976).
3. R. S. Boyer, B. Elspas und K. N. Levitt, "SELECT–A Formal System for Testing and
   Debugging Programs by Symbolic Execution", *Proceedings of the 1975 International
   Conference on Reliable Software*. New York: IEEE, 1975, pp. 234–245.
4. W. E. Howden, "Methodology for the Generation of Program Test Data", *IEEE Trans.
   Comput.*, C-24(5), 554–560 (1975).
5. W. E. Howden, "Experiments with a Symbolic Evaluation System", *Proceedings of the
   1976 National Computer Conference*. Montvale, N. J.: AFIPS Press 1976, pp. 899–
   908.
6. W. E. Howden, "Symbolic Testing and the DISSECT Symbolic Evaluation System",
   IEEE Trans. Software Eng. SE-3(4), 266–278 (1977).
7. W. E. Howden, "DISSECT–A Symbolic Evaluation and Program Testing System",
   IEEE Trans. Software Eng. SE-4(1), 70–73 (1978).
8. L. A. Clarke, A System to Generate Test Data and Symbolically Execute Programs",
   IEEE Trans. Software Eng., SE-2(3), 215–222 (1976).
9. S. L. Hantler und J. C. King, "An Introduction to Proving the Correctness of Programs",
   Comput. Surveys, 8(3), 331–353 (1976).
10. C. V. Ramamoorthy, S. F. Ho und W. T. Chen, "On the Automated Generation of
    Program Test Data", *IEEE Trans. Software Eng.* SE-2(4), 293–300 (1976).
11. J. A. Darringer und J. C. King, "Applications of Symbolic Execution to Program Test-
    ing", *Computer*, 11(4), 51–60 (1978).

Generatoren für Testdaten

Wie schon vorher erwähnt wurde, sind keine Werkzeuge bekannt, die
automatisch Testfälle entwerfen können, indem sie Äquivalenzklassenbildung, Ursache-Wirkungs-Graphen[1] oder Grenzwertanalyse mit Hilfe

von Spezifikationen durchführen. Da überhaupt ein Werkzeugt fehlt, könnte man sich ein Tool vorstellen, das einen Eingabestrom von Zufallsdaten für das Testobjekt erzeugt. Solche Programme existieren zwar, werden hier aber nicht erwähnt, da sie bestenfalls ineffiziente und ad hoc Verfahren zum Testen darstellen.

Es wurden jedoch zahlreiche Werkzeuge entwickelt, um den Designer bei der Identifizierung und/oder Formulierung von Testdaten zu unterstützen. Man beachte dabei, daß solche Werkzeuge als Testdatengeneratoren und nicht als Testfallgeneratoren bezeichnet werden, da auch die intelligentesten unter ihnen keine wirklichen Testfälle erzeugen (d.h. Eingabedaten und erwartete Ausgabedaten).

Ein Teil der Testdatengeneratoren ist „whitebox"-orientiert, d.h. sie analysieren den logischen Fluß des Programms und leiten daraus beispielsweise die Menge der Eingabedaten ab, die nötig sind, um ein spezielles Kriterium zu erfüllen. Bisher bekannte Studien schließen auch vorgeschlagene Tools ein, die mit vorgegebenen Kriterien wie „dieser Pfad soll ausgeführt werden" oder „die Ausführung aller Entscheidungen muß erreicht werden" die benötigten Eingabedaten ableiten [1, 2]; eine allgemeine Diskussion über die Implementierung solcher Werkzeuge ist in [3] zu finden. Ein anderes Tool generiert keine Testdaten, aber bestimmt für ein FORTRAN-Unterprogramm die Minimalanzahl von Pfaden, die durchlaufen werden müssen, um die Ausführung aller Entscheidungen zu erreichen [4].

Andere Testdatengeneratoren sind dem Tester bei der Definition von Testfällen behilflich. Einer davon besteht aus einer englisch-ähnlichen Sprache, die zur Beschreibung des gewünschten Inhalts einer Datei dient [5]. Die Sprache wird dann verarbeitet und liefert ein PL/I-Programm, das die Datei erzeugt. Ein anderes System erzeugt Testdaten für einen Compiler, wenn eine Beschreibung der Eingabe (Programmiersprache) in einer formalen Grammatik gegeben ist [6]. Ein weiteres Werkzeug erzeugt, ausgehend von einer Beschreibung eines Programms in einer Spezifikationssprache, eine Menge nicht redundanter Testeingabedaten [7].

Literatur

1. H. N. Gabow, S. N. Maheshwari und L. J. Osterweil, "On Two Problems in the Generation of Program Test Paths", *IEEE Trans. Software Eng.* SE-2(3), 227–231 (1976).
2. J. C. Huang, "An Approach to Program Testing", *Comput. Surveys*, 7(3), 113–128 (1975).
3. C. V. Ramamoorthy, S. F. Ho und W. T. Chen, "On the Automated Generation of Program Test Data", *IEEE Trans. Software Eng.* SE-2(3), 215–222 (1976).
4. K. W. Krause, R. W. Smith und M. A. Goodwin, "Optimal Software Test Planning Through Automated Network Analysis", *Record of the 1973 IEEE Symposium on Computer Software Reliability.* New York: IEEE, 1973, pp. 18–22.
5. N. R. Lyons, "An Automatic Data Generation System for Data Base Simulation and Testing", *Data Base*, 8(4), 10–13 (1977).

6. B. Houssais, "Verification of an Algol 68 Implementation", *Proceedings of the Strathclyde Algol 68 Conference.* New York: ACM, 1977, pp. 117–128.
7. R. J. Peterson, "TESTER/1: An Abstract Model for the Automatic Synthesis of Program Test Case Specifications", *Proceedings of the Symposium on Computer Software Engineering.* New York: Polytechnic Press, 1976, pp. 465–484.
8. W. H. Jessop, J. R. Kane, S. Roy und J. M. Scanlon, "ATLAS–An Automated Software Testing System", *Proceedings of the Second International Conference on Software Engineering.* New York: IEEE, 1976, pp. 629–635.
9. W. Miller und D. L. Spooner, "Automatic Generation of Floating-Point Test Data", *IEEE Trans. Software Eng.* SE-2(3), 223–226 (1976).

Umgebungssimulatoren

Ein Umgebungssimulator ist ein Werkzeug, das die Umgebung um ein Testobjekt simuliert, wenn es zu teuer oder zu umständlich ist, in einer wirklichen Systemumgebung zu testen. Er wird hauptsächlich angewendet

1. bei Streß- und Volumentests (z.B. um die Aktionen von 100 Terminalbenutzern in einem Timesharingsystem zu simulieren),
2. um Bedingungen zu erzeugen, die sich in einer wirklichen Umgebung nur schwer oder überhaupt nicht herstellen lassen (z.B. spezielle Hardwarefehler) und
3. dann, wenn ein Test in der echten Umgebung überhaupt nicht in Frage kommt (z.B. beim Test von Steuerprogrammen für Kernreaktoren, Flugsystemen, Luftraumverteidigungssystemen).

Viele Computerhersteller verwenden und/oder verkaufen Terminalsimulatoren: Programme, die in einem separaten, angeschlossenen Computer gespeichert sind und die die Aktionen von Terminalbenutzern simulieren. Als Beispiele werden einige wenige, spezielle Simulatoren vorgestellt: ein System wurde zum Testen des Dispatchingsystems der New York City-Feuerwehr entwickelt [1], das die verschiedenen Feueralarmaktivitäten durchführt, die Feuerwehrfahrzeuge einteilt und die Feuerbekämpfung unterstützt; ein anderes wurde zur Simulation von Angriffen beim Testen eines Luftraumverteidigungssystems benutzt [2]; ein drittes diente zum Testen des Flugcomputers in der Weltraumfähre der NASA (space shuttle) [3]; ein vierter Simulator wurde zum Test der Flugcomputersoftware in der Saturnrakete [4] verwendet. PRIM [5] ist ein Werkzeug zur Simulation einer nicht existenten Zentraleinheit; es ist ein allgemein verwendbarer Emulator, auf dem man die Architektur eines Zielcomputers definieren und mikroprogrammieren kann.

Literatur

1. J. Mohan und M. Geller, "An Environmental Simulator for the FDNY Computer-Aided Dispatch System", *Proceedings of the Second International Conferences on Software Engineering.* New York: IEEE, 1976, pp. 577–584.

2. R. T. Stevens, "Testing the NORAD Command and Control System", *IEEE Trans. Systems Sci. Cyber.* SSC-4(1), 47–51 (1968).
3. L. W. Drane, B. J. McCoy und L. W. Silver, "Design of the Software Development and Verification System (SWDVS) for Shuttle NASA Study Task 35-S", R-721, Draper Laboratory, Cambridge, Mass. 1972 (NTIS N75-12038).
4. J. H. Jacobs und T. J. Dillon, "Interactive Saturn Flight Program Simulator", *IBM Systems J.* 9(2), 145–158 (1970).
5. L. Gallenson et al., "PRIM User's Manual", ISI/TM-75-1, Information Sciences Institute, University of Southern California, 1975 (NTIS AD/A-009936).

Leckstromanalyse

Seit langem besteht die Idee, Analogien zwischen der Softwareentwicklung und der Entwicklung elektrotechnischer Einheiten herzustellen und Ingenieurmethoden zu entwickeln, die man auf die Programmierung anwenden kann. Ein Werkzeug dafür ist die Leckstromanalyse. Dabei werden Mängel im Schaltkreisentwurf lokalisiert. Durch die Entwicklung elektrischer Analogien von Softwarestrukturen (ein Sprung ist ein Schalter, eine Datenreferenz ist ein Relaiskontakt, eine Zuweisung ein Widerstand) wurde ein Softwarewerkzeug zum Auffinden von Lecks geschaffen [1]. Die Fehlerarten, die man mit diesem Werkzeug entdecken kann, betreffen Referenzen auf nichtdefinierte Werte und die Verwendung von Daten als Adressen.

Literatur

1. J. P. Rankin, G. J. Engles und S. G. Godoy, "Software Sneak Circuit Analysis" AFNL-TR-75-254, Boeing Aerospace Co., Houston Texas, 1976 (NTIS AD/A-024718).

Virtuelle Maschinen

Virtuelle Maschinen, eine Art von Umgebungssimulatoren, sind durch ein Hypervisorprogramm implementiert, das den vielen Benutzern den Eindruck gibt, als ob jeder in einer eigenen stand alone Maschine arbeitete. Sie erlauben daher den Simultantest mehrerer Betriebssysteme in einer einzigen physikalischen Maschine oder das Testen eines neuen Betriebssystems in der gleichen physikalischen Maschine, die auch noch gleichzeitig Produktionsprogramme fährt. Zusätzlich zu dem Vorteil des Parallelismus (d.h., die Illusion von vielen realen Maschinen) erlauben sie die Verwendung eines interaktiven Terminals als Operatorkonsole, um im Büro und nicht im Rechenzentrum zu testen; und das läßt sich auch noch am Tage und nicht in den lausigen Nachtstunden ausführen; gewöhnlich unterstützt der Hypervisor auch Debuggingtools, die in der unfruchtbaren, realen Maschine nicht vorhanden sind.

Literatur

1. J. P. Buzen und U. O. Gagliardi, "The Evolution of Virtual Machine Architecture", *Proceedings of the 1973 National Computer Conference.* Montvale, N.J.: AFIPS Press, 1973, pp. 291–299.
2. S. W. Galley und R. P. Goldberg, "Software Debugging: The Virtual Machine Approach", *Proceedings of the ACM 1974 Annual Conference.* New York: ACM, 1974, pp. 395–400.
3. J. D. Bagley, "The SPY–An Extended Virtual Machine". RC-5 310, IBM Research Div., Yorktown Heights, N.Y., 1975.

Testen mathematischer Software

Das Testen mathematischer Software bringt eigene Probleme mit sich. Wegen der endlichen Genauigkeit der Computerarithmetik, der ungenauen Zahlendarstellung im Binärcomputer und der endlichen Anzahl von Rechenoperationen bei der Darstellung unendlicher Rechenprozesse kann man hier nicht immer die genauen, erwarteten Ergebnisse eines Testfalls angeben. Solche Testfälle sind mit Meßgenauigkeit, Rundungsfehler und Fehlerkorrelationen behaftet. Die Literaturzitate geben einen Überblick über diese Probleme.

Literatur

1. W. J. Cody, "The Evaluation of Mathematical Software", *in* W. H. Hetzel, ed., *Program Test Methods.* Englewood Cliffs, N.J.: Prentice-Hall, 1973, pp. 121–133.
2. E. W. Ng, "Mathematical Software Testing Activities", *in* W. C. Hetzel, ed., *Program Test Methods.* Englewood Cliffs, N. J.: Prentice-Hall, 1973, pp. 135–141.
3. H. S. Bright und I. J. Cole, "A Method of Testing Programs for Data Sensitivity", *in* W. C. Hetzel ed., *Program Test Methods.* Englewood Cliffs, N. J.: Prentice-Hall, 1973, pp. 143–162.
4. W. L. Sadowski und D. W. Lozier, "A Unified Standards Approach to Algorithm Testing", *in* W. C. Hetzel, ed., *Program Test Methods.* Englewood Cliffs, N. J.: Prentice-Hall, 1973, pp. 277–290.
5. T. J. Hull, W. H. Enright und A. E. Sedgwick, "The Correctness of Numerical Algorithms", *SIGPLAN Not.* 7(1), 66–73 (1972).
6. W. Miller und D. L. Spooner, "Automatic Generation of Floating-Point Test Data" *IEEE Trans. Software Eng.* SE-2(3), 223–226 (1976).
7. M. A. Hennell, D. Hedley und M. R. Woodward, "Experience with an Algol 68 Numerical Algorithms Testbed", *Proceedings of the Symposium on Computer Software Engineering.* New York: Polytechnic Press, 1976, pp. 457–463.

Studien über Softwarefehler

Studien über Softwarefehler können einen unschätzbaren Wert für die Verbesserung zukünftiger Entwürfe und Testprozesse haben, wie in Kap. 7 festgestellt wurde. Auch Fehlerdaten aus früheren Projekten sind bei der Beantwortung einer der wichtigsten Fragen nützlich: Wann soll der Test abgebrochen werden?, s. Kap. 6.

Unglücklicherweise sind solche Daten äußerst rar; die Mehrheit der unten erwähnten Studien stammt aus Projekten der öffentlichen

Hand, wo die Analyse der Fehler erforderlich war, um den Vertrag über das Softwaresystem zu erfüllen.

Studien über Großsysteme schließen eine Klassifikation von 2165 Fehlern in einem großen Radarsteuersystem ein [1], 1189 Fehler in einem Universitätsexperiment, wobei die Entwicklung kleinerer Programme in FORTRAN, PL/I, Algol, Basic und COBOL durchgeführt werden sollte [2], eine Studie über Fehler in drei großen Softwarepaketen [3], und eine Studie über Fehler in vier großen Programmen, die durch TRW-Systeme entwickelt wurden [4]. Eine andere interessante Studie analysiert die Fehler, die während des Testens einer Version des IBM DOS/VS-Betriebssystems [5] gefunden wurden. Zusätzlich zur Klassifizierung der Fehler wurden die möglichen Ursachen der Fehler untersucht, und Vorhersagen über die effizientesten Methoden gemacht, um die Fehler zu vermeiden oder früher zu entdecken.

Eine frühe Sprachenstudie beschäftigt sich mit der Codierung von sieben Programmen in zwei Versionen [6]. Eine Version wurde in PL/I, die andere in FORTRAN, COBOL oder JOVIAL kodiert. Der Report diskutiert alle während des Experiments gefundenen Fehler; die Zusammenfassung aller Fehler findet sich in Referenz [7]. Eine andere Sprachenstudie, eine Untersuchung über die Beziehungen zwischen Fehlern und Sprachentwurf, diskutiert ebenfalls die aufgetretenen Fehler [8]. In einer anderen Untersuchung [7], die sich zwar nicht primär mit Fehlern befaßt, werden 27 Arten von semantischen Fehlern diskutiert, die von den meisten Compilern nicht entdeckt werden; sie enthält eine Schätzung anerkannter Experten über alle relativen Häufigkeiten von semantischen, Spezifikations- und logischen Fehlern und über die Verteilung während der gesamten Lebensdauer des Programms und wann diese drei Klassen von Fehlern gewöhnlich entdeckt werden. Die Arbeit enthält auch einen Überblick über andere Fehlerstudien und eine Untersuchung über 38 Fehler in einem PL/I-Anwenderprogramm.

Andere Studien umfassen Daten aus einer nicht spezifizierten Menge von Projekten [9], eine Sammlung von 39 Fehlern aus Flugsystemen und einem Seeverkehrsteuersystem [10], 5 übliche Fehler bei der Listenverarbeitung [11]; über Fehler, die beim Testen eines kleinen Betriebssystems gefunden wurden, berichtet [12]; über Syntaxfehler [13, 14]; über Semantikfehler in PL/C-Programmen [15], und über Fehler in einem Assembler-Steuerprogramm [16]. Eine Untersuchung von 2036 Fehlern in einem Flug-Leitsystem mit 120 000 Statements [17] zeigte, daß 50% der Fehler Designfehler sind; 6% entstehen durch die Korrektur von früheren Problemen.

Außerdem ergab sich, daß für 85% der Korrekturen die Änderung eines einzigen Moduls nötig war (das Ergebnis wird in Ref. [5] bestätigt).

Literatur

1. H. E. Willman, Jr., et al., "Software Systems Reliability: A Raytheon Project History," RADC-TR-77-188, Raytheon Corp., Bedford, Mass., 1977 (NTIS AD/A-040992).
2. E. A. Youngs, "Human Errors in Programming," *Int. J. Man-Machine Stud.* 6(3), 361–376 (1974).
3. G. R. Craig et al., "Software Reliability Study," RADC-TR-74-250, TRW Systems Group, Redondo Beach, Cal., 1974 (NTIS AD/A-787784).
4. T. A. Thayer et al., "Software Reliability Study," RADC-TR-76-238, TRW Defense and Space Systems Group, Redondo Beach, Cal., 1976 (NTIS AD/A-030798).
5. A. Endres, "An Analysis of Errors and Their Causes in System Programs," *IEEE Trans. Software Eng.*, SE-1(2), 140–149 (1975).
6. R. J. Rubey et al., "Comparative Evaluation of PL/I," ESD-TR-68-150, U.S. Air Force, Bedford, Mass. 1968.
7. G. J. Myers, "The Design of Computer Architectures to Enhance Software Reliability," Ph. D. dissertation, Polytechnic Institute of New York, 1977.
8. J. D. Gannon und J. J. Horning, "Language Design for Programming Reliability," *IEEE Trans. Software Eng.*, SE-1(2), 179–191 (1975).
9. R. J. Rubey, J. A. Dana und P. W. Biche, "Quantitative Aspects of Software Validation," *IEEE Trans. Software Eng.*, SE-1(2), 150–155 (1975).
10. J. P. Rankin, G. J. Engels und S. G. Godoy, "Software Sneak Circuit Analysis," AFWL-75-254, Boeing Aerospace Co., Houston, Texas, 1976.
11. J. Palme, "List Structures in SIMULA and PL/I–A Comparison," *Software Prac. Exper.*, 4(4), 379–388 (1974).
12. D. Itoh and T. Izutani, "FADEBUG-I, A New Tool for Program Debugging," *Record of the 1973 IEEE Symposium on Computer Software Reliability.* New York: IEEE, 1973, pp. 38–43.
13. S. J. Boies und J. D. Gould, "A Behavioral Analysis of Programming – On the Frequency of Syntactical Errors," RC-3907, IBM Research Div., Yorktown Heights, N. Y., 1972.
14. C. R. Litecky und G. B. Davis, "A Study of Errors, Error-Proneness, and Error Diagnosis in Cobol," *Commun. ACM*, 19(1), 33–37 (1976).
15. G. Estrin, R. R. Muntz und R. C. Uzgalis, "Modeling, Measurement, and Computer Power," *Proceedings of the 1972 Spring Joint Computer Conference*, Montvale, N. J.. AFIPS Press. 1972, pp. 725–738.
16. M. I. Shooman und M. I. Bolsky, "Types, Distribution, and Test and Correction Times for Programming Errors," *Proceedings of the 1975 International Conference on Reliable Software.* New York: IEEE, 1975, pp. 347–357.
17. M. J. Fries, "Software Error Data Acquisition," RADC-TR-77-130, Boeing Aerospace Co., Seattle, Wash., 1977 (NTIS AD/A-039916).

Datensammlung von Softwarefehlern

Wie in Kap. 7 betont wurde, ist für Programmierabteilungen die Sammlung und Analyse der eigenen Fehler unerläßlich. Dabei sind die Methoden für die Fehlerklassifizierung von Bedeutung.

Einige der Fehleruntersuchungen [1–3] diskutieren ihr Klassifikationsschemata. Es gibt Vorschläge für Methoden zur Untersuchung und Klassifizierung von Fehlern [4], ebenso wie Diskussionen über die Probleme bei der Entwicklung von Klassifizierungsschemata [5]. Curry [6] diskutiert eine Methode, die benutzt wird, um die Effizienz von

Entwicklungs- und Testwerkzeugen beim Auffinden von bestimmten Fehlerarten zu messen (beurteilen).

Ein achtbändiger Vorschlag für die Einrichtung einer Sammlung von Softwaredaten [7] ist breiter angelegt (d.h. Sammlung der Daten bezüglich Kosten und Produktivität), enthält aber auch eine Diskussion über eine Erfassung von Fehlern. Kap. 7 dieses Buches schließlich diskutiert eine Prozedur zur Fehleranalyse.

Literatur

1. T. A. Thayer et al., "Software Reliability Study," RADC-TR-76-238, TRW Defense and Space Systems Group, Redondo Beach, Cal., 1976 (NTIS AD/A-030798).
2. G. R Craig et al., "Software Reliability Study," RADC-TR-74-250, TRW Systems Group, Redondo Beach, Cal., 1974, (NTIS AD/A-787784).
3. R. J. Rubey, J. A. Dana und P. W. Biche, "Quantitative Aspects of Software Validation," *IEEE Trans. Software Eng.* SE-1(2), 150−155 (1975).
4. W. Amory und J. A. Clapp, "Engineering of Quality Software Systems, Volume VII, A Software Error Classification Methodology," RADC-TR-74-325, Mitre Corp., Bedford, Mass., 1975 (NTIS AD/A-007772).
5. S. L. Gerhart, "Development of a Methodology for Classifying Software Errors," Duke University, Durham, N. C., 1976 (NTIS N76-26896).
6. R. W. Curry, "A Measure to Support Calibration and Balancing of the Effectiveness of Software Engineering Tools and Techniques," *Proceedings of the Symposium on Computer Software Engineering.* New York: Polytechnic, 1976, pp. 199−214.
7. N. E. Willmorth, M. C. Finfer und M. P. Templeton, "Software Data Collection Study, Summary and Conclusions," RADC-TR-76-329, System Development Corp., Santa Monica, Cal., 1976 (NTIS AD/A-036115).

Modelle für die Vorhersage der Fehleranfälligkeit in Programmen

Von allen unbekannten Problemen, denen sich ein Projektmanager gegenübersieht, ist vielleicht die Kenntnis über die Anzahl der im Programm verbleibenden Fehler am wichtigsten. Eine vernünftige Abschätzung würde nicht nur für die Festlegung des Testendes hilfreich sein, sondern auch für die Beurteilung der Wartungskosten, d.h. wenn das Programm in Produktion gegangen ist; außerdem ließe sich damit auch die Zuverlässigkeit und Fehlerhäufigkeit (mean time to failure MTTF) des Programms beurteilen.

Existierende Modelle lassen sich in drei Kategorien einordnen:

1. Modelle, die aus Hardwarezuverlässigkeitsmodellen abgeleitet sind.

2. Modelle, die auf der Struktur der Programme basieren.

3. Modelle, die Fehler „einpflanzen".

Das Basismodell der ersten Kategorie [1, 2] stammt direkt aus der Theorie der Hardwarezuverlässigkeit. Das Modell wurde verfeinert [3, 4], eine Bestimmung des Zeitpunkts für den Testabbruch wurde vorgeschlagen [5]; es wurde in einem Codereview-Experiment getestet [6].

Andere Zuverlässigkeitsmodelle basieren auf Markovprozessen [7, 8]. Eine Studie [9] vergleicht tatsächliche Fehlerdaten aus einem großen Kommando- und Steuersystem mit den Vorhersagen aus verschiedenen Modellen. Eine kleine Gruppe von Modellen kann man der zweiten Kategorie zuordnen, Modelle, die aus der internen Struktur der Programme abgeleitet sind. Beispielsweise verwendet [10] die mehrfache (multiple) lineare Regressionsanalyse, um die Anzahl der Fehler vorherzusagen. Die Parameter im Modell erfassen die Programmgröße, Anzahl der Verzweigungsanweisungen, Schachtelungstiefe und die Anzahl der angesprochenen Datentypen.

Eine völlig andere Art der Vorhersagemodelle basiert auf der statistischen Stichproben-Theorie. Solche Modelle sind als „error seeding" (Fehler-Einpflanzungs)-Modelle bekannt. Man pflanzt vorsätzlich Fehler in ein Programm (Injektion) und zählt dann die Anzahl der eingebrachten im Vergleich zur Anzahl der Originalfehler; daraus kann man auf die Gesamtzahl der Originalfehler schließen. Dieses Modell ist auch als „fishpond" (Fischteich)-Modell bekannt, da es mit dem Stichproben-Problem identisch ist, das oft in Lehrbüchern der Statistik angeführt wird, wobei die Anzahl der gelben Barsche in einem Weiher zu schätzen ist. Das Originalmodell wird von Mills [11], Verfeinerungen in [12 − 15] diskutiert. Eine Untersuchung [15] zeigt, wie man das Modell benutzt, wenn zwei unabhängige Gruppen ein Programm testen, anstatt Fehler in das Programm einzupflanzen.

Literatur

1. Z. Jelinski und P. B. Moranda, "Software Reliability Research," *in* W. Freiberger, ed., *Statistical Computer Performance Evaluation.* New York: Academic, 1972, pp. 465–484.
2. M. L. Shooman, "Operational Testing and Software Reliability Estimation During Program Development," *Record of the 1973 IEEE Symposium on Computer Software Reliability.* New York: IEEE, 1973, pp. 51–57.
3. M. L. Shoomann und S. Natarajan, "Effect of Manpower Deployment and Bug Generation on Software Error Models," *Proceedings of the Symposium on Computer Software Engineering.* New York: Polytechnic, 1976, pp. 155–170.
4. M. L. Shooman, "Structural Models for Software Reliability Prediction " *Proceedings of the Second International Conference on Software Engineering.* New York: IEEE, 1976, pp. 268–280.
5. E. H. Forman und N. D. Singpurwalla, "An Empirical Stopping Rule for Debugging and Testing Computer Software," T-320, The George Washington University, 1975 (NTIS AD/A-016027).
6. Z. Jelinski und P. B. Moranda, "Applications of a Probability-Based Model to a Code Reading Experiment," *Record of the 1973 IEEE Symposium on Computer Software Reliability.* New York: IEEE, 1973, pp. 78–81.
7. B. Littlewood, "A Semi-Markov Model for Software Reliability with Failure Costs," *Proceedings of the Symposium on Computer Software Engineering.* New York: Polytechnic Press, 1976, pp. 281–300.
8. A. K. Trivedi und M. L. Shooman, "A Markov Model for the Evaluation of Computer

Software Performance," PI-EE/EP-74-011-EER110, Polytechnic Institute of New York, 1974.

9   A. N. Sukert, " A Software Reliability Modeling Study," RADC-TR-76-247, Rome Air Development Center, Griffiss Air Force Base, N. Y., 1976 (NTIS AD/A-030437).

10.   R. W. Motley und W. D. Brooks, "Statistical Prediction of Programming Errors," RADC-TR-77-175, IBM Corp., Arlington, Va., 1977 (NTIS AD/A-041106).

11.   H. D. Mills, "On the Statistical Validation of Computer Programs," FSC-72–6015, IBM Federal Systems Div., Gaithersburg, Md., 1972.

12.   F. R. Richards, "Computer Software: Testing, Reliability Models, and Quality Assurance," NPS55RH74071A, Naval Postgraduate School, Monterey, Cal., 1974 (NTIS AD/A-001260).

13.   B. Rudner,   Seeding/Tagging Estimation of Software Errors: Models and Estimates," RADC-TR-77-15, Polytechnic Institute of New York, 1977 (NTIS AD/A-036655).

14.   L. J. LaPadula, "Engineering of Quality Software Systems, Volume VIII, Software Reliability Modeling and Measurement Techniques," RADC-TR-74-325, Mitre Corp., Bedford, Mass., 1975 (NTIS AD/A-007773).

15.   G. J. Myers, *Software Reliability. Principles and Practices.* New York: Wiley-Interscience, 1976, Chapter 18.

16.   N. F. Schneidewind, "Analysis of Error Processes in Computer Software," *Proceedings of the 1975 International Conference on Reliable Software.* New York: IEEE, 1975, pp. 337–346.

17.   J. D. Musa, "A Theory of Software Reliability and its Application," *IEEE Trans. Software Eng.*, SE-1(3), 312–327 (1975).

18.   B. Littlewood, "How to Measure Software Reliability, and How Not To," *Proceedings of the Third International Conference on Software Engineering.* New York: IEEE, 1978, pp. 37–45.

Komplexitätsmaße

Zusätzlich zur Schätzung der Fehlerzahl in einem Programm wäre es nützlich, wenn man die Komplexität eines Programms oder eines einzelnen Moduls quantifizieren könnte (z.B., um die fehleranfälligen Abschnitte vorherzubestimmen).

Die meisten Komplexitätsmaße (z.B. Ref. [1]) werden von dem Steuerfluß des Programms abgeleitet (z.B. Anzahl der Pfade). Ein Maß dieser Art, die zyklomatische Zahl, ermöglicht es ohne Schwierigkeit die Steuerflußkomplexität zu berechnen [2, 3, 10]. Andere Maße benützen die Regressionsanalyse [4, 5], bei der die Parameter die strukturellen Aspekte des Programms reflektieren, wie Anzahl der Datentypen, Verzweigungen und die Schachtelungstiefe. Ein Regressionsmodell [5] verwendet als Parameter den Grad, bis zu welchem Objektcode und Quellcode durch Restrukturierung des Quellcodes reduziert werden können.

Eine mikroskopische Theorie der Softwarestruktur, als „Softwarephysik" bekannt, bestimmt die Gesamtzahl der Operatoren und Operanden in einem Programm und die Anzahl der unterschiedlichen Operatoren und Operanden; daraus werden dann Maßzahlen abgeleitet, wie z.B. „Volumen" des Programms [6]. Andere Maße behandeln das Programm auf mehr makroskopischem Niveau, d.h. es wird die Modul-, aber nicht die logische Struktur analysiert [7–9].

Literatur

1. J. E. Sullivan, "Measuring the Complexity of Computer Software," MTR-2648, Mitre Corp., Bedford, Mass., 1973.
2. T. J. McCabe, "A Complexity Measure," *IEEE Trans. Software Eng.*, SE-2(4), 308–320 (1976).
3. G.J.Myers, "An Extension to the Cyclomatic Measure of Program Complexity", *SIGPLAN Not.*, 12(10), 61–64 (1977).
4. R. W. Motley und W. D. Brooks, "Statistical Prediction of Programming Errors," RADC-TR-77-175, IBM Corp., Arlington, Va., 1977 (NTIS AD/A-041106).
5. S. J. Amster, E. J. Davis, B. N. Dickman und J. P. Kuoni, "An Experiment in Automatic Quality Evaluation of Software," *Proceedings of the Symposium on Computer Software Engineering.* New York: Polytechnic, 1976, pp. 171–197.
6. M. H. Halstead, *Elements of Software Science.* New York: Elsevier, 1977.
7. A. E. Ferdinand, "A Theory of System Compexity," *Int. J. Gen. Systems* 1(1), 19–33 (1974).
8. F. M. Haney, "Module Connection Analysis–A Tool for Scheduling Software Debugging Activities," *Proceedings of the 1972 Fall Joint Computer Conference.* Montvale, N. J.: AFIPS Press, 1972 pp. 173–179.
9. G. J. Myers, *Reliable Software through Composite Design.* New York: Petrocelli/Charter, 1975, Chapter 10.
10. W. J. Hansen, "Measurement of Program Complexity by the Pair (Cyclomatic Number, Operator Count)," *SIGPLAN Not.* 13(3), 29–33 (1978).
11. C. L. McClure, "A Model for Program Compexity," *Proceedings of the Third International Conference on Software Engineering.* New York: IEEE, 1978, pp. 149–157.

Programmbibliothekssysteme

Ein Bibliothekssystem ist ein automatisches Verfahren, um Code, Dokumentation und Testfälle zu verwalten, die während der Programmentwicklung entstanden sind. Es enthält gewöhnlich eine Datenbank und eine Menge von Hilfsprogrammen, wie Editoren, Compiler, Textformatierer und Managementwerkzeuge. Obwohl es für einen weiteren Bereich von Aktivitäten als nur für Testprozesse anwendbar ist, wird hier darüber berichtet, weil ein solches System als Bibliothek zur Verwaltung der Testfälle verwendet werden kann und weil es ein unentbehrliches Werkzeug in jedem großen Programmprojekt ist.

Die am weitesten verbreiteten Bibliothekssysteme scheinen PANVA-LET, das von Pansophic Systems entwickelt wurde, und LIBRARIAN zu sein, das von Applied Data Research stammt. Die „Softwarefabrik" [1] ist wahrscheinlich das fortschrittlichste Bibliothekssystem, das bisher entwickelt wurde. Andere Bibliothekssysteme umfassen PDS [2] und SCCS [3, 4]; Vorschläge für weitere Systeme sind bekannt [5, 6]. Ein verwandtes System ist Simon [7]; obwohl es kein Bibliothekssystem ist, enthält es eine Menge von Datensammlungs- und Reportfunktionen, die man auch in einem mächtigen Bibliothekssystem erwartet.

Literatur

1. H. Bratman, "The Software Factory," *Computer,* 8(5), 28–37 (1975).
2. C. G. Davis und C. R. Vick, "The Software Development System," *IEEE Trans. Software Eng.,* SE-3(1), 69–84 (1977).
3. M. J. Rochkind, "The Source Code Control System," *IEEE Trans. Software Eng.,* SE-1(4), 364–370 (1975).
4. T. A. Dolotta und J. R. Mashey, "An Introduction to the Programmer's Workbench," *Proceedings of the Second International Conference on Software Engineering.* New York: IEEE, 1976, pp. 164–168.
5. L. W. Drane, B. J. McCoy und L. W. Silver, "Design of the Software Development and Verification System (SWDVS) for Shuttle NASA Study Task 35-S," R-721, Draper Laboratory, Cambridge, Mass., 1972 (NTIS N 75-12038).
6. N. Tinanoff und F. M. Luppino, "Structured Programming Series, Volume VI, Programming Support Library (PSL) Program Specifications," RADC-TR-74-300, IBM Federal Sysems Div., Gaithersburg, Md., 1974 (NTIS AD/A-007796).
7. R. J. Fleischer und R. W. Spitler, "SIMON: A Project Management System for Software Development," *Proceedings of the Symposium on Computer Software Engineering.* New York: Polytechnic, 1976, pp. 547–560.

Testexperimente

Wenn man das viele Geld betrachtet, das in den letzten Jahren für das Testen von Programmen ausgegeben wurde (etliche Milliarden Dollar im Jahr), so könnte man annehmen, daß viele gezielte Experimente durchgeführt wurden, um die effizientesten Werkzeuge, Methoden, Testmitarbeiter usw. herauszufinden. Aber gerade das Gegenteil ist der Fall; nur über eine Handvoll von Experimenten wird in der Literatur berichtet.

In einem Experiment waren 39 Personen mit dem Testen von 3 Programmen beschäftigt [1]. Drei Methoden wurden angewandt; Blackboxtesten, Whiteboxtesten und individuelles Codelesen. Die beiden ersten erwiesen sich dabei als gleicheffizient, während das Codelesen schlechter abschnitt. Im Durchschnitt entdeckten die Tester etwa die Hälfte der im Programm vorhandenen Fehler.

In einem anderen Experiment testeten 59 erfahrene Mitarbeiter ein Programm [2]. Drei Methoden wurden angewendet: Blackboxtesten, eine Kombination aus Blackbox- und Whiteboxtesten und eine Codeinspektion mit 3 Teilnehmern. Bezogen auf die Anzahl der gefundenen Fehler erwiesen sich alle 3 Methoden als gleich effizient, aber die Codeinspektion schnitt schlechter ab, wenn man die aufgewendete Zeit betrachtet. Das Experiment wurde erweitert, um den Test mit zwei unabhängigen Gruppen zu analysieren, wobei diese das Programm unabhängig voneinander mit den gleichen oder unterschiedlichen Methoden testen; die entdeckten Fehler und die benötigte Zeit werden dann zusammengeworfen. Es zeigte sich, daß die Tests mit zwei unabhängigen Gruppen effizienter sind als die Basismethoden, bezogen auf die Anzahl der entdeckten Fehler; bezüglich des Zeitaufwands pro Fehler bleibt die Effizienz gleich. (Der Grund dafür, daß die Arbeitszeit pro Fehler nicht anstieg, war die große Schwankungsbreite bei den Testern bezogen auf die einzelnen gefundenen Fehler.) Bezogen auf die Anzahl der gefundenen Fehler zeigte das Experiment eine überraschend große Schwankungsbreite unter den erfahrenen Testern. Im Durchschnitt wurden etwa ein Drittel der im Programm vorhandenen Fehler entdeckt.

Ein anderes Experiment [3] widerspricht einem Prinzip aus Kap. 2: es zeigt, daß das Testen eines Programms durch eine fremde Gruppe weder mehr noch weniger effizient ist als das Testen durch den ursprünglichen Programmierer. Das Ergebnis ist jedoch fragwürdig, da nur mit drei Testern gearbeitet wurde. Ein anderes Experiment zeigte, daß die Verwendung eines Modultreibers während der Modultestphase die Arbeitszeit um 11% reduziert.

Literatur

1. W. C. Hetzel, "An Experimental Analysis of Program Verification Methods", Ph. D. dissertation, University of North Carolina at Chapel Hill, 1976.
2. G. J. Myers, "A Controlled Experiment in Program Testing and Code Walkthroughs/ Inspections", *Commun. ACM*, 21(9), 760–768 (1978).
3. J. D. Musa, "An Exploratory Experiment with 'Foreign' Debugging of Programs", *Proceedings of the Symposium on Computer Software Engineering*. New York: Polytechnic, 1976, pp. 499–511.
4. D. Itoh und T. Izutani, "FADEBUG-I, A New Tool for Program Debugging", *Record of the 1973 IEEE Symposium on Computer Software Reliability*. New York: IEEE, 1973, pp. 38–43.
5. Z. Jelinski und P. B. Moranda, "Applications of a Probability-Based Model to a Code Reading Experiment", *Record of the 1973 IEEE Symposium on Computer Software Reliability*. New York: IEEE. 1973, pp. 78–81.

Experimente zur Fehlerbehebung

Man könnte ebenso erwarten, daß eine beträchtliche Anzahl von Experimenten im Bereich der Fehlerbehebung durchgeführt worden sind. Aber auch das ist nicht der Fall. In einem der wenigen veröffentlichten Experimente zur Fehlerbehebung [1, 2] wurden FORTRAN-Unterroutinen an die Programmierer übergeben mit dem Hinweis, daß jede Unterroutine einen Fehler in irgendeinem Befehl enthielte. Sie sollten diesen Fehler finden. In einigen Fällen erhielten sie zusätzliche Hilfen, wie die erwarteten und wirklichen Ausgabedaten. Keine der Hilfen erwies sich als vorteilhaft; die Programmierer, die einfach das Programm lasen, fuhren genau so gut wie die, die mit der Unterstützung arbeiteten. Ein anderes Experiment [3] analysierte, ob ein anderer Programmierer mehr oder weniger effizient bei der Fehlerbehebung ist als der Autor des Programms — es wurde kein Unterschied entdeckt.

Literatur

1. J. D. Gould und P. Drongowski, "An Exploratory Study of Computer Program Debugging ', *Human Factors*, 16(3), 258–277 (1974).
2. J. D. Gould, "Some Psychological Evidence on how People Debug Computer Programs", *Int. J. Man-Machine Studies*, 7(2), 151–182 (1975).
3. J. D. Musa, "An Exploratory Experiment with 'Foreign' Debugging of Programs", *Proceedings of the Symposium on Computer Software Engineering*. New York: Polytechnic, 1976, pp. 499–511.

Interaktive Werkzeuge zur Fehlerbehebung

Viele Timesharingsysteme stellen eine Gruppe von Hilfsmitteln für die Fehlerbehebung zur Verfügung; beispielsweise erlauben sie es dem Programmierer Speicherinhalte am Terminal auszugeben und Wiederanlaufpunkte (Breakpoints) zu setzen (Punkte, an denen die Ausführung unterbrochen wird, wenn sie angesprochen werden). Als Beispiel für fortgeschrittenere Werkzeuge sei EXDAMS [1] aufgeführt. Es gibt dem Benutzer den Eindruck, daß er mit seinem Programm im Dialog wäre, während es ausgeführt wird. Tatsächlich aber führt EXDAMS das Programm zuerst aus und baut eine „historische" Datei der Programmzustandswechsel während der Ausführung auf. Wenn der Benutzer in seinem Programm Fehler behebt, wird das Programm durch ein „Playback" der historischen Datei „ausgeführt". Wegen der Existenz dieser Datei kann EXDAMS folgende Anforderungen unterstützen wie „zeige mir den Befehl, der die Variable I auf 0.5 setzte", „führe das Programm rückwärts aus" und „gib eine Liste aus, die alle Änderungen der Variablen A bei der Durchführung protokolliert".

ISMS [2] arbeitet in ähnlicher Weise. Der Benutzer wählt die Ereignisse aus (z.B. Unterroutinenaufrufe, Änderungen von Variablen), die in seinem Algolprogramm überwacht werden sollen, und die entsprechenden Abschnitte des Programms. ISMS führt dann das Programm aus und baut daraus eine Datenbank des Ablaufs auf. Der Benutzer kann dann das Programm wie einen Film ablaufen lassen und dabei den Datenfluß oder Steuerfluß vorwärts und rückwärts anschauen.

Das System CAPS [3] stellt eine Laufzeitumgebung für PL/I-, Fortran- und Cobolprogramme zur Verfügung. CAPS erhält die Steuerung, wenn ein vom System entdeckter Fehler auftritt (z.B. Division mit 0; Indizes, die außerhalb der Grenzen liegen). CAPS führt dann das Programm „rückwärts" aus und sucht die Anweisung, die den Fehler verursacht haben könnte. Anders als bei den meisten Systemen, bei denen der Benutzer die aktive Rolle spielt und das Werkzeug die passive, ist CAPS der aktive Teil; es steuert den Fehlerbehebungsprozeß, indem es von dem Benutzer Unterstützung verlangt, wo das nötig ist.

Literatur

1. R. M. Balzer, "EXDAMS–Extendable Debugging and Monitoring System", *Proceedings of the 1969 Spring Joint Computer Conference*. Montvale, N.J.: AFIPS Press, 1969, pp. 567–580.
2. R. E. Fairly, "An Experimental Program-Testing Facility", *IEEE Trans. Software Eng.*, SE-1(4), 350–357 (1975).
3. T R. Wilcox, A. M. Davis und M. H. Tindall, "The Design and Implementation of a Table Driven, Interactive Diagnostic Programming System", *Commun. ACM*, 19(11), 609–616 (1976).
4. P. T. Brady, "Writing an Online Debugging Program for the Experienced User", *Commun. ACM*, 11(6), 423–427 (1968).
5. B. L. Wolman, "Debugging PL/I Programs in the Multics Environment", *Proceedings of the 1972 Fall Joint Computer Conference*. Montvale, N.J.: AFIPS Press, 1972, pp. 507–514.

Fehlerbehebungshilfen des Compilers

Viele Compilerimplementierungen für Sprachen wie FORTRAN, Cobol, PL/I enthalten Einrichtungen zur Fehlerbehebung, zusätzlich zur Sprache. Beispielsweise wurden zwei Verfahren zur Fehlerbehebung in Cobol eingebracht, als 1974 die Standardform definiert wurde [1]:

1. die Möglichkeit, beliebige Anweisungen als Anweisung zur Fehlerbehebung zu kennzeichnen und sie bei der Compilierung oder während der Laufzeit zu aktivieren oder deaktivieren und

2. Verzweigung zu Fehlerbehandlungs-Abschnitten, wenn bestimmte Ereignisse auftreten (z.B. Prozeduraufrufe, Datenzugriffe, Dateizugriffe).

Die Studien [2–4] machen den Vorschlag, eine Debugginganweisung der Form

ASSERT <boolean expression > statement

zusätzlich in die Sprachen einzubauen. Wenn der boolesche Ausdruck „falsch" ist, so wird die zugehörige Anweisung ausgeführt und das Programm augenblicklich beendet. Es gibt Vorschläge, die man aber normalerweise nicht als Unterstützung zur Fehlerbehebung ansieht, die von den Compilern eine wesentlich weitergehende Semantikprüfung während der Laufzeit fordern, als das bei bestehenden Compilern der Fall ist [5–7].

Literatur

1. G. N. Baird, "Program Debugging using Cobol '74", *Proceedings of the 1975 National Computer Conference*. Montvale, N.J.: AFIPS Press, 1975, pp. 313–318.
2   D. Matuszek, "The Case for the ASSERT Statement", *SIGPLAN Not.*, 11(8) 36–37 (1976).

3. A. Pyster, "Using Assertions to Improve Language Translators", *Proceedings of the 1977 National Computer Conference*. Montvale, N.J.: AFIPS Press, pp. 665–668.
4. E. Satterthwaite, 'Debugging Tools for High Level Languages", *Software Prac. & Exper*, 2(3), 197–217 (1972).
5. C. M. Thomson, "Error Checking, Tracing, and Dumping in an Algol 68 Checkout Compiler", *SIGPLAN Not.*, 12(7), 106–111 (1977).
6. C. N. Fischer und R. J. LeBlanc, "Efficient Implementation and Optimization of Run-Time Checking in PASCAL", *Proceedings of an ACM Conference on Language Design for Reliable Software*. New York: ACM, 1977, pp. 19–24.
7. M. V. Zelkowitz, P. R. McMullin, K. R. Merkel und H. J. Larsen, "Error Checking with Pointer Variables", *Proceedings of the 1976 ACM Annual Conference*. New York: ACM, 1976, pp. 391–395.
8. R. W. Conway und T. R. Wilcox, "Design and Implementation of a Diagnostic Compiler for PL/I", *Commun. ACM*, 16(3), 169–179 (1973).

Monitore für den Programmzustand

Programmzustandsmonitore sind den Monitoren für den Testdeckungs-grad ähnlich (tatsächlich findet man oft beide Funktionen im gleichen Werkzeug), aber ein Programmzustandsmonitor ist in erster Linie ein Debuggingtool und keine Testhilfe. Er überwacht ein Programm während der Ausführung, beobachtet das Eintreffen von bestimmten, vorher definierten Bedingungen und/oder sammelt Daten, die für die Fehlererhebung nützlich sind. Der Monitor PET [1] druckt einen Bericht, der für jede Zuordnungsanweisung den ersten, letzten, minimalen und maximalen Wert angibt, der während der Ausführung zugewiesen wurde, und für jede Steuervariable einer DO-Schleife ihren Minimal- und Maximalwert. Er verfügt auch über eine mächtige Einrichtung zur Zusicherungsüberprüfung. Wenn man beispielsweise die Anweisung

```
ASSERT A(I) ≠ A(J) FOR ALL (I, J) (1:8) WHERE (I≠J)
        LIMIT 2 VIOLATIONS HALT
```

in ein Programm einbaut, so wird das Programm beendet, wenn zum zweitenmal nicht alle der ersten acht Elemente des Feldes A bei der Ausführung der Anweisung verschieden sind.

Der Monitor ACES [2] ermöglicht die Angabe von gültigen Bereichen für ausgewählte Variablen. Wenn einer dieser Variablen ein Wert außerhalb des angegebenen Bereichs zugewiesen wird, so erhält der Benutzer eine Fehlermeldung.

Literatur

1. L. G. Stucki, "New Directions in Automated Tools for Improving Software Quality", in R. T. Yeh, ed., *Current Trends in Programming Methodology, Volumne II, Program Validation*. Englewood Cliffs, N.J.: Prentice-Hall, 1977, pp. 80–111.
2. C. V. Ramamoorthy, R. E. Meeker und J. Turner, "Design and Construction of an Automated Software Evaluation System", *Record of the 1973 IEEE Symposium on Computer Software Reliability*. New York: IEEE, 1973, pp. 28–37.

Computerarchitektur

Ein letztes interessantes Hilfsmittel ist das Konzept, die Architektur der zugrundeliegenden Maschine so zu entwerfen, daß die Test- und Debuggingprozesse unterstützt werden.

Ehrmann [1] vertritt die Meinung, daß viele Schwierigkeiten bei der Programmierung und Fehlerbehebung durch ein schwaches Computerdesign hervorgerufen werden, und daß die Kosten des nicht adäquaten Hardwaredesign an den Benutzer in Form höherer Debuggingkosten in der Software weitergegeben werden. Seine Empfehlungen enthalten

1. eine physikalische Identifizierung von nichtdefinierten (nichtgesetzten) Speicherworten, um es der Maschine zu ermöglichen, Zugriffe auf nichtinitialisierte Werte zu entdecken;

2. eine Gruppe von „tag"-Bits an jedem Wort, welche Inhalt und Attribute beschreiben, um die Entdeckung von sinnlosen Operationen durch die Maschine zu ermöglichen, und

3. einen Hardwaremechanismus, um die Konsistenz der aktuellen und formalen Parameter während eines Unterroutinenaufrufs zu prüfen.

Die Architektur der SWARD-Maschine (software-reliability-directed) verwendet diese und andere Ideen. Die Designziele waren, möglichst viele semantische Fehler zu entdecken, deren Auffinden durch einen Compiler zu kostspielig ist, die Konsequenzen von Fehlern zu begrenzen, wenn sie auftreten, und die Verwendung von Debugging- und Testtools zu erleichtern. Andere Vorschläge gehen dahin, daß die Maschine Sequenzen ungültiger Modulaufrufe erfaßt [5], die letzten n Sprungbefehle und Zustandswechsel protokolliert, um den Prozeß der Fehlerbehebung zu unterstützen [6].

Literatur

1.   J. R. Ehrmann, "System Design, Machine Architecture, and Debugging", *SIGPLAN Not.*, 7(8), 8–23 (1972).
2.   G. J. Myers, "The Design of Computer Architectures to Enhance Software Reliability", Ph. D. dissertation, Polytechnic Institute of New York, 1977.
3.   G. J. Myers, *Advances in Computer Architecture*. New York: Wiley-Interscience, 1978, Chapters 13–15.
4.   G. J. Myers, "Storage Concepts in a Software-Reliability-Directed Computer Architecture" *Proceedings of the Fifth Annual Symposium on Computer Architecture*. New York: ACM, 1978, pp. 107–113.
5.   J. R. Kane und S. S. Yau, "Concurrent Software Fault Detection", *IEEE Trans. Software Eng.* SE-1(1), 87–99 (1975).
6.   H. J. Saul und L. J. Shustek "On Measuring Computer Systems by Microprogramming", *Microprogramming and Systems Architecture: Infotech State of the Art Report 23.* Berkshire, England: Infotech, 1975, pp. 473–489.

Eine Bemerkung zu den Literaturzitaten

Die meiste der in diesem Kapitel zitierten Literatur dürfte in jeder guten technischen Bibliothek vorhanden sein. Einige der Konferenzproceedings könnten in den Bibliotheken allerdings fehlen. Die durch die ACM publizierten Proceedings können von der Association for Computing Machinery, 1133 Avenue of the Americas, New York, N. J. 10036 erworben werden. Die durch die IEEE veröffentlichten Proceedings können bei IEEE Service Center, 445 Hoes Lane, Piscataway N. J. 08854 bestellt werden. Die Zeitschriften Data Base, SIG-PLAN Notices und Software Engineering Notes werden von Fachgruppen der ACM publiziert.

Die Veröffentlichungen privater Organisationen (Firmen und Universitäten) können gewöhnlich dortselbst angefordert werden. Dissertationen können bestellt werden bei University Microfilms, 300 North Zeeb Road, Ann Arbor, Michigan 48106; Dokumente mit NTIS-Nummern können gekauft werden bei National Technical Information Service, U. S. Department of Commerce, 5285 Port Royal Road, Springfield, Virginia 22161.

In der deutschsprachigen Literatur gibt es kaum Werke über das Testen. Meistens sind diesem Thema nur einige Seiten innerhalb einer Untersuchung über Softwaretechnologie gewidmet.

Im folgenden werden die dem Übersetzer bekannten Werke aufgeführt; darin sind dann auch weitere Literaturverweise zu finden:

Endres, Albert, Analyse und Verifikation von Programmen, Oldenbourg, München/Wien 1977

Gewald, Haake, Pfadler, Software Engineering, Grundlagen und Technik rationeller Programmentwicklung, 4. Aufl., Oldenbourg, München/Wien 1985. p. 138–173

Kimm, Koch, Simonsmeier, Tontsch, Einführung in Software Engineering, Walter de Gruyter, Berlin 1979, p. 255–278

Stetter, Franz, Softwaretechnologie, eine Einführung, Bibliographisches Institut, Mannheim 1981, p. 158–191

Register

Mathematische Beweise für die Programm-
    korrektheit 17, 148–149
Mathematische Software 156
Meldungen, warnende 28–31
Methoden der induktiven Zusicherung 148
Moderator 18–20, 30
Modulschnittstellenspezifikation 103 ff.
Modultreiberwerkzeuge, 144, 164
Modultesten 77–101, 105–108, 121, 123,
    125, 144
MTEST-programm 52–55, 74, 108
MTS 145

nichtinkrementelles Testen 88–91

PANVALET 162
PDS 162
Peerratings 33
Performanztest 114
PET 147, 167
Pfade, fehlende – 10
Pfadsensitivierung 66
Pfadtesten 8–10, 36
Pointerfehler 22, 23
Prädikatentransformer 149
PRIM 154
Programmbibliothekssysteme 162
Programmkorrektheitsbeweise 150
Programmstrukturentwurf 103–108
Programmzustandsmonitore 167
Projektmanagement und Codeinspektionen
    21
    – Fehleranalyse 142 ff.,
    – Testorganisation 11–12, 100, 117,
       126
    – Testphasen 105–108
    – Testplanung 14, 118 ff.
    – und Fehlerbehebung 140 ff.
    – und inkrementelles Testen 90
    – und Programmbibliothekssysteme
       162
    – und Testbeendigung 120 ff.
    – und Zuverlässigkeitsmodelle 159
Prozedurtest 116

Regressionstest 120
RXVP 146, 148

SCCS 162
Schnittstellenfehler 27 ff., 90, 146
Schreibtischtest 18, 32
SELECT 152
Semantikfehler 157, 168
Sicherheitstest 113
Softwarefabrik 162
Softwarefehler 102
Softwarephysik 161
Speicherabzug 129

Speichertest 111
Statischer Fluß, Werkzeuge für die Analyse
    99, 146, 147
Strukturelle Induktion 149
STUB-Modul 89–99, 145 ff.
Subgoalinduktion 149
SWARD-Architektur 168
Symbolische Ausführung 151 ff.
Systementwurf 103–108
Systemtest 105–118, 122, 124, 126 ff.

Terminalsimulatoren 154
Testabbruch, Kriterien für – 120 ff., 156
Testdatengenerator 152
Testdeckungsgrad 36–44
Test der Benutzerfreundlichkeit 113
Test der Fehlerbehandlung 115
Testen, Definition des 4–6, 15
    – Ökonomie des 4, 7–11, 13
    – Phasen des 105–108
    – Planung des 15, 118–120
    – Prinzipien des 10–15
    – Psychologie des 3–6, 11–13, 17
Testen der Dokumentation 116
Testen der Zuverlässigkeit 115
Testen mit Zufallsdaten 35–36, 54
Testen von Programmodifikationen 18
Testerfassungsmonitore 147
Testfall, Entwurf 35–37
    – Bibliothek 119, 162
    – erfolgreicher 5–6, 15
    – nicht erfolgreicher 5–6
    – Standards 119
    – Ziel des – 35, 45
TESTMASTER 145
Topdown-Testen 91–99, 119
TPL/F 145
TPL/2.0 145
Treibermodul 88–90, 98–99, 100, 145–
    146

Umgebungssimulatoren 154
Unittest, s. Modultest

Variable, nicht initialisiert 21, 100, 146–
    147, 168
Virtuelle Maschinen 155
Vollständigkeit, Test der – 110, 111
Vollständigkeitskriterien, s. Kriterien für die
    Beendigung des Tests
Volumentest 111

Walkthroughs 30
Wartungsfreundlichkeit, Test der – 116
Whiteboxtesten 8–10, 36, 77, 108, 163

Zuverlässigkeit 4, 12
Zuverlässigkeitsmodelle 115, 122, 159
Zyklomatische Zahl 161

www.ingramcontent.com/pod-product-compliance
Lightning Source LLC
Chambersburg PA
CBHW081558190326
41458CB00015B/5651